商品流通企业会计核算新解

胡冬鸣　编著

中国财经出版传媒集团
中国财政经济出版社

图书在版编目（CIP）数据

商品流通企业会计核算新解／胡冬鸣编著．—北京：中国财政经济出版社，2017．1
ISBN 978－7－5095－7245－0

Ⅰ．①商…　Ⅱ．①胡…　Ⅲ．①商业会计　Ⅳ．①F715．51

中国版本图书馆 CIP 数据核字（2017）第 018437 号

责任编辑：李　冰　　　　　　　　　责任校对：徐艳丽
封面设计：汪俊宇

中国财政经济出版社出版
URL：http：//www．cfeph．cn
E－mail：cfeph＠cfeph．cn

社址：北京市海淀区阜成路甲 28 号　邮政编码：100142
营销中心电话：88190406　北京财经书店电话：64033436　84041336
北京富生印刷厂印刷　各地新华书店经销
787×1092 毫米　16 开　13 印张　315 000 字
2017 年 2 月第 1 版　2017 年 2 月北京第 1 次印刷
定价：30．00 元
ISBN 978－7－5095－7245－0
（图书出现印装问题，本社负责调换）
本社质量投诉电话：010－88190744
打击盗版举报热线：010－88190492，QQ：634579818

前　言

商品流通业态的改变必然带来会计核算方法的创新，而会计核算软件的大量使用又为会计核算提供了更加快速和精准的运算平台。商品流通企业经历多年变革，经营方式不断创新，其会计核算方法也日新月异，许多新的方法和新的内容不断冲击着人们以往对商品流通企业会计的认知，攻破了以往对商品流通企业会计核算方法的固守，推进学界创设全新的核算体系。在本书写作过程中，作者总是在思考这样一件事：是什么理由使人们不按照批发商品流转核算和零售商品流转核算这样一种传统布局进行设置，而是按照独立门店商品购销核算、连锁超市商品购销核算和进出口贸易核算三个核心内容进行设计。经过深思熟虑，作者给出以下四个方面的原因。

一是单品进价核算方法的大量使用。单品进价核算最早是由北京西单商场集团开发并在会计核算中使用的一种零售商品核算方法。其基础是计算机网络的系统搭建和商品扫码技术的大量使用。在单品进价核算方法下，商品从进入商场开始就始终依附于自身的编码而开始通行于企业存储、调拨和销售的各个工作平台。即使是同种商品不同的进货单价，在商品销售后也可以通过扫码器识别出是哪个批次购进的商品。在单品进价核算方法下，商品销售成本的计算可以精确到每件商品上。因而在单品进价核算法下，加权平均法、移动加权平均法和先进先出法都变得毫无意义。单品进价核算实现了真正意义上的精确核算和随时反映，即在单品进价核算法下可以随时计算结转商品销售成本。目前，单品进价核算已经成为国内零售商场和大型超市的主流商品核算方法，而且非常成熟。

二是随着国内零售业态的不断改变，大型连锁超市在大中城市的城乡结合部迅速扎根。这种带有直营和加盟两种血统的经营模式，在门店权属关系上是截然不同的产权关系和经营模式，其带来的核算关系及其核算内容的改变也是前所未有的。连锁商业的出现需要我们构筑更多的会计内部往来关系和内部往来核算内容。连锁商业门店的核算方法已经是商品流通企业会计核算方法的重要组成部分，并在未来还会被赋予更多新的内涵。

三是随着我国参与国际贸易活动不断深入，商品流通企业自主与国外出口商或进口商的贸易联系更加广泛和频繁。进口贸易核算和出口贸易核算同样构成商品流通企业会计核算的重要内容。随着“一带一路”战略的不断深入执行，未来国内商品流通企业的核算内容必然被赋予进出口贸易核算的重要位置，并补充更加丰富的核算内容。

四是商品流通企业的经营模式已经发生改变，传统意义上的专职批发和零售经营的严格划分已经显得不合时宜，商品流通企业在经营过程中混业经营基本成为常态，且大部分商户不再把商品经营分为批发和零售两个部分进行管理与核算。这在中小商户的经营中更容易得到证实。因而从会计核算方法上再强行划分出批发商品流转核算和零售商品流转核算已完全没有必要，而且在现实中已经没有这种对立方法存在的管理基础。

本书的作者长期在商品流通企业会计部门工作，亲身经历多次商品流通企业会计核算方法的变革，且对其有着切身的感受。能够为广大会计工作者贡献一本集商品流通企业会计核算方法改革成果的专业书籍，是作者多年的夙愿，也是一种责任。愿这本著作能够给商品流通企业会计核算方法的教学工作带来更多的新意，为商品流通企业会计核算的培训带来更多时代特征。希望广大读者从这本书中得到更多的启发，并学到更多最新的会计研究成果。

编　者

于2016年6月30日写于香雪兰溪

目 录

第一章 商品流通企业会计核算的基础 …………（1）
第一节 商品流通企业会计核算特征 …………（1）
第二节 商品交接方式、确认与计量 …………（5）
第三节 商品流通企业会计核算方法 …………（8）

第二章 独立门店商品经营业务核算 …………（13）
第一节 独立门店商品购进业务核算 …………（14）
第二节 独立门店商品销售业务核算 …………（27）
第三节 独立门店商品销售成本核算 …………（39）
第四节 独立门店商品储存业务核算 …………（44）

第三章 连锁门店商品经营业务核算 …………（48）
第一节 连锁门店商品采购业务核算 …………（50）
第二节 连锁门店商品配送业务核算 …………（59）
第三节 连锁门店商品营销业务核算 …………（70）
第四节 连锁门店资金往来业务核算 …………（80）

第四章 进出口贸易业务核算 …………（89）
第一节 进口贸易业务核算 …………（89）
第二节 出口贸易业务核算 …………（102）

第五章 周转材料、固定资产和无形资产的核算 …………（111）
第一节 周转材料核算 …………（111）
第二节 固定资产核算 …………（116）
第三节 无形资产核算 …………（136）

第六章 期间费用和营业税费的核算 …………（141）
第一节 期间费用核算 …………（141）
第二节 营业税费核算 …………（155）

第七章　利润形成及其分配的核算 …………………………………………（165）
第一节　利润形成核算 ……………………………………………………（165）
第二节　所得税费用核算 …………………………………………………（169）
第三节　利润分配核算 ……………………………………………………（171）

第八章　财务报表编制 ……………………………………………………（176）
第一节　财务报表基础 ……………………………………………………（176）
第二节　资产负债表 ………………………………………………………（180）
第三节　利润表 ……………………………………………………………（187）
第四节　现金流量表 ………………………………………………………（190）
第五节　所有者权益变动表 ………………………………………………（196）
第六节　财务报表附注 ……………………………………………………（200）

第一章

商品流通企业会计核算的基础

第一节　商品流通企业会计核算特征

一、商品流通企业的主要业务类型及其经营特征

商品流通企业，是指通过低价格购进商品、高价格出售商品的方式实现商品进销差价，以此来弥补企业的各项费用开支，并获得利润的企业。我国的商品流通企业类型主要有：商业、粮食、物资、供销、外贸、医药商业、石油商业、烟草商业、图书发行以及从事其他商品流通业务的企业。商品流通企业通过商品购进、销售、调拨、储存等经营活动实现商品流转，其中购进和销售是完成商品流通的关键业务，调拨、储存活动都是围绕着商品购销活动展开的。

与工业企业等其他行业企业的经营活动相比，商品流通企业经营活动的主要内容是商品购销活动，同时商品资产在企业全部资产中占有绝对的比例，是企业资产管理的重点。对商品流通业务的分类，可以从以下两个方面进行：

（一）批发业务、零售业务和进出口贸易业务

批发业务是指那些将产品卖给零售商或贸易商、承包商、工业用户和机构用户，但不向最终消费者出售商品的人或企业的相关活动，包括一切将货物或服务销售给为了转卖或者商业用途而进行购买的人的活动。批发业务不以向最终家庭消费者直接销售产品为目标。换句话说，它们主要是向其他商业组织销售产品，如零售商、贸易商、承包商、工业用户和机构用户。作为产销的中间环节，批发业务是中间性消费者进行的购销活动。其一，是直接向生产者或供应商批量购进产品，这种购进的目的是为了转卖，并非自己消费；其二，是将产品批量转卖给其他商业组织。

根据销售区域的不同划分，批发业务可以分为地方性批发、区域性批发和全国性批发三类。地方性批发是指在一个较小的交易区域内进行批发贸易。一般来说，地方性批发易于与

最终消费者接触，能够及时准确地了解地方市场的需求状况，有利于为最终消费者提供适销对路的产品。区域性批发是介于地方性批发和全国性批发之间的批发贸易。区域性批发的经营范围比地方性批发大，比全国性批发小。区域性批发贸易既可以是大众化商品，也可以是专门化的商品。采用这种批发模式的好处在于：既可以通过规模采购降低成本，又可以尽可能多地接触最终消费者，为最终消费者提供适销对路的商品。全国性批发是指在全国范围内进行批发贸易。一般来说，全国性批发贸易往往只经营大众化商品，很少经营特殊商品。全国性批发贸易往往在全国设有若干分支机构或经营网点，也就是说具有全国性的销售网络。

批发业务的经营具有以下特点。

(1) 批量交易与批量作价。批量交易与批量作价是批发业务最显著的特征。批发一般要达到一定的交易规模才进行，通常有最低交易量的规定，即批发起点。零售交易无此限制。因此，批发比零售交易平均每笔交易量要大得多，原因是批发对象是各类用户，而不是广泛而分散的最终消费者。批发的价格往往与交易量成反比。即批发量越大，批发成交价越低；批发量越小，批发成交价相对越高。

(2) 经过批发环节后的商品仍未进入最终消费环节。由于批发的对象是各类用户，尤其是商业用户（或再销售单位）和产业用户，它们购买商品的目的不是为了供自己最终消费，而是为了供进一步转卖或加工所用。因而经过批发环节后，商品还没有最终进入消费领域。

(3) 批发的范围比较广。首先，批发的主体来源较广。它有“商业用户”、“产业用户”与“业务用户”三类采购者，而零售交易只有最终消费者这一类购买者；其次，批发机构数量比较少，但服务覆盖范围较大，不像零售交易那样到处设立服务网点；再次，中小批发商多集中在地方性的中小城市，并以此为交易范围。大批发商多集中在大型城市，并以全国为其交易范围。零售交易因直接为最终消费者服务，其交易范围要比批发交易的覆盖范围小得多。

(4) 批发的双方购销关系易于稳定。这是因为批发的对象主要是专门的经营者和使用者，比较固定，变化较小；而零售交易的对象是最终消费者，其购买行为随机性很大。因此，在批发中很容易使双方的关系稳定下来。

零售业务是指向最终消费者个人或社会团体出售生活消费品及相关服务，以供其最终消费之用的全部活动。

对于零售业务特征的理解可从以下几个方面进行。

(1) 零售是将商品及相关服务提供给消费者作为最终消费之用的活动。如零售商将汽车轮胎出售给顾客，顾客将之安装于自己的车上，这种交易活动便是零售。零售交易活动中，直接面向最终消费者。通过零售经营，商品离开流通领域进入消费领域，真正成为消费对象，从而完成社会再生产过程。从这个意义上讲，零售是流通过程的终点，处于从生产到消费流通过程的终端。

(2) 零售活动不仅向最终消费者出售商品，同时常常伴随商品出售提供如送货、维修、安装等各种服务。多数情形下，顾客在购买商品时，也买到相应服务。

(3) 零售活动不一定在零售店铺中进行，也可以利用一些使顾客便利的设施、设备及方式，如上门推销、邮购、自动售货机、网络销售等。

（4）零售的顾客不限于个人消费者，非生产性购买的社会团体也可能是零售顾客，如公司购买办公用品、学校订购鲜花等。

（5）零售贸易的交易量零星分散，交易次数频繁，每次成交额较小。由于交易的对象是众多而分散的消费者，这就决定了零售贸易的每笔交易量不会太大，而较少的交易量不可能维持持久消费，与之相适应，零售贸易的频率就特别高。正由于零售贸易平均每笔交易量少，交易次数频繁，因此，零售商必须严格控制库存量。

进出口贸易业务是指国内当事人与外国当事人通过缔结契约进行买卖商品、劳务或技术等的一系列具体业务。它体现了跨境或跨地区的商品买卖以及与商品买卖有关的劳务进出口、国家间货币结算与支付等方面的业务与法律关系。进出口业务主要内容包括：进出口商品的贸易方式、进出口商品的运输和保管业务、进出口商品的检验工作、进出口商品的海关监管业务、进出口商品的货运保险业务、进出口商品结算货款和提供资金的国际结算与银行信用业务、解决进出口业务纠纷的仲裁工作和司法审理、进出口业务的经营与管理等。

进出口贸易业务的程序，因产品项目、交易条件、付款条件、国家（或地区）的不同而有所不同。一般情况下可分为交易洽商、合同履行和交货三个阶段。在交易洽商阶段，首先由进口商开出需要条件，向出口商提出查询或经过中介商表达其购买意向，或由出口商直接向进口商提出洽销；其次是出口商向进口商发盘，经进口商还盘，并经双方函电往返同意“接受”，完成发盘；最后是成交，双方对买卖条件协议完妥，换文或签约，完成买卖手续。在合同履约阶段，进口商方面的工作是申请进口许可证、进口签证，开出信用证，以 FOB 交货条件成交的洽船以及 FOB 或 C&F 等条件成交的投保水险等；出口商方面的工作是备货，境内运输，以 C&F 或 CIF 条件成交的洽订船位，以 CIF 条件成交的投保水险，出口签订，商检和报关。在交货阶段，出口商根据信用证规定备齐装船文件，于信用证规定的时间内向指定银行结汇（或押汇）收回货款，或请银行托收货款；进口商应备齐提货文件，准备报关提货，并处理公证检验等事宜。进出口贸易业务的主要特征如下。

（1）进出口商品业务手续处理繁杂。外贸业务较之普遍的商贸业务其最大的不同就是，它涉及众多的单位和相关业务，涉及多个国家的语言和不同的商贸规定和运作方法，因而单证、票据、文件繁多，进出口商品业务手续处理过程繁复。

（2）进出口业务交易时间较长。由于进出口单证票据和文件繁多、涉及单位广泛，既使在电子手段填报与审核单据条件下，其交易过程所需时间也远远大于同类型商品的境内交易时间，且其中某个环节发生差错或延误，则后续一系列的进程安排将会打乱，又要再重新联系并商定后续事宜。这样一来时间将会拖得更长。

（3）进出口贸易单证规范化。由于国际贸易涉及不同的国家，于是各国语言、商贸规定、进出口管理程序、关税制度和法律规定等方面的差别又形成了国际贸易业务过程的另一大特点。对于一个国际贸易的实务操作过程来说，各国的商业机构、金融机构、管理机构和经贸双方都要对贸易过程中的各种单证共同认可。

（二）线上交易与线下交易

线上交易主要是指依托互联网和电子商务技术所进行的各种网上贸易，其结算主要是通过支付宝、快捷支付或者网银方式进行。线上交易是目前很重要的交易方式，在国内批发和零售交易额中占有绝对比重。线下交易主要是指利用传统交易手段所进行的各种批发或零售的交易活动，即在与客户进行的交易中采用各种传统贸易交易过程的各种交易方式。线下交易的结算一般是现金支付或者银行转账。面对面、利用电话或手机进行交易谈判以及实体店铺中所进行的交易都属于线下交易。

二、商品流通企业会计核算特征

商品流通企业会计是指以商品流通企业作为会计主体的一种行业会计。它是运用价值管理形式，核算和监督商品流通企业的经营活动，预测经营前景并参与经营决策，旨在提高商品流通企业经济效益的一种经济管理活动。与工业企业会计核算方法相比，商品流通企业会计核算主要特征如下：

（一）进货费用处理具有灵活性

工业企业成本项目主要包括直接材料、直接人工和制造费用，必须运用品种法、分批法、分步法等成本计算方法和约当产量法、定额比例法、定额成本法等在产品和完工产品成本分配法计算出完工产品总成本和单位成本。商品流通企业几乎没有生产加工过程，不存在为生产加工商品而发生的人力与物力消耗，仅有购进商品时垫支的购进价格以及企业在商品购进环节发生的进货费用。采购商品过程中发生的运输费、装卸费、保险费以及其他可归属于存货采购成本的进货费用，可以直接计入购进商品的购进成本中，也可以设置“进货费用”科目进行归集，期末根据所购商品的存、销情况进行分摊；对于已售商品的进货费用，计入当期损益；对于未售商品的进货费用，计入期末存货成本。

（二）库存商品账设置严密

商品流通企业的业务部门设置商品调拨账，只记数量，不记金额；仓储部门设置商品保管账，也是只记数量，不记金额；财会部门则设一套完整的库存商品账，即除设置库存商品总账和明细账外，还按库存商品类别设置类目账。库存商品总账以金额控制库存商品类目账，库存商品类目账以金额控制库存商品明细账；库存商品明细账既反映数量指标又反映金额指标。在实际操作中，可以“三账分设”，即业务部门、仓储部门、财会部门各自单独设一套账；也可以“两账合一”，即财会部门和业务部门合并设置商品账；还可以“三账合一”，即在财会部门设置库存商品明细账。

（三）电子原始凭证广泛使用

线上交易目前已经成为商品流通企业交易的主体。网上商城的大量涌现使得商品流通企业经营过程中出现大量的电子原始凭证。电子订单、电子配送物流单据、电子确认收货单、电子发票、支付宝账户收付款凭证不断推陈出新。实际工作中，企业会计人员需要将收到的电子原始凭证打印后，再像处理纸质原始凭证那样履行手续，而后录入企业会计核算软件系统。

第二节 商品交接方式、确认与计量

一、商品交接方式

商品的交接方式应由购销双方通过协商，并根据商品的特点、运输条件和管理要求等确定，其主要的商品交接方式有如下几类。

（一）提货制

提货制又称取货制，是由购货企业指派专人到销货企业的仓库或指定地点提取并验收商品的一种交接方式。

（二）送货制

送货制是指销货企业将商品送到购货企业的仓库或指定地点，并由购货企业验收的一种商品交接方式。

（三）发货制

发货制是指由销货企业根据购销合同或协议规定的条件，将商品委托给专业的运输单位运送到购货企业所在地或指定地点，再由购货企业领取并验收的一种商品交接方式。

二、商品确认和成本计量

（一）商品确认

商品流通企业所拥有的商品包括有库存商品、委托代销商品、受托代销商品和分期收款发出商品。商品在第一次被确认为存货时需要满足一定的条件。现行企业会计准则规定，存货在同时满足以下两个条件时才能加以确认：一是存货包含的经济利益很可能流入企业；二是该存货的成本能够可靠地计量。在商品流通企业会计实践中，商品存货的确认还要注意以下几个方面的问题：

1. 关于受托代销商品的确认。受托代销商品是指企业接受别的单位的委托而代其销售的商品。从商品所有权的归属来看，代销商品在售出以前其所有权属于委托方；而存货确认的一般原则是企业以所有权的归属而不以物品的存放地点为依据来确定存货的范围，即在盘存日，法定所有权归属企业的一切存货，无论其存放于何处，都应作为本企业的存货。因此，代销商品首先应作为委托方的存货加以确认。但是，在商品流通企业会计实务中，为了使受托方加强代销商品的核算与管理，企业会计准则也要求受托方将受托代销的商品作为本企业的存货加以确认。

2. 关于在途商品的确认。在途商品源自于商品收发和货款结算时间上的差异。按照存货确认的一般原则，对于销货方按合同、协议规定已确认销售而尚未发运给购货方的商品应作为购货方的存货加以确认；对于购货方已收到商品但尚未收到销货方结算发票的商品，购货方应将其作为本企业的存货加以确认；对于购货方已经确认为购进而尚未到达入库的在途商品，购货方应将其作为本企业的存货加以确认。

3. 关于购货约定的确认。对于约定未来购入的商品，由于企业并没有实际的购货行为发生，因而企业不能根据购货约定来确认存货，同时也不能确认有关的负债和费用。待企业实际履行约定购入商品时，再按存货确认的条件和原则加以确认。

（二）商品成本计量

商品应当以其采购成本进行初始计量，即商品入账时的价值要以历史成本为基础。但由于商品取得的方式不同、所处的行业不同，其采购成本的构成也不尽相同。从理论上讲，企业无论从何种途径取得商品，只要与该商品的取得有关的支出都应计入商品的采购成本之中。但在实际工作中，由于受许多因素的影响，商品采购成本的确定不完全与理论相符。

商品流通企业所采购的商品，其采购成本包括购买价款、相关税费、运输费、装卸费、保险费以及其他可归属于商品采购成本的费用。

购买价款应根据购入商品时发票上开列的货款金额（不含增值税）为依据进行确认。如果存在商业折扣，则应以扣除商业折扣后的价格作为入账金额。另外，有时供应商为了尽快收回货款可能在一定期限内提供一定的现金折扣，如果企业在规定的期限内付款，则取得的现金折扣为理财收益，计入财务费用，而不从商品成本中扣减。

商品采购成本涉及的税金主要有两类：一类是将其包含在价格中，如消费税、资源税、城市维护建设税等；另一类是不将其包含在价格之中，例如增值税。包含在价格之中的税金通常称为价内税，其发票价格中的税金部分一般应构成商品的采购成本。不包含在价格之中的增值税则要区别情况处理：如果购货企业是小规模纳税企业，其采购商品支付的增值税，无论是否在发票上单独注明，均应计入商品的采购成本；如果购货企业是一般纳税企业，其采购商品支付的增值税，若已在发票或完税凭证中注明，则不计入所购商品的采购成本，而作为可抵扣当期销项税额的进项税额单独入账；若未能取得增值税专用发票或完税凭证以及虽取得增值税专用发票或完税凭证，但所购商品用于非应纳增值税项目或免税项目的，其增值税应计入购入商品的采购成本。另外，《中华人民共和国增值税暂行条例》还规定，一般纳税企业采购农副产品可按买价、运输费或收购价格的一定比例计算进项税额，从采购价款中扣除，单独核算。

商品流通企业在采购商品过程中发生的运输费、装卸费、保险费以及其他可归属于商品采购成本的进货费用，应当计入商品采购成本；也可以先进行归集，期末根据所购商品的存销情况进行分摊。对于已售商品的进货费用，应当计入当期损益；对于未售商品的进货费用，计入期末库存商品成本。企业采购商品的进货费用金额较小的，可以在发生时直接计入当期损益，以销售费用列支。

三、商品销售收入确认与计量

（一）商品销售收入确认

商品流通企业在销售商品时，应在同时满足下列五个条件的情况下确认商品销售收入。

1. 企业已将商品所有权上的主要风险和报酬转移给买方，即与商品所有权有关的主要风险和报酬同时转移。与商品所有权有关的风险，是指商品可能发生减值或毁损等形式的损失；与商品所有权有关的报酬，是指商品价值增值或通过使用商品等产生的经济利益。判断企业是否已将商品所有权上的主要风险和报酬转移给购货方，应当关注交易的实质而不是形式，并结合所有权凭证的转移或实物的交付进行判断。通常情况下，转移商品所有权凭证或交付实物后，商品所有权上的主要风险和报酬随之转移，如大多数零售商品。某些情况下，转移商品所有权凭证但未交付实物，商品所有权上的主要风险和报酬随之转移，企业只保留了次要风险和报酬，如交款提货方式销售商品。有时，已交付实物但未转移商品所有权凭证，商品所有权上的主要风险和报酬未随之转移，如采用支付手续费方式委托代销的商品。

2. 企业既没有保留通常与所有权相联系的继续管理权，也没有对已售出的商品实施控制。企业将商品所有权上的主要风险和报酬转移给买方后，如仍保留通常与所有权相联系的继续管理权或仍然对售出的商品实施控制，则此项销售不能成立，不能确认商品销售收入。如企业对售出的商品保留了与所有权无关的管理权，则不受本条件的限制。

3. 收入的金额能够可靠的计量。收入能否可靠地计量是确认商品销售收入的基本前提。收入不能可靠地计量，则无法确认商品销售收入。企业在销售商品时，也可能出现售价变动的情况，在新的售价未确定前通常不应确认商品销售收入，因为此时的商品销售收入不能可靠地予以计量。

4. 与交易相关的经济利益能够流入企业。经济利益是指直接或间接流入企业的现金或现金等价物。在销售商品的交易中，与交易相关的经济利益即为销售商品的价款。销售商品的价款有把握能够收回是商品销售收入确认的一个重要条件。企业在销售商品时，如估计价款收回的可能性不大，即使商品销售收入确认的其他条件均已满足，也不应当确认商品销售收入。一般条件下，企业售出的商品符合合同或协议规定的要求，并已将发票账单交付买方，买方也承诺付款，即表明销售商品的价款能够收回。如果企业判断价款不能收回，应提供可靠的证据。

5. 相关的已发生或将要发生的成本能够可靠地计量。根据收入和费用配比的原则，与同一项销售有关的收入和成本应在同一会计期间予以确认。因此，如果成本不能可靠计量，即使其他条件均已满足，相关的收入也不能确认。如已经收到货款，则应将收到的货款确认为负债。

销售商品应同时满足上述五个条件才能确认商品销售收入。任何一个条件没有满足，即使收到货款，也不能确认商品销售收入。确认商品销售收入的具体形式主要有：采用预收款方式销售商品的，应在发出商品时确认。附有退回条件的商品销售，根据以往经验能够合理估计退货可能性且确认与退货相关负债的，应在发出商品时确认；不能合理估计退货可能性的，应在售出商品退货期满时确认。销售商品需要安装和检验的，在购买方接受商品以及安装和检验完毕前不确认收入，待安装和检验完毕时确认收入。如果安装程序比较简单，则在发出商品时确认收入。销售商品采用以旧换新方式的，销售的商品应当按照销售商品收入确认条件确认收入，回收的商品作为购进商品处理。销售商品采用支付手续费方式委托代销的，在收到代销清单时确认收入。

采用售后回购方式销售商品的，收到的款项应确认为负债；回购价格大于原售价的，差额应在回购期间按期计提利息，计入财务费用。有确凿证据表明售后回购交易满足销售商品收入确认条件的，销售的商品按售价确认收入，回购的商品作为购进商品处理。

采用售后回租方式销售商品的，收到的款项应确认为负债；售价与资产账面价值之间的差额，应当采用合理的方法进行分摊，作为折旧费用或租金费用的调整。有确凿证据表明认定为经营租赁的售后租回交易是按照公允价值达成的，销售的商品按售价确认收入，并按照账面价值结转成本。

（二）商品销售收入计量

企业销售商品满足收入确认条件时，应当按照已收或应收合同或协议价款的公允价值确定销售商品收入金额。

从购货方已收或应收的合同或协议价款，通常为公允价值。某些情况下，合同或协议明确规定销售商品需要延期收取价款，如具有融资性质的分期收款销售商品，应当按照应收的合同或协议价款的现值确定其公允价值。应收的合同或协议价款与其公允价值之间的差额，应当在合同或协议期限内，按照应收款项的摊余成本和实际利率计算确定的摊销金额，冲减财务费用。企业在确定商品销售收入金额时，有时会代第三方或客户收取一些款项，例如企业代表国家收取的增值税。这些代收款应作为暂收款记入相应的负债类科目，不作为企业的收入处理。

企业在确定商品销售收入金额时，不考虑各种预计可能发生的现金折扣和销售折让。现金折扣在实际发生时计入发生当期的财务费用，销售折让在实际发生时冲减发生当期的销售收入。

第三节　商品流通企业会计核算方法

一、商品流通企业会计核算组织形式

商品流通企业会计核算的组织形式是由企业的规模和核算目标决定的，主要有独立核算、半独立核算和简易核算三种组织形式。

（一）独立核算

企业实行独立核算必须具备以下条件：在财力上拥有一定数额的资金，单独在银行开设账户，对自有资金有独立的支配权；在会计上能全面地记账、结算，单独计算盈亏，并定期编制财务报表；在经营上有独立的自主经营权。独立核算分为集中核算与分散核算两种。集中核算是指会计工作全部在会计部门进行，会计部门以外的业务、仓库、运输等机构只对其发生的经济业务负责填制原始凭证，随时或定期报送会计部门审核并结算记账。集中核算的优点是减少核算环节，简化核算手续，有利于全面掌握会计资料和精简会计人员，一般在中小企业中广泛使用；分散核算是指企业的其他部门或分支机构在会计部门的指导下，实行半独立核算和简易核算，优点是便于发挥基层单位的核算作用。大型企业往往采取这种做法。

（二）半独立核算

半独立核算是指独立核算企业所属的业务单位，其规模比较大，在业务经营和成本费用

管理方面具有相对独立性，但又不完全具备独立核算的某些必要条件，如没有资金的独立支配权，不能在银行开立账户等。这些单位的会计人员可以进行相应的会计工作，但必须向企业会计部门汇总，其对外结算也只能通过会计部门来办理。商品流通企业内部的二级经营单位（如批发企业所属的业务部、零售企业所属的门店和分销点）基本采取这种做法。这种做法的优点是便于基层部门负责人及时掌握本部门的经营信息。

（三）简易核算

简易核算是指不独立核算的企业部门，由兼职或专职的核算员对本部门的经济指标进行简易核算，而全部交易和结算凭证则报送主管会计工作的会计部门并由其组织会计核算。

二、商品流通企业会计核算科目设置

企业会计准则规定商品流通企业使用的会计科目分为资产类、负债类、所有者权益类和损益类共四类科目。根据规定，所列会计科目，若企业没有相应会计事项的，可以不设或合并；也可以根据具体情况设置部分表外科目。但是，设置和使用会计科目，不应影响会计核算的要求和财务报表的汇总以及对外提供统一格式的财务报表数据。

为了便于编制会计凭证、登记账簿、查阅账目和实行会计电算化，企业会计准则规定了统一的会计科目编号，且在某些科目之间留有空号，以供增设会计科目之用。商品流通企业不能随意改变或打乱会计科目编号；在填制纸质或电子会计凭证、登记纸质账簿时也不能只填科目编号而不填会计科目名称。商品流通企业会计核算使用的主要会计科目如表1-1所示。

表1-1　商品流通企业主要会计科目名称和编号

顺序号	编号	科目名称	顺序号	编号	科目名称
一、资产类			二、负债类		
1	1001	库存现金	42	2001	短期借款
2	1002	银行存款	43	2101	交易性金融负债
3	1012	其他货币资金	44	2201	应付票据
4	1101	交易性金融资产	45	2202	应付账款
5	1121	应收票据	46	2203	预收账款
6	1122	应收账款	47	2211	应付职工薪酬
7	1123	预付账款	48	2221	应交税费
8	1131	应收股利	49	2231	应付利息
9	1132	应收利息	50	2232	应付股利
10	1221	其他应收款	51	2241	其他应付款
11	1231	坏账准备	52	2314	受托代销商品款
12	1321	受托代销商品	53	2501	长期借款
13	1401	材料采购	54	2502	应付债券
14	1402	在途物资	55	2701	长期应付款

续表

顺序号	编号	科目名称	顺序号	编号	科目名称
15	1403	原材料	56	2702	未确认融资费用
16	1405	库存商品	57	2711	专项应付款
17	1406	发出商品	58	2801	预计负债
18	1408	委托加工物资	59	2901	递延所得税负债
19	1411	周转材料	三、所有者权益类		
20	1471	存货跌价准备	60	4001	实收资本
21	1501	持有至到期投资	61	4002	资本公积
22	1502	持有至到期投资减值准备	62	4101	盈余公积
23	1503	可供出售金融资产	63	4103	本年利润
24	1511	长期股权投资	64	4104	利润分配
25	1512	长期股权投资减值准备	65	4201	库存股
26	1521	投资性房地产	四、损益类		
27	1531	长期应收款	66	6001	主营业务收入
28	1532	未实现融资收益	67	6051	其他业务收入
29	1601	固定资产	68	6101	公允价值变动损益
30	1602	累计折旧	69	6111	投资收益
31	1603	固定资产减值准备	70	6301	营业外收入
32	1604	在建工程	71	6401	主营业务成本
33	1605	工程物资	72	6402	其他业务成本
34	1606	固定资产清理	73	6403	营业税金及附加
35	1701	无形资产	74	6601	销售费用
36	1702	累计摊销	75	6602	管理费用
37	1703	无形资产减值准备	76	6603	财务费用
38	1711	商誉	77	6701	资产减值损失
39	1801	长期待摊费用	78	6711	营业外支出
40	1811	递延所得税资产	79	6801	所得税费用
41	1901	待处理财产损溢	80	6901	以前年度损益调整

三、商品流通企业会计核算方法

商品流通企业会计核算方法，是指会计人员对商品流通企业已经发生的经济活动进行连续、系统、全面反映和监督所采用的方法。由于各类商业流通企业所从事的经营活动及其交易对象的特点并不相同，因而其使用的会计核算方法并不一样。但从会计实践出发，商业流通企业的会计核算既要反映核算对象的数量属性，同时还要反映核算对象的价值属性。反映核算对象的数量属性，要求对核算对象进行实物数量核算，核算对象进、销、存数量的增减情况；而反映核算对象的价值变化，要求对核算对象进行价值金额核算，核算对象进、销、存金额的变化情况。商品的数量核算和金额核算是相互联系的。在会计核算中，虽然金额核算非常重要，但数量核算不容忽视，两者之间必须紧密的结合。在目前实际工作中，商业企业会计核算方法一般包括数量进价金额核算法和单品进价核算法两种。

（一）数量进价金额核算法

数量进价金额核算法是以实物数量和进价金额两种计量单位，反映商品进、销、存情况的一种商品核算方法。其在核算方面的主要特征是：

1. 财会部门设置“库存商品”的总账、类目账（大类账）和明细账（商品账），统一按进价记账。总账反映库存商品的进价总金额的增减变化及其结果；类目账（大类账）反映各类库存商品的进价金额变化及其结果；明细分类账（商品账）则按各个具体商品的编号、品名、规格、等级分户，反映各个具体商品品种的实物数量和进价金额的增减变化及其结果。

2. 业务部门和仓库保管部门按商品的品名、规格和等级分户分别设置实物调拨账和实物保管账，记载各种商品的收、发及结存的数量变化，但并不反映相应的进价金额指标。

3. 财会、业务和仓库保管部门的各自账簿记录，要定期进行数量、金额的核对，并定期或不定期地展开实物清查，以确保账账、账实相符。

4. 根据商品经营特点和管理的需要，采用适当的方法，随时或定期计算和结转已销商品的进价成本。

采用数量进价金额核算法可以在账面随时记录所销售的每个商品的购进、出库及其结存信息，而这又是永续盘存制的一个重要特征。采用这种核算方法的优点是全面反映各种商品进、销、存的数量和金额，便于对库存商品的管理和控制。但由于每笔进销业务都按数量、金额逐笔登记明细账，使得记账工作量较大，且手续繁多。数量进价金额核算法目前在从事商品批发业务和进出口贸易业务、餐饮服务业务的流通企业中有着非常广泛的运用。

（二）单品进价核算法

目前在零售业务中广泛使用的商品核算方法是单品进价核算法。零售企业采用单品核算的前提是借助计算机系统进行管理，使用商业企业信息资源管理系统软件，对企业进、销、存环节中各类业务单据进行数据采集。由业务部门录入进货、销售原始单据数据，而财务、仓储部门共享业务数据，并进行各类单据后期的财务结算和仓库验货、发货单据数据采集，自动登载库存商品账及商品销售收入账、商品销售成本账、应交税费账、单位往来账。具体来讲，单品进价核算法就是根据商品的品牌、属性、类别、价位，按一品、一码、一价的原则确定商品编码，将每件商品信息资料输入计算机中，运用计算机管理系统全程监控单品的价格，购进、销售及库存数量变化，详细掌握单品的流转动向。单品形成的关键是编码。举例来讲：同一价格的乐士牌女式38号船鞋，因为颜色不同，系统就会生成不同的单品，进行单独编码，通过计算中心的数据，可以随时得到同一型号不同颜色鞋的流转情况；而同一型号同一款式颜色的乐士牌女式38号船鞋，还会由于两次进货价格不同，在系统录入时同样自动生成不同的单品，进行单独编码，通过计算中心的数据，可以随时得到不同进货价位乐士牌女鞋的销售数量及其销售成本。在单品进价核算法下，商品流通企业真正实现了商品购销数据的精确计算，商品的动态管理达到了一个崭新的水平。单品进价核算法在核算方面的主要特征是：

1. 库存商品按单品实际成本计价（或称作个别计价）。库存商品的进、销、存核算均以单品进价成本记录，且由于是一品一码，利用计算机网络系统处理，随时都可以查询任何一种商品的全部历史资料和结存数量金额；每次商品购进后都可单独确定不同的进货单价、不同型号、不同款式、不同等级规格，并形成不同的单品，每次销售后即可计算每件商品的销售成本。

2. 对商品进行精细管理。实行单品进价核算，不仅能从大类上进行商品分类管控，对单品也能随时实施有效控制。在单品进价核算平台下，企业可以严格零售业务进货的内控制度，及时了解、控制营业成本，及时了解与调整商品经营布局；所有零售商品的毛利高低和进销存数据明细清楚。在目前消费市场瞬息万变的情况下，经营者可以掌握更加科学可靠的数据，减少决策的盲目性，促使库存结构合理，尽量避免库存积压或供应不及时的现象，提高经营工作效率。

3. 实现单品数据共享。以收银台 POS 系统、财务部门 PC 工作站为特征的零售业务管理信息系统，在充分利用计算机网络技术的基础上，财务部门不仅能即时收集和反映商品购进的数量、单价、金额等数据资料，还可以通过各楼层柜组或专营店的 POS 终端自动收集、记录和传递每项商品销售活动的有关数据，通过计算机网络各系统接口，将企业的进销调存等各种数据资料，自动过渡到账务处理模块中，真正实现部门之间“数据共享”。

4. 单品数据即时核算与反映。推行单品进价核算后，企业依据购销分离、单品管理的经营原则，实行销售成本的进价核算，采用实时账面库存来反映商品的流转情况。进销存管理系统与财务软件相连自动生成销售、进货及盘点损溢凭证。月末根据不同的经营方式进行结算，生成结算凭证。通过统计当日的销售情况，即可得到当日及当月累积的销售毛利；分析所经营商品的库存情况，确定要货数量及应付款项，使库存积压的可能性降到最低，从而加速资金周转。商品结算不仅能反映整个商场、楼面、柜组及专营店情况，更能具体到每件商品。由于数据丰富，为财务分析提供了可靠资料，同时还能直接生成各种商品分析报表，为调整经营结构、资金调拨起到了决定性的作用，为年度的财务分析工作创造了有利条件，大大减少了年终财务分析的工作量。

单品核算系统可帮助企业实现按部门（或专营店）核算，同时还能够及时反映经营人员的销售业绩和资金回收水平，为企业领导层及部门管理人员进行决策分析提供准确详实的数据信息。单品进价核算的最大优势是实现了不同型号、不同规格等级、不同品名之间的商品精准核算，解决了以往售价金额核算法下无法精细确认商品销售成本的问题。单品进价核算在计算机软件系统支持下，发挥到成本精细计算的极致，是目前商品流通企业零售业务的主要核算方法。

第二章

独立门店商品经营业务核算

独立门店是指从事商品流通业务的法人只拥有一个用于商品经营的门店。独立门店一般具有以下几个特征：

第一，在唯一的商圈中经营。独立门店因为没有分店，因而一旦选址建店，就只能在所选店址所在的商圈中经营，它的经营方针、范围、策略以及经营的效益都受到这个商圈的具体状况左右。如所在商圈主要经营机电产品批发业务，同时兼营机电产品零售业务，则该独立门店的经营极有可能选择机电产品批发或相关联的五金产品批发业务，同时也兼营相关零售业务；如所在商圈主要是经营综合百货零售业务，则相关独立门店的业务也会选择综合百货零售或者专营工艺美术、钟表，又或者书店零售业务。相对于连锁经营企业，独立门店的选址工作尤为重要。在一定程度上，独立门店的经营成败决定于商店选址的正确与否。

第二，服务于某一固定人群。正因为独立门店在唯一的商圈中经营，因而其目标顾客就是这个商圈内的消费者，独立门店的服务就是针对这一固定的人群。在这种前提下，独立门店的经营策略就是满足这一固定人群的消费需求。独立门店服务人群的定位比较单一。而连锁门店因为门店众多且分布在不同的区域，消费习惯和消费水平会存在差异，企业服务人群的定位便不可一概而论。

第三，经营风险较大。独立门店因为没有分支门店，经营的地域范围和市场范围受限，对经营者来说，经营风险较大。一旦所处的商圈竞争激烈或消费能力下降，独立门店便缺少了利润来源，甚至经营困难。而连锁门店因为网点分散，且面临竞争环境与竞争程度会有所差异，各门店之间在商品、资金上可以互相支援，形成资源互补，进而增强了对市场风险的抵御能力。

在我国，目前主要有四种类型的独立门店：个体独立门店、专卖店、中小型百货商场、大型购物（或批发）商城。

1. 个体独立门店。在我国，个体独立门店是规模最小、数量最多的一种商品流转经营模式。个体独立门店一般店面只有几十平方米，分布在城乡的街头巷尾，从业人员即家庭成员或只有少量雇工。这类商店销售的商品一般是家庭日常用品，或者专营某一类商品的批发及零售，主要目标顾客是在附近生活的固定人群。独立门店的经营特点是进货销货数量较小，同时毛利低。个体独立门店虽然销售额度较小，但总体数量庞大，是商品流通企业的重要组成内容。

2. 专卖店。专卖店是指专门经营某类商品或者某种品牌的系列商品，满足消费者对某类商品多样性需求的零售业务独立门店。其基本特征是商品的专业性较强，各种不同的规格、品种及其品牌汇集，销售量虽小但销售毛利较高，销售人员有着丰富的专业知识且能为消费者提供专业水准较高的咨询与服务，同时还有着较为严格的售后服务体系。

3. 中小型百货商场。在我国，中小型百货商场主要集中在国内二三线城市，而一线城市只有少量设置。这些中小型零售企业主要分布所在地区的中心繁华区域，经营范围较宽，商品较为齐全，而且是作为地区性商业的核心企业而存在，在地区范围内有较高的市场占有率和商业知名度。但是，由于企业本身规模不大，资金实力较弱，因而这些企业往往无力进行连锁经营。

4. 大型购物（或批发）商城。从目前我国的实际情况来看，真正的购物商城并不多。综合性的大型购物商城在满足个体消费者一次性购物的需求外，还将购物与娱乐、餐饮、休闲、会议等结合起来。这类大型购物商城一般选址在中心商业区或城乡结合部的交通要道，设施豪华、店堂典雅、宽敞明亮，投资巨大。还有一种大型购物商城主要是经营某一类商品的批发业务，如服装商城、五金建材商城、红木家具商城、灯具商城，物流设施齐全、商户众多、价格实惠，因而主要在城乡结合地区进行设点经营。

第一节　独立门店商品购进业务核算

一、商品购进业务流程

商品购进业务流程主要涉及购进商品的交接方式、货款的结算方式、使用的主要原始凭证以及整个业务流程经历的主要工作环节及其内容。

（一）同城商品购进

同城商品购进是指商品流通企业从同一区域采购所需商品的进货行为。同城商品购进的商品交接方式主要是提货制或送货制。而同城商品购进的货款结算方式主要是网上银行、转账支票、商业汇票和银行本票。同城商品购进所涉及的主要原始单据有增值税专用发票、收货单、付款凭证、转账支票存根、商业汇票、网银付款凭证、银行本票。同城商品购进虽然从同一区域采购商品，但也需要由业务部门事先制定进货计划，与供货单位签订购销合同来组织进货。若采取提货制，业务部门应根据供货单位开来的增值税专用发票，与供货单位供货合同核对相符后，填制一式数联收货单，连同增值税专用发票一并送交储运部门提货，并将发票凭证和收货单送交企业财会部门。财会部门对购货凭证审核无误后，作为付款的依据进行付款。储运部门提回商品验收入库后，自留一联，作为记账依据，将一联退回业务部门，由其注销合同，将收货单（入库联）交财会部门作为记账凭证编制依据。若采用送货制，业务部门根据供货单位开来的增值税专用发票，与供货单位供货合同核对相符后，填制一式数联收货单并自留一联用以注销合同，其余联次随所购商品由储运部门验收货物后自留一联记账，同时将增值税专用发票连同收货单（入库联）提交财会部门，财会部门用以结算付款并据以编制记账凭证。

（二）异地商品购进

异地商品购进是指商品流通企业从外埠采购所需的商品。异地商品购进采用的商品交接方式主要是发货制，采用的货款结算方式主要有网上银行结算、支付宝、转账支票、银行汇票和商业汇票。商品购进所涉及的主要原始凭证有增值税专用发票、收货单、付款凭证、网银付款凭证、转账支票存根、商业汇票和银行汇票。采用送货制下，购货单位财会部门根据供货单位转来的增值税专用发票时应送交业务部门，经与合同核对无误后，在付款期内支付货款，业务部门同时填制一式多联收货单，留存一联核销合同后，其余转给储运部门，储运部门在商品到达后验收入库，同时在收货单上面加盖“收讫”戳记，一联自身留存作为记账依据外，另一联收货单（入库联）提交财会部门，财会部门据以编制记账凭证。

二、商品购进入账时间与入账价格

（一）商品购进入账时间

商品购进入账时间就是确认商品购进行为成立的时间，它与企业购进商品过程中采用的货款结算方式、购销双方的地理位置以及商品交接方式相关联。而不同的商品交接方式又与结算方式相关联。商品购进的入账时间有以下几种情况。

1. 同城或者异地购进商品，采用现金、转账支票、银行本票、商业汇票、银行汇票、网银结算方式和使用支付宝结算的，在已经支付货款并取得供货单位发货证明的，可以确认商品购进并入账；若商品已经验收入库并取得增值税专用发票，可以确认商品购进并入账；若商品前期验收入库时并未取得增值税专用发票，则须等待办理完毕商品货款结算后，才能确认商品购进并入账；若期末仍未收到供货方提供的增值税专用发票，则须要按暂估价计入“库存商品”项目，同时增加企业的负债金额，次月初再冲回上月末按暂估价增加的资产与负债金额。

2. 采用预付货款方式购进的，由于预付货款时双方尚未形成实际的交易行为，因而预付货款的时间不能作为商品购进的入账时间，待企业收到所购商品的时候再作为商品购进入账。

3. 企业进口商品，应以支付货款的时间作为商品购进的入账时间。

（二）商品购进入账价格

1. 企业于国内购进的商品用于国内销售或者出口，以进货原价和进货费用之和作为商品入账价格，或者先以“进货费用”项目进行归集，期末根据所购商品的存销情况进行分摊。对于已售商品的进货费用，应当计入当期损益；对于未售商品的进货费用，计入期末库存商品成本。企业采购商品的进货费用金额较小的，可以在发生时直接计入当期损益，以销售费用列支。

2. 企业直接进口的商品，其采购成本包括进口商品的国外进价、进口环节应缴纳的关税和消费税，并以采购成本的金额作为进口商品的入账价格。增值税属于价外税，不应包括在进口商品的价格之中。企业委托代理进口的商品，其入账价格应是企业支付给代理机构的全部款项。

3. 企业采购的农副产品，其入账价格应是企业实际支付的采购价减除按规定扣除率计征的进项税额之后的金额。

三、商品购进业务核算

（一）商品购进核算科目设置

独立门店商品购进业务主要通过设置和运用“在途物资”和“库存商品”两个科目进行核算。其中，“在途物资”科目属于资产类科目，用于核算货款已在前期支付而商品正在运送途中或者购入商品已经运达企业而尚未验收入库的采购成本。其借方反映已经支付的商品价款数额，贷方反映购入已验收入库的商品金额。该科目的期末余额一般在借方，反映在途商品的采购成本。其明细科目应按供货单位或商品的类别名称进行设置。在途物资明细账根据“在途物资”明细科目设置，一般采用三栏式或平行式账页，其三栏式明细账的格式如表 2－1 所示。

表 2－1　在途物资明细账

明细科目：美大摄影器材有限责任公司

2016 年		凭证号	摘　要	借　方								贷　方								借或贷	余　额							
月	日			十	万	仟	佰	十	元	角	分	十	万	仟	佰	十	元	角	分		十	万	仟	佰	十	元	角	分
			承前页																	借		3	4	6	0	0	0	0
2	24	52	货到入库										3	4	6	0	0	0	0	平						θ		
			……																									

用于核算商品流通企业已经验收入库商品的实际成本的会计科目是“库存商品”科目。“库存商品”科目是资产类科目，借方登记企业购入并已验收入库、加工收回、盘盈、销货退回的商品的实际成本数额；贷方登记商品销售（结转销售成本）、进货退出、加工拨付、盘亏的商品实际成本数额。该科目的期末余额在借方，表示结存商品的实际成本。库存商品明细科目按商品的类别、品种和规格分层进行设置。采用数量进价金额核算或单品进价核算的企业，应按商品的实际采购成本和实际验收入库的数量记载库存商品明细账。库存商品明细账的账页格式采用数量金额式，具体账页格式（采用加权平均法计算销售成本）如表 2－2 所示。

由于具备一般纳税人资质的商品流通企业销售货物时需要缴纳增值税，并实行当期销项税额抵扣进项税额的纳税办法，所以独立门店的财会部门在组织会计核算时，还要设置“应交税费——应交增值税”明细分类科目，用以核算应交增值税的明细业务。该明细分类科目属于负债类科目，贷方核算的项目是“销项税额”、“进项税额转出”，借方核算的内容是“进项税额”、“已交税金”和“出口退税”；期末余额一般在贷方，反映企业本期应交未交的增值税额。按照该明细分类科目设置的“应交税费——应交增值税”明细账采用多栏式专用账页，其格式如表 2－3 所示。

表 2－2 库存商品明细账

类别：家电类　　　　　　　　　　　　　　　　　　　　　　　　　　　　　连续第　　页

品种：长虹 LEDH3401 平彩　规格：40 英寸　　　　单位：台，元　　　　　　　库房：5 号库

2016 年		凭证号数	摘要	收入				付出				结存		
月	日			购进数量	其他数量	单价	金额	销售数量	其他数量	单价	金额	数量	单价	金额
4	1	略	上月结存									30	2 000	60 000
4	10	略	购　进	500		2 050	1 025 000					530		
4	25	略	销　售					400				130		
			……											

表 2－3 应交税费——应交增值税明细账

单位：元

2016 年		凭证号数	摘要	借方				贷方			借或贷	余额
月	日			借方合计	进项税额	已交税额	出口退税	贷方合计	销项税额	进项税额转出		
4	10	略	购　进	174 250	174 250						借	174 250
4	25	略	销　售					340 000	340 000		贷	165 750
			……									

（二）一般纳税人商品购进基本业务核算

在商品购进业务中，由于结算付款与商品到达购货单位办理验收入库手续的时间可能不会同一日全部办理完毕，实际核算中会出现三种情况：结算付款单据与验收入库单据两者同时到达（简称“单货同到”）；结算单据先到并结算付款，商品后到验收入库（简称“单到货未到”）；商品先到验收入库而结算单据后到并付款（简称“货到单未到”）。在目前广泛采用网银结算方式下，“单货同到”或者“单到货未到”的情况会较多一些；而同城商品采购业务，可能会出现少量“货到单未到”的情况。需要说明的是，采用支付宝结算需要先将货款保存在第三方支付平台，待收到商品并验收无误后才通知第三方支付平台结算付款，因而需要设置“其他货币资金——支付宝结算”明细科目进行核算。即购进商品验收入库并收到对方开具的增值税专用发票时，借记“库存商品”科目和“应交税费——应交增值税（进项税额）”明细科目，同时贷记“其他货币资金——支付宝结算”明细科目；待通知第三支付平台进行付款结算时，借记“其他货币资金——支付宝结算”明细科目，同时贷记“银行存款”科目。

1. 货款结算与商品验收入库同时完成。

例题 2－1：北京翔隆燕莎商城为增值税一般纳税人，其电子产品卖场从北京莉亚电子设备有限责任公司购入电子门锁 LSH－ER738 型 100 只，单价 1 000 元，商品价款 100 000 元，增值税进项税额 17 000 元，合同约定厂家送货到店，商品验收无误后，以转账支票结

清全部款项。北京莉亚电子设备有限责任公司开具的增值税普通发票如表 2－4 所示。北京翔隆燕莎商城开具的转账支票存根及储运部门转来的商品验收单如表 2－5 和表 2－6 所示。

表 2－4

北京增值税普通发票

发 票 联

1100125620　　　　№122936670　　1100125620　122936670

校验码 57467 15449 15534 0　　　　开票日期：2016 年 12 月 1 日

购货单位	名　　称：北京翔隆燕莎商城有限责任公司 纳税人识别号：11030045577700037 地 址、电 话：北京市朝阳区十里河经济开发区甲 18 号 8371－6688 开户行及账号：中信银行北京朝阳十里河支行 3670 0020 3456 778				密码区	1 <403 +1 < +84362 －2＊212 > －3＊ > 9－ － +56 <808 <0884 +/0＊294 + < － <975 >3 <8578 >45 > － ＊3/32＊26 － 844/0 / +88257 + －53 >01 －3018012＊ 435＊ >1 > >8 >4 < －—6＊5	
货物或应税劳务名称	规格型号	单位	数量	单价	金额	税率	税额
莉亚 LSH－ER738 型电子门锁	LSH－ER738	只	100	1 000.00	100 000.00	17%	17 000.00
合　计					¥100 000.00	17%	¥17 000.00
价税合计（大写）	×仟×佰壹拾壹万柒仟零佰零拾零元零角零分				（小写）¥117 000.00		
销货单位	名　　称：北京莉亚电子设备有限责任公司 纳税人识别号：110570988340034 地 址、电 话：北京市海淀区中关村富豪大厦 5 层 5013 室 010－6177×××× 开户行及账号：招商银行北京中关村支行 00970001241008				备注	北京莉亚电子设备有限责任公司 110570988340034 发票专用章	

收款人：刘丽　　　复核：高雅　　　开票人：马莉亚　　　销货单位：（章）

表 2－5

中 信 银 行

转账支票存根

002000160239

附加信息

出票日期 2016 年 12 月 1 日

收款人：北京莉亚电子设备有限责任公司

金　额：¥117 000.00

用　途：购莉亚电子门锁

单位主管 徐富达　会计 王佳蕾

表 2－6

商品验收单

供货单位：北京莉亚电子设备有限责任公司　　日期：2016 年 12 月 1 日

编号	品名	规格	单位	应收数（元）	实收数（元）	单价（元）	金额（元）	进项税额（元）
DM－45701	莉亚电子门锁	LSH－ER738	只	100	100	1 000.00	100 000.00	17 000.00
	合计			100	100	1 000.00	¥100 000.00	¥17 000.00
备注			发票号码	1100125620		合同号码	KS1605007	

验收：黄历则　　制单：武士林　　记账：黄婉秋

财会部门审核单据无误后，按合同约定签发转账支票付款。财会部门根据增值税普通发票、商品入库单、转账支票存根等单据，编制会计分录如下：

借：库存商品——电子产品卖场（电子锁具）　　100 000.00

　　应交税费——应交增值税（进项税额）　　17 000.00

　　贷：银行存款　　117 000.00

同时，根据商品验收单登记库存商品明细账“收入”栏的数量、单价和金额栏，并在“结存”栏结出商品的结存数量（加权平均法下）或同时登记结存金额（个别计价法下）。

2. 结算货款在前，商品验收入库在后。

例题 2－2：某商城爱慕莎服装店收到采购员寄回河北石家庄森碟制衣有限责任公司男休闲服（175 型和 180 型）货款 500 000 元，增值税进项税额 85 000 元以及代垫运费 4 504.50 元，增值税进项税额 495.50 元，所购商品增值税专用发票、运输业增值税专用发票原始单据以及相关款项已用银行汇票结算。其中，货物运输业增值税专用发票的格式如表 2－7 所示。

经有关部门审核无误后，财会部门根据有关原始单据，编制会计分录如下：

借：在途物资——河北石家庄森碟制衣有限责任公司　　504 504.50

　　应交税费——应交增值税（进项税额）　　85 495.50

　　贷：其他货币资金——银行汇票　　590 000.00

4 天后，储运部门转来河北石家庄森碟制衣有限责任公司购进商品到货入库原始单据，财会部门根据商品验收单，编制会计分录如下：

借：库存商品——爱慕莎时装店（男休闲服 175 型）　　252 252.25

　　　　　——爱慕莎时装店（男休闲服 180 型）　　252 252.25

　　贷：在途物资——河北石家庄森碟制衣有限责任公司　　504 504.50

例题 2－3：某商城爱慕莎服装店从福建石狮天天时装有限责任公司定制女款格子裙装（165 公分与 170 公分）货款 200 000 元，增值税进项税额 34 000 元；对方代垫运费 450.45 元，增值税进项税额 49.55 元。该项业务所购商品增值税专用发票、运输业增值税专用发票原始单据已经收妥，相关款项采用网银结算方式支付。其中，网银支付凭证的格式如表 2－8 所示。

表 2-7 2200133730 **货物运输业增值税专用发票** № 00236001

2200133730

00236001

全国统一发票监制章 河北省石家庄 地方税务局监制

发 票 联

开票日期：2016 年 12 月 3 日

承运人及纳税人识别号	中铁快运有限责任公司石家庄分公司 130017689440000017		税控码	02 >9 +97 < +/65400 +18 <4 *081166 <3891 + - >4 </<13 >20801 *33/138/< - - +/<8430744/ 6981443 >/176 <5 <2 *7 +9 < *7 > +2322 >60 * 3/05 >897157 <7600 +2 >45 > +/> +930107 + 692/9 *052 - * <57 - + +92 +8 </67273118 * 8023 +22/ * > -9			
实际受票方及纳税人识别号	北京爱慕莎时装有限责任公司 11030045577700037						
收货人及纳税人识别号	北京爱慕莎时装有限责任公司 11030045577700037			发货人及纳税人识别号	石家庄森碟制衣有限责任公司 130570988340034		
起运地、经由、到达地	石家庄铁路分局东篱货运分厂						
费用项目及其金额	费用项目 运输费	金额 4 504.50		运输货物信息	爱慕莎男休闲服		
合计金额	¥4 504.50	税率	11%	税额	¥495.50	机器编号	499900757354
价税合计（大写）	⊗伍仟元整				（小写） ¥5 000.00		
车种车号		车船吨位					
主管税务机关及其代码	石家庄地方税务局征收管理分局 13023415231077			备注	中铁快运有限责任公司石家庄分公司 130017689440000017 发票专用章		

收款人：张松　　复核人：王永祥　　开票人：程刚　　承运人：（章）

表 2-8 **中 信 银 行** 凭 证

业务回单（付款）

日期：2016 年 12 月 3 日　　回单编号：1410000034

付款人名称：北京爱慕莎时装有限责任公司

付款人账号（卡号）：367000203456778　　付款人开户行：中信银行北京朝阳十里河支行

收款人户名：福建石狮天天时装有限责任公司

收款人账号（卡号）：632100970001241　　收款人开户行：招商银行滨河南路支行

金额：贰拾叁万肆仟伍佰零拾零元零角零分　　小写：234 500.00 元

业务（产品）种类：跨行发报　　凭证种类：000000000　凭证号码：00000000000000000

摘要：货款　　用途：　　币种：人民币

交易机构：0030000998　记账柜员：00010　交易代码：57149　渠道：网上银行

附言：支付交易序号：18775774

报文种类：CMT100 汇兑支付　报文 委托日期：2016-12-3　业务种类：普通汇兑

收款人地址：福建石狮市闽南大道工贸加工区 11 楼 3 层 301-317 室

付款人地址：北京朝阳区北纬路营子房道口甲 118 号　指令编号：HQP881692587

提交人：YSL1.c.0200 最终授权人：123494.c.0200

本单为第一次打印，注意重复　打印日期：2016 年 12 月 3 日　打印柜员：8　验证码：04E340C0007106

中信银行北京朝阳十里河支行 2016.12.03 转讫

经有关部门审核无误后，财会部门根据有关原始单据，编制会计分录如下：

借：在途物资——福建石狮天天时装有限责任公司　　200 450.45

　　应交税费——应交增值税（进项税额）　　34 049.55

　　贷：银行存款——网银结算　　234 500.00

5 天后，储运部门转来福建石狮天天时装有限责任公司购进商品到货入库原始单据，财会部门根据商品验收单，编制会计分录如下：

借：库存商品——爱慕莎时装店（女格子裙装 165 公分）　　100 225.22

　　　　　　——爱慕莎时装店（女格子裙装 170 公分）　　100 225.23

　　贷：在途物资——福建石狮天天时装有限责任公司　　200 450.45

例题 2-4：某商城雷梦柯斯时装店从广东番禺天河开发区雷森制衣有限责任公司网店定制男款休闲裤 NKX36-38，货款 170 940.17 元，增值税进项税额 29 059.83 元；对方负担全部快递运费开支。该项业务所购商品增值税专用发票随货同行，相关款项采用支付宝结算方式支付。财会部门支付相关款项到第三方支付平台时，根据支付网页复印件编制会计分录如下：

借：其他货币资金——支付宝结算　　200 000.00

　　贷：银行存款　　200 000.00

4 天后，储运部门转来广东番禺雷森制衣有限责任公司购进商品到货入库原始单据，同时通知第三方支付平台支付款项。财会部门根据商品验收单及供货方增值税专用发票及支付宝款项结算页面复印件，编制会计分录如下：

借：库存商品——男款休闲裤（NKX36）　　56 980.05

　　　　　　——男款休闲裤（NKX37）　　56 980.06

　　　　　　——男款休闲裤（NKX38）　　56 980.06

　　应交税费——应交增值税（进项税额）　　29 059.83

　　贷：其他货币资金——支付宝结算　　200 000.00

3. 商品验收入库在前，结算货款在后。

例题 2-5：某商城雷梦柯斯时装店从同城北京正邦制衣有限责任公司购进男款休闲圆领衫 NKX170 和 NKX180 到货验收入库，随货同行商品增值税专用发票列明货款 17 094.02 元，增值税进项税额 2 905.98 元；对方提供送货上门服务。财会部门根据储运部门转来增值税专用发票及商品验收单原始凭证，编制会计分录如下：

借：库存商品——男款休闲圆领衫（NKX170）　　8 547.01

　　　　　　——男款休闲圆领衫（NKX180）　　8 547.01

　　应交税费——应交增值税（进项税额）　　2 905.98

　　贷：应付账款——北京正邦制衣有限责任公司　　20 000.00

2 天后，开出商业承兑汇票一张，3 个月后支付相关款项。商业承兑汇票的格式如表 2-9 所示。财会部门根据商业承兑汇票第三联编制会计分录如下：

借：应付账款——北京正邦制衣有限责任公司　　20 000.00

　　贷：应付票据——北京正邦制衣有限责任公司　　20 000.00

表 2-9　　中国××银行商业承兑汇票　　1　　01000047

出票日期　贰零壹陆年拾贰月零伍日（大写）　　00020310

<table>
<tr><td rowspan="3">付款人</td><td>全　称</td><td>北京雷梦柯斯时装店</td><td rowspan="3">收款人</td><td>全　称</td><td colspan="10">北京正邦制衣有限责任公司</td></tr>
<tr><td>账　号</td><td>6271 1103 4567 0089</td><td>账　号</td><td colspan="10">6271 1104 1113 1914</td></tr>
<tr><td>开户银行</td><td>中国××银行东城东四支行</td><td>开户银行</td><td colspan="10">中国××银行大兴开发区支行</td></tr>
<tr><td colspan="2" rowspan="2">汇票金额</td><td colspan="3" rowspan="2">人民币（大写）　贰万元整</td><td>千</td><td>百</td><td>十</td><td>万</td><td>千</td><td>百</td><td>十</td><td>元</td><td>角</td><td>分</td></tr>
<tr><td></td><td></td><td>¥</td><td>2</td><td>0</td><td>0</td><td>0</td><td>0</td><td>0</td><td>0</td></tr>
<tr><td colspan="2">汇票到期日（大写）</td><td>贰零壹柒年零贰月零伍日</td><td colspan="2">交易合同号码</td><td colspan="10">BD201612006</td></tr>
<tr><td colspan="3">出票人签章</td><td colspan="12">备注</td></tr>
</table>

例题 2-6：某商城储运部门通知家电部其所购重庆霍达电子有限责任公司的 LED 台灯 HZ 型（柠檬黄、贵妃红、竹叶绿三款）已到货，点验入库，货物暂估含税价值 10 000 元，增值税专用发票未收到。经有关部门审核符合购销合同。由于此项进货未收到增值税专用发票，因而未能结算付款，可暂不入账，并将有关单证妥善保管，待结算凭证到达后再做付款处理。到月末如果结算凭证仍未到达，为了使期末报表真实反映企业存货情况，应对该部分商品估价入账，编制会计分录如下：

借：库存商品——家电部　　10 000.00

　　贷：应付账款——暂估应付账款　　10 000.00

次月初，用红字冲回，编制会计分录如下：

借：库存商品——家电部　　[10 000.00]

　　贷：应付账款——暂估应付账款　　[10 000.00]

次月 7 日，重庆霍达电子有限责任公司寄来 LED 台灯商品及其运输费用增值税专用发票，商品货款 8 547 元，增值税进项税额 1 453 元及代垫运费 90.09 元，增值税进项税额 9.91 元。经审核无误后，通过网银结算方式承付全部款项 10 100 元。财会部门根据储运部门转来的增值税专用发票、商品验收单及网银结算单据，编制会计分录如下：

借：库存商品——LED 台灯（HZ 柠檬黄）　　2 879.03

　　　　　　——LED 台灯（HZ 贵妃红）　　2 879.03

　　　　　　——LED 台灯（HZ 竹叶绿）　　2 879.03

　　应交税费——应交增值税（进项税额）　　1 462.91

　　贷：银行存款——网银结算　　10 100.00

（三）一般纳税人商品购进非基本业务的核算

在购进商品过程中，受到多种因素的影响，可能会出现一些非正常的业务，如商品溢缺、进货退出等。相关人员要认真负责，及时处理好这些特殊业务。

1. 商品购进发生溢余、短缺的核算。商品流通企业在商品检验入库时，有时会出现实收数量多于或少于应购进数量的情形，称作购进商品的溢余或短缺。购进商品发生溢余或短缺的原因比较复杂，主要有：商品在运输过程中因自然条件原因而发生溢余或损耗；运输企业在商品运输途中出现问题；供货单位发货的差错；本企业相关人员出现工作过失。为了保障商品验收工作的准确无误，相关人员在点验商品入库时，应会同运输部门及本单位相关工作人员做好验收商品详细记录，落实相关的责任人员，及时客观的记录和处理进货溢余和短缺业务。同时，发生进货溢缺时，储运部门要填制“购进商品溢余（短缺）报告单”，其格式如表 2－10 所示，以如实反映企业商品购进验收过程中溢余或短缺情况发生的具体明细记录。

购进商品发生溢余或短缺，在未处理以前应通过“待处理财产损溢——待处理流动资产损溢”明细科目核算。发现商品溢余时，借记“库存商品”科目，贷记“待处理财产损溢——待处理流动资产损溢”明细科目；发现商品短缺时，借记“待处理财产损溢——待处理流动资产损溢”明细科目，贷记“库存商品”科目；原因查明后，再按处理意见从“待处理财产损溢——待处理流动资产损溢”明细科目转出相应金额。其中属于供货方多发货原因，借记“在途物资”科目和“应交税费——应交增值税（进项税额）”明细科目，贷记“银行存款”科目；同时借记“待处理财产损溢——待处理流动资产损溢”明细科目，贷记“在途物资”科目；属于自然损耗（合理损耗）的，借记“管理费用”科目，贷记“待处理财产损溢——待处理流动资产损溢”明细科目；属于责任事故应由责任人赔偿的，借记“其他应收款”科目，贷记“待处理财产损溢——待处理流动资产损溢”明细科目。“待处理财产损溢——待处理流动资产损溢”明细科目余额应在期末处理完毕并结平本明细科目。

（1）购进商品溢余核算。

例题 2－7：北京翔宏商贸有限责任公司从石家庄永昌日用化工有限责任公司购进永昌牌 230g 洗衣皂 200 箱，单价 400 元，价款 80 000 元，增值税进项税额 13 600 元。合同约定采用商业承兑汇票方式结算全部款项，编制会计分录如下：

借：在途物资——石家庄永昌日用化工有限责任公司	80 000.00	
应交税费——应交增值税（进项税额）	13 600.00	
贷：应付票据——石家庄永昌日用化工有限责任公司		93 600.00

商品点验入库时，实收 201 箱，溢余 1 箱，原因待查。储运部门转来“商品验收单”及“购进商品溢余（短缺）报告单”。购进商品溢余（短缺）报告单如表 2－10 所示。

财会部门根据“商品验收单”、“增值税专用发票”、“购进商品溢余（短缺）报告单”等相关原始凭证编制会计分录如下：

借：库存商品——洗涤品（永昌牌 230g 洗衣皂）	80 400.00	
贷：待处理财产损溢——待处理流动资产损溢		400.00
在途物资——石家庄永昌日用化工有限责任公司		80 000.00

查明原因后，根据批复意见，再进行相应账务处理。其中，若上项溢余商品属供货方多发，经协商后同意补作购进，取得补开的增值税专用发票，通过网银结算方式兑付货款及相

表 2-10　　　　购进商品溢余（短缺）报告单

供货单位：永昌日用化工有限责任公司　　　　2016 年 12 月 7 日

货号	品名	规格	单位	应收数量	实收数量	溢缺数量	单价（元）	金额（元）
69011889071	洗衣皂	230g	箱	200	201	1	400.00	400.00
附件　张	合计			200	201	1	400.00	¥400.00

短缺原因：原因待查。	备注：
查实短缺原因：××	
经办人意见：××	
单位负责人处理意见：××	保管组长：于谦
财会部门意见：××	

关进项税额，编制会计分录如下：

借：在途物资——石家庄永昌日用化工有限责任公司　　400.00
　　应交税费——应交增值税（进项税额）　　68.00
　　贷：银行存款　　468.00

同时：

借：待处理财产损溢——待处理流动资产损溢　　400.00
　　贷：在途物资——石家庄永昌日用化工有限责任公司　　400.00

若对上项供货方多发商品需要退还供货方的，则将商品暂作代管商品处理，冲销“库存商品”科目原有纪录，同时在备查账上进行登记。编制会计分录如下：

借：待处理财产损溢——待处理流动资产损溢　　400.00
　　贷：库存商品——洗涤品（永昌牌 230g 洗衣皂）　　400.00

（2）购进商品短缺核算。

例题 2-8：北京翔宏商贸有限责任公司从天津四达日用化工有限责任公司购进思达牌洁齿抗敏 180g 装牙膏 100 箱，单价 200 元，计价款 20 000 元，增值税进项税额 3 400 元，合同约定采用银行汇票结算付款。

①翔宏商贸公司收到供货方开具的增值税专用发票及相关单证，审核无误付款，编制会计分录如下：

借：在途物资——天津四达日用化工有限责任公司　　20 000.00
　　应交税费——应交增值税（进项税额）　　3 400.00
　　贷：其他货币资金——银行汇票存款　　23 400.00

②商品运到点验入库时，实收洗衣粉 99 箱，短缺 1 箱，原因待查。储运部门转来了“商品验收单”及“商品溢余或短缺报告单”。财会部门编制会计分录如下：

借：库存商品——洗涤品（思达牌洁齿抗敏 180g 装）　　19 800.00
　　待处理财产损溢——待处理流动资产损溢　　200.00
　　贷：在途物资——天津四达日用化工有限责任公司　　20 000.00

③查明原因后，根据批复意见，再进行相应账务处理。其中，若短缺系运输途中自然损耗，一般将损耗金额计入“管理费用”科目。根据已做批复意见的商品溢余或短缺报告单，编制会计分录如下：

借：管理费用——存货损耗　　200.00

　　贷：待处理财产损溢——待处理流动资产损溢　　200.00

④若上项查明原因系供方少发。经联系供方补来商品，根据有关商品入库单证编制会计分录如下：

借：库存商品——洗涤品（思达牌洁齿抗敏180g装）　　200.00

　　贷：待处理财产损溢——待处理流动资产损溢　　200.00

⑤若查明原因属运输部门责任事故，运输部门同意赔偿商品货款及税款，根据有关单证编制会计分录如下：

借：待处理财产损溢——待处理流动资产损溢　　34.00

　　贷：应交税费——应交增值税（进项税转出）　　34.00

借：其他应收款——××运输公司　　234.00

　　贷：待处理财产损溢——待处理流动资产损溢　　234.00

⑥若短缺商品属于自然灾害造成，并已向保险公司投保，经协商保险公司同意赔款60%，根据有关单证编制会计分录如下：

借：待处理财产损溢——待处理流动资产损溢　　34.00

　　贷：应交税费——应交增值税（进项税转出）　　34.00

借：其他应收款——××保险公司　　140.40

　　营业外支出——非常损失　　93.60

　　贷：待处理财产损溢——待处理流动资产损溢　　234.00

2. 进货退出的核算。商品流通企业购进商品过程中，由于某些原因会出现进货退出的情况，比如品种、规格与合同不符或商品出现质量问题等。当需要退货的情况出现后，应及时与供货单位联系，协商解决退货的相关事宜。与此同时，如果涉及会计处理问题，会计部门应及时进行退货的账务处理。

（1）收到供货方开具的增值税发票，但在入账前出现退货。由于在入账前出现退货时，企业并没有根据增值税专用发票作商品购进的账务处理，所以将增值税专用发票的第二联（抵扣联和购买方扣税凭证）、第三联（发票联和购买方记账凭证），退还给供货方即可。

（2）收到供货方开具的增值税专用发票并已入账后出现退货。若企业对所购商品已入账后出现退货，由于已根据增值税专用发票作商品购进的账务处理，无法再将增值税专用发票退还给供货单位，所以应取得购货单位所在地主管税务机关开具的进货退出证明单，并送交供货单位，供货单位凭此开具销项负数增值税专用发票，财会部门根据供货方销项负数增值税专用发票及本企业红字商品验收单进行账务处理。

例题2－9： 北京翔宏商贸有限责任公司从捷达日用化学有限责任公司购进捷达牌500g袋装洗衣液100箱，单价200元，计价款20 000元，增值税进项税额3 400元，合同约定货到后转账支票付款。收到供货方开具的增值税专用发票及转账支票存根相关单证，审核无误付款，编制会计分录如下：

借：库存商品——洗涤品（捷达牌500g袋装洗衣液） 20 000.00
　　应交税费——应交增值税（进项税额） 3 400.00
　　贷：银行存款 23 400.00

储运部门复查时，发现洗衣液品牌与合同不符，经协商作退货处理，北京翔宏商贸有限责任公司取得所在地主管税务机关开具的进货退出证明单，并送交供货单位，供货单位凭此开具销项负数增值税专用发票，同时收到供货方退还全部货款的转账支票，财会部门根据供货方销项负数增值税专用发票、进账单及本企业红字商品验收单进行账务处理如下：

借：银行存款 23 400.00
　　应交税费——应交增值税（进项税额） [3 400.00]
　　贷：库存商品——洗涤品（捷达牌500g袋装洗衣液） 20 000.00

同时，储运部门根据填制的红字商品验收单组织退货；财会部门对库存商品明细账、仓库对商品保管账也要作进货退出登记。

（四）一般纳税人农副产品购进业务核算

例题2－10：某商城农产品经营柜台从农民手中购进有机种植的绿豆5 000公斤，收购价款共计30 000元。双方约定货到验收入库后，使用现金结算款项，同时向对方开具农副产品收购发票。依照农副产品收购抵扣税额管理办法规定，其准予抵扣的进项税额＝买价×扣除率＝30 000×13%＝3 900（元），同时编制会计分录如下：

借：库存商品——有机豆类（绿豆） 26 100.00
　　应交税费——应交增值税（进项税额） 3 900.00
　　贷：库存现金 30 000.00

（五）小规模纳税人商品购进业务核算

小规模纳税人购入商品无论是否取得增值税专用发票，其支付的增值税额均不计入进项税额，不得由销项税额抵扣，而是计入所购商品的采购成本。相应的其他企业从小规模纳税人企业购入的商品或应税劳务支付的增值税额，如果不能取得增值税专用发票，也不能作为进项税额抵扣，而应计入所购入商品的采购成本。小规模纳税人不需要在“应交税费——应交增值税”明细科目下单独设置“进项税额”、“进项税额转出”、“销项税额”等具体项目。而只需要设置“应交税费——应交增值税”明细科目核算增值税应交税款、已交税款的数额。该科目借方记录已交增值税，贷方核算应交增值税；期末借方余额反映多交的增值税额，若为贷方余额则反映应交的增值税额。

例题2－11：北京宏达贸易有限责任公司为增值税小规模纳税人，6月12日购进靓诺牌女士短袖上衣165公分和170公分两款各5件，全部价款4 000元，以转账支票支付，同时用现金支付运杂费30元，服装验收入库并由储运部门填制商品验收单。财会部门根据供货方提供的普通发票、商品验收单及转账支票存根，编制会计分录如下：

借：库存商品——服装（靓诺牌女士短袖上衣165公分） 2 015.00
　　　　　　——服装（靓诺牌女士短袖上衣170公分） 2 015.00

贷：银行存款　　　　4 000.00

　　库存现金　　　　30.00

第二节　独立门店商品销售业务核算

一、商品销售核算科目设置

商品流通企业通过商品销售活动实现的收入是通过所设置的“主营业务收入”科目进行核算的。该科目属于损益类科目。企业确认商品销售收入时记入贷方，月末结转本年利润时记入借方，月末结转本年利润后该科目应无余额。企业应按照主营业务收入的种类设置明细科目进行明细分类核算。根据明细科目设置的“主营业务收入”明细账的格式，一般采用三栏式或贷方多栏式账。商品流通企业在确认收入的同时还需要计算增值税销项税额，并在“应交税费——应交增值税”明细科目的贷方反映向购买者收取的增值税销项税额。

商品流通企业在组织商品销售过程中由于销售商品和代垫运费而产生的未收回款项应通过“应收账款”科目核算。该科目属于资产类科目，核算企业因销售商品、材料、提供劳务等应向购货单位收取的款项以及代垫运杂费和承兑到期而未能收到款的商业承兑汇票金额。该科目的借方登载的经济业务是：应向购货单位收取的购买商品或原材料价款；代购买方垫支的运杂费；已冲减坏账准备而又收回的坏账损失。贷方登载的经济业务是：已贴现的商业汇票因承兑企业无力支付的票款；预收工程价款的结算；收取购买商品或原材料的预付款；收回垫支的运杂费；退回的预收账款；企业的应收账款改用商业承兑汇票结算的款项；收到承兑的商业汇票；已转销而又收回的坏账损失等。企业应按照购货或接受劳务企业的名称或预收款项的企业名称设置应收账款明细科目进行明细分类核算。期末明细科目若是借方余额，表示尚未收回的账款金额；期末明细科目若是贷方余额，则表示向有关单位预收款项金额。

商品流通企业因销售商品、提供劳务而收到的商业汇票在“应收票据”科目进行核算。该科目属于资产类科目，核算企业因销售商品、提供劳务而收到的商业承兑汇票和银行承兑汇票。企业因销售商品、提供劳务而收到开出、承兑的商业汇票，按商业汇票的票面金额借记本科目；企业持未到期的商业汇票向银行贴现，将持有的商业汇票背书转让，或者商业汇票到期，按照商业汇票的票面金额贷记本科目。本科目的期末借方余额，反映企业持有的商业汇票的票面金额。本科目可按开出、承兑商业汇票的单位名称设置明细分类科目进行明细核算。同时，企业还应设置“应收票据”备查簿，逐笔登记商业汇票种类、号数、出票日、票面金额、承兑人、背书人的姓名或单位名称、背书日、到期日、贴现率等数据信息资料。

二、一般纳税人商品销售的核算

（一）同城商品销售的核算

同城商品销售的特点是：商品的交接工作和货款的结算工作，一般在销售商品的当日或近期都能办妥。

例题 2－12： 精准照相器材商贸有限责任公司销售给北京美丽园摄影器材有限责任公司

徕卡相机 PYT7101 型 2 台，单价 30 000 元，商品总价款 60 000 元，增值税销项税额 10 200 元，商品客户自提，转账支票结算货款。精准照相器材商贸有限责任公司开具增值税专用发票和商品出库单，北京美丽园摄影器材有限责任公司已将商品提走。精准照相器材商贸有限责任公司会计部门根据增值税专用发票、转账支票的进账单及商品出库单原始凭证（如表 2－11、表 2－12 和表 2－13 所示），编制会计分录如下。

表 2－11 北京增值税专用发票 №11000345071

11051341140 此联不作报销、扣税凭证使用（国家税务总局监制）

开票日期：2016 年 12 月 3 日

购货单位	名称：北京美丽园摄影器材有限责任公司 纳税人识别号：110097710154568 地址、电话：北京市朝阳区百子湾路108号 010－6517×××× 开户行及账号：中国工商银行北京百子湾支行 776598661179			密码区	1<003+1<+84362－2*212>加密版本： 01<808<0884+/0*294+<－< 110005117078>45>－*3/32*26－844/00 00496153401－3018012*435*>1>>55		
货物或应税劳务名称	规格型号	单位	数量	单价	金额	税率	税额
徕卡相机 PYT7101	PYT7101	台	2	30 000.00	60 000.00	17%	10 200.00
合计					￥60 000.00	17%	￥10 200.00
价税合计（大写）	柒万零贰佰元整					（小写）￥70 200.00	
销货单位	名称：北京精准照相器材商贸有限责任公司 纳税人识别号：11030045554400731 地址、电话：北京市朝阳区十里河乡凤凰城大厦A座 010－8371×××× 开户行及账号：中信银行北京朝阳十里河支行 3670 0020 3456 778			备注	北京精准照相器材商贸有限责任公司 11030045554400731 发票专用章		

收款人：张磊磊　复核：张军　开票人：王佳蕾　销货单位：（章）

表 2－12 中信银行 进账单（回单） 1

2016 年 12 月 3 日

出票人	全称	北京美丽园摄影器材有限责任公司	收款人	全称	北京精准照相器材商贸有限责任公司
	账号	776598661179		账号	3670 0020 3456 778
	开户银行	中国工商银行北京百子湾支行		开户银行	中信银行北京朝阳十里河支行
人民币（大写）	柒万零贰佰元整			千百十万千百十元角分	￥7020000
票据种类	转账支票	票据张数	1	中信银行北京朝阳十里河支行 2016.12.03 转讫	
票据号码	2355678				
备注：				孙明丽 复核　记账	

表 2－13

商品出库单

编号：2014070101

2016 年 12 月 3 日

品　名	规　格	单　位	数　量	单价（元）	金额（元）	销项税额（元）
徕卡相机	PYT7101	台	2	30 000.00	60 000.00	10 200.00
合计金额（人民币）					¥60 000.00	¥10 200.00

会计：张军　　领料：丁泉水　　保管：李婧

企业每天销售的商品数量较多、品种规格也较为复杂，要开出大量的发货票，如果按销货发票逐笔记账，势必带来较繁重的工作量，所以实际工作中一般多采用每日终了根据销货发票和结算单据汇总编制“商品销售日报表”集中进行核算的办法。商品销售日报表的格式如表 2－14 所示。

例题 2－13：北京京南商贸有限责任公司本日销售商品甲，合计销售额为 428 000 元，销项税额为 72 760 元，总计 500 760 元。销售商品乙销售收入 872 700 元，销项税额为 148 359 元。业务部门根据当天的发货票据汇总编制商品销售日报表。财会部门根据审核无误的销售日报表及其所附销售结算单据，编制会计分录如下：

借：银行存款　　1 262 000.00
　　应收账款——×单位　　129 000.00
　　应收票据——×单位　　130 819.00
　　贷：主营业务收入　　1 300 700.00
　　　　应交税费——应交增值税（销项税额）　　221 119.00

表 2－14

商品销售日报表

编号：JN220160801

单位名称：京南商贸有限责任公司　　2016 年 6 月 19 日　　单位：元

商品名称	发票张数	商品销售收入	销项税额	结算方式	金　额	附单据张数	备　注
1. 商品甲	12	428 000.00	72 760.00	转账支票	1 262 000.00	19	
2. 商品乙	20	872 700.00	148 359.00	应收账款	129 000.00	8	
				应收票据	130 819.00	4	
合　计	32	¥1 300 700.00	¥221 119.00		¥1 521 819.00	31	

会计：米那　　审核：孙力　　制表：黄芮

（二）异地商品销售业务的核算

异地商品销售的特点是：商品的交接工作和货款的结算工作一般不能同时完成，管理上会出现先发货后收款或收款在先商品交接在后的情况。

例题 2－14：北京翔宏商贸有限责任公司 3 月 10 日销售给湖南湘潭英达商贸有限责任公司利是牌洗发水 170g 装 1 000 箱，计价 34 188.03 元，增值税销项税额 5 811.97 元。合同约定采用网银结算方式收款，运输部门向仓库提货办理发运手续，取得运单，在发运商品时签发支票代垫运杂费 720.72 元，增值税销项税额 79.28 元。网银结算收款凭证如表 2－15 所示。

（1）代垫运杂费时，根据转账支票存根编制会计分录如下：

借：应收账款——湖南湘潭英达商贸有限责任公司　　800.00

　　贷：银行存款　　800.00

（2）办妥发运手续时，根据商品出库单、增值税专用发票编制会计分录如下：

借：应收账款——湖南湘潭英达商贸有限责任公司　　40 800.00

　　贷：主营业务收入　　34 188.03

　　　　应交税费——应交增值税（销项税额）　　5 891.25

　　　　应收账款——湖南湘潭英达商贸有限责任公司　　720.72

表 2－15　　　　**中信银行**　　　　凭　证

业务回单（收款）

日期：2016 年 12 月 3 日　　　　回单编号：1870002016

付款人名称：湖南湘谭英达商贸有限责任公司

付款人账号（卡号）：1165 7095 7779　　付款人开户行：华夏银行北京灯市口支行

收款人户名：北京翔宏商贸有限责任公司

收款人账号（卡号）：3670 0020 3456 778　　收款人开户行：中信银行北京朝阳十里河支行

金额：肆万零捌佰元整　　小写：40 800.00 元

业务（产品）种类：汇划收报　　凭证种类：000000000　凭证号码：000000000000000000

摘要：网转　　用途：销货款　　币种：人民币

交易机构：0020000047　记账柜员：00435　交易代码：11413　渠道：网上银行

汇划种类：汇兑　　客户附言：支付销货款

本单为第一次打印，注意重复　　打印日期：2016 年 12 月 3 日　打印柜员：8　验证码：675400WER483009

中信银行北京朝阳十里河支行 2016.12.03 转讫

（3）收到网银入账通知，上项货款及代垫运费已如数收回，根据网银结算凭证收款凭证编制会计分录如下：

借：银行存款——网银结算　　40 800.00

　　贷：应收账款——湖南湘谭英达商贸有限责任公司　　40 800.00

（三）预收货款商品销售的核算

商品流通企业采用预收货款的形式销售商品时，企业预收的款项通过设置“预收账款”科目核算。该科目属于负债类科目，预收货款时贷记该科目，发出商品实现销售时，借记该科目；购货单位补付或向其退回多付货款时，分别贷记或借记该科目。企业应按照预收账款的单位或个人的名称或姓名设置明细分类科目进行明细分类核算。期末若明细科目的余额在贷方，表示已预收货款但尚未向对方发货的数额；期末若明细科目的余额在借方，表示已发货数额大于预收货款的数额，即尚未向对方结算的款项。

企业采用“预收货款”形式销售商品，在预收货款时，由于还没有转移商品的所有权给购买方，所以不应确认销售收入；只有在发出商品的时候，才能确认销售收入。如果企业预收账款不多，可不使用“预收账款”科目，并入“应收账款”科目进行核算。

例题 2-15：北京翔宏商贸有限责任公司根据合同约定，采用预收货款的方式向石家庄玉麟百货大楼销售白玉牌 230g 洗衣皂 1 000 箱。

（1）4 月 18 日，收到客户转来的转账支票，石家庄玉麟百货大楼预付商品货款 50 000 元，编制会计分录如下：

借：银行存款　　50 000.00

　　贷：预收账款——石家庄玉麟百货大楼　　50 000.00

（2）4 月 25 日，向石家庄玉麟百货大楼开出提货单商品出库单，1 000 箱商品对方自提，每箱实际售价为 1 000 元，增值税销项税额为 17 元，石家庄玉麟百货大楼收货后立即签发转账支票补来余款 67 000 元。转账支票已经送存开户银行。财会部门根据有关增值税专用发票、商品出库单及银行进账单回单联编制会计分录如下：

借：预收账款——石家庄玉麟百货大楼　　117 000.00

　　贷：主营业务收入　　100 000.00

　　　　应交税费——应交增值税（销项税额）　　17 000.00

同时：

借：银行存款　　67 000.00

　　贷：预收账款——石家庄玉麟百货大楼　　67 000.00

（四）销售折扣与销售折让的核算

1. 销售折扣的核算。销售折扣是指企业为了推销商品和及早收回销货款，而给予购货方一定的价格折扣。销售折扣包括商业折扣和现金折扣两种形式。

商业折扣是指企业为促进商品销售而在商品的标价方面给予的价格扣除。由于购销双方都按实际成交价格结算货款，交易双方并未因商业折扣而出现任何一方的价款不对称的问题，因而销售商品涉及的商业折扣业务，销货方应当按照扣除商业折扣的金额确定销售商品收入的金额及其相应的增值税销项税额。需要说明的是，按照增值税法规定，企业以低于正常销售价格销售商品，应在增值税专用发票上同时注明该商品的正常销售价格及其增值税销项税额以及由于商业折扣产生的以负数表示的让利金额及其增值税销项税额。

例题 2-16：北京翔宏商贸有限责任公司销售麒麟牌 400g 袋装洗衣粉的标价是每箱 300 元，如果购买数量 1 000 箱以上，可以提供 98% 商业折扣，每箱 294 元。销售给本市美琪洗涤有限责任公司 1 500 箱，商品价款 441 000 元，增值税销项税额 74 970 元。合同约定，货到验收后采用转账支票结算。财会部门根据增值税专用发票、商品出库单及银行进账单回单联编制会计分录如下：

借：银行存款　　515 970.00

　　贷：主营业务收入　　441 000.00

　　　　应交税费——应交增值税（销项税额）　　74 970.00

现金折扣是指债权人为鼓励债务人在规定的期限内付款而向债务人提供的债务折扣。销售商品涉及的现金折扣，应按照“总价法”进行核算，即按照扣除现金折扣前的金额确定销售商品收入的金额。现金折扣在实际发生时计入“财务费用”科目。现金折扣若表示形式是“2/20、1/30、N/40”，其意义表示是购货方在 20 天内付款，销货方将按售价的

2%给予折扣让利；购货方超过20天，未超过30天的期限内付款，销货方将按售价的1%给予折扣让利；购货方超过30天，未超过40天的期限内付款，购货方需要结算全部款项。

例题2－17：北京翔宏商贸有限责任公司向保定莉华日用品有限责任公司销售飘柔50g袋装擦手油100箱，每箱200元，发票金额为40 000元，增值税销项税额6 800元，付款条件为“2/10、N/30”。

（1）发出商品确认收入时，财会部门根据增值税专用发票、商品出库单等原始凭证编制会计分录如下：

借：应收账款——保定莉华日用品有限责任公司	46 800.00	
贷：主营业务收入		40 000.00
应交税费——应交增值税（销项税额）		6 800.00

（2）若购货方收货后在10天内支付货款，财会部门应根据对方结算凭证标注的实付款项编制会计分录如下：

借：银行存款	46 000.00	
财务费用——利息	800.00	
贷：应收账款——保定莉华日用品有限责任公司		46 800.00

（3）若购货方超过10天后承付了货款，则不能取得现金折扣，财会部门应根据对方结算凭证标注的实付款项编制会计分录如下：

借：银行存款	46 800.00	
贷：应收账款——保定莉华日用品有限责任公司		46 800.00

2. 销售折让的核算。销售折让是指企业因销售商品质量不合格等原因而在售价上给予购买方的让利。实质上就是降低所售商品的销售价格。企业已经确认销售商品收入的售出商品发生折让的，应在发生时冲减当期销售商品的收入。

例题2－18：2016年6月10日，北京翔宏商贸有限责任公司向北京艾丽丝化妆品贸易公司销售百年牌750ml洗发水300箱，每箱200元，金额为60 000元，增值税销项税额10 200元，合同约定采用转账支票结算，商品由购货方自提。

（1）财会部门收到转账支票存入银行，根据进账单回单联及增值税专用发票编制会计分录如下：

借：银行存款	70 200.00	
贷：主营业务收入		60 000.00
应交税费——应交增值税（销项税额）		10 200.00

（2）6月13日购方在验收商品时，发现商品存在质量问题，经协商按原售价的96%结算货款。北京翔宏商贸有限责任公司开具负数增值税专用发票后，编制会计分录如下：

借：主营业务收入	2 400.00	
应交税费——应交增值税（销项税额）	408.00	
贷：银行存款		2 808.00

如果销售折让时间超过税务部门规定的期限，应根据购货方主管税务机关开出的“企业进货退出与索取折让证明单”（如表2－16所示）为依据开出负数增值税专用发票，向购

货方退款或者抵减对方的货款。

表 2-16　　企业进货退出及索取折让证明单　　№09887700994

<table>
<tr><td rowspan="2">销货单位</td><td>全　　称</td><td colspan="4">北京翔宏商贸有限责任公司</td></tr>
<tr><td>税务登记号</td><td colspan="4">110097710054309</td></tr>
<tr><td rowspan="3">进货退出</td><td>货物名称</td><td>单价（元）</td><td>数　　量</td><td>货款（元）</td><td>税额（元）</td></tr>
<tr><td></td><td></td><td></td><td></td><td></td></tr>
<tr><td></td><td></td><td></td><td></td><td></td></tr>
<tr><td rowspan="3">索取折让</td><td>货物名称</td><td>单价（元）</td><td>税额（元）</td><td>折让金额（元）</td><td>折让税额（元）</td></tr>
<tr><td>百年牌 750ml 洗发水</td><td></td><td></td><td>￥2 400.00</td><td>￥408.00</td></tr>
<tr><td></td><td></td><td></td><td></td><td></td></tr>
<tr><td>退货或索取折让理由</td><td colspan="2">洗发水外包装存在部分破损问题
经办人：胡歌
（单位签章）
北京艾丽丝化妆品贸易公司
财务专用章
2016 年 6 月 14 日</td><td>税务征收机关签章</td><td colspan="2">同意办理进货折让。
经办人：李萌萌
科（所）长：王征
主管局长：李霖
北京市朝阳区国家税务局
业务专用章
2016 年 6 月 14 日</td></tr>
<tr><td rowspan="2">购货单位</td><td>全　　称</td><td colspan="4">北京艾丽丝化妆品贸易公司</td></tr>
<tr><td>税务登记号</td><td colspan="4">110045000001033</td></tr>
</table>

（五）销售退回的核算

销售退回是指企业售出的商品由于质量、品种不符合要求等原因而发生的退货。企业已经确认销售商品收入的售出商品发生退回的，若属于上一个年度的销售且在上年度财务报表报出之前退回企业的，应通过“以前年度损益调整”科目进行核算；若是属于上一个年度的销售但在上年度财务报表报出之后退回企业的、或者属于当年销售当年发生销售退回的，均冲减退回当期的销售商品收入。

例题 2-19：2016 年 12 月 23 日，北京翔宏商贸有限责任公司向北京艾丽丝化妆品贸易公司销售飘柔 750ml 桶装洗发水 300 箱，在购货方验收商品时，发现品牌不符，经协商全部予以退货。洗发水商品采购成本 30 000 元，企业适用所得税率 25%。翔宏商贸有限责任公司依据购货方交来的“进货退出与索取折让证明单”（具体手续与商品销售折让相同），开具负数增值税专用发票。2017 年 4 月 15 日，北京翔宏商贸有限责任公司董事会批准对外报出 2016 年年度财务报表。

（1）若商品退回发生在 2017 年 4 月 15 日前，财会部门编制会计分录如下：

借：以前年度损益调整	60 000.00	
应交税费——应交增值税（销项税额）	10 200.00	
贷：银行存款		70 200.00
借：库存商品——（洗发水）飘柔 750ml 桶装洗发水	30 000.00	
贷：以前年度损益调整		30 000.00

借：应交税费——应交所得税　　7 500.00
　　贷：以前年度损益调整　　7 500.00
借：利润分配——未分配利润　　22 500.00
　　贷：以前年度损益调整　　22 500.00
借：盈余公积——法定盈余公积　　2 250.00
　　贷：利润分配——未分配利润　　2 250.00

（2）若商品退回发生在2017年4月24日后，财会部门编制会计分录如下：

借：主营业务收入　　60 000.00
　　应交税费——应交增值税（销项税额）　　10 200.00
　　贷：银行存款　　70 200.00

如果该商品已经结转商品销售成本，还需做冲减销售成本的账务处理。

（六）委托代销商品的核算

商品流通企业除了依靠自身经营活动销售自有商品以外，还可委托其他单位代为销售自有的商品。代销前，企业须与受托单位签订委托代销合同，订明代销商品的品种、规格、数量、售价、结算时间、结算方式及保管商品责任等方面的内容。

商品流通企业发出代销商品时，只是商品存放地点发生改变，并不转移商品所有权，不能直接做商品销售处理，应在“委托代销商品”科目进行核算。“委托代销商品”科目属于资产类科目；企业将委托代销商品发交受托代销单位时，按实际成本，借记本科目，贷记“库存商品”科目；收到代销单位报来的代销清单时，按代销商品的实际成本，借记“主营业务成本”科目，贷记本科目；期末借方余额表示企业委托其他单位代销商品的实际成本。本科目应按受托单位名称设置明细科目。

例题2-20：北京翔宏商贸有限责任公司委托北京双安商场电器卖场代销山水牌组合音响HB35S 100台，采购成本20 000元，双安商场电器卖场接收价25 000元。

（1）翔宏商贸有限责任公司发出代销商品时，财会部门根据商品出库单编制会计分录如下：

借：委托代销商品——双安商场电器卖场　　20 000.00
　　贷：库存商品——组合音响（山水牌组合音响HB35S）　　20 000.00

（2）翔宏商贸有限责任公司收到双安商场电器卖场代销商品清单，代销商品全部售出，开具增值税专用发票给对方，代销款项存入开户银行网银账户。财会部门根据增值税专用发票、代销商品清单及网银收款凭证编制会计分录如下：

借：银行存款　　29 250.00
　　贷：主营业务收入　　25 000.00
　　　　应交税费——应交增值税（销项税额）　　4 250.00

同时：

借：主营业务成本　　20 000.00
　　贷：委托代销商品——双安商场电器卖场　　20 000.00

（七）受托代销商品的核算

商品流通企业受托代销商品核算通过“受托代销商品”和“代销商品款”两个科目进行核算。“受托代销商品”科目属于资产类科目，用来核算企业接受其他单位委托代销或寄销的商品。该科目借方登记接受代销商品的接收价格；贷方登记售出代销商品的接收价格；本科目期末借方余额表示结存代销商品的接收价格。本科目可按委托单位名称设置明细科目进行明细核算。“代销商品款”科目属于负债类科目，用来核算企业接受代销商品的价款；该科目贷方登记代销商品收入的价款；借方登记代销商品售出后应结算转出的价款；本科目期末贷方余额表示尚未售出的代销商品价款；本科目也需按照委托单位名称设置明细科目进行明细核算。

例题 2－21：北京翔宏商贸有限责任公司接受上海红星电器商行委托代销 3 000 件红星牌 H100F 电熨斗产品，接收价 30 000 元，销售价 50 000 元。

（1）翔宏商贸有限责任公司接收代销商品，财会部门根据商品验收单编制会计分录如下：

借：受托代销商品——上海红星电器商行　　30 000.00
　　贷：代销商品款——上海红星电器商行　　30 000.00

（2）受托代销商品售出后，翔宏商贸有限责任公司收到委托方开具的增值税专用发票，财会部门根据代销商品清单、增值税专用发票原始凭证编制会计分录如下：

借：银行存款　　58 500.00
　　贷：主营业务收入　　50 000.00
　　　　应交税费——应交增值税（销项税额）　　8 500.00

同时：

借：主营业务成本　　30 000.00
　　贷：受托代销商品——上海红星电器商行　　30 000.00
借：代销商品款——上海红星电器商行　　30 000.00
　　应交税费——应交增值税（进项税额）　　5 100.00
　　贷：应付账款——上海红星电器商行　　35 100.00

（3）北京翔宏商贸有限责任公司财会部门签发转账支票，支付代销商品款，编制会计分录如下：

借：应付账款——上海红星电器商行　　35 100.00
　　贷：银行存款　　35 100.00

（八）分期收款商品销售的核算

普通的分期收款销售，也就是实质上不具有融资性质的分期收款销售。对于这类业务的会计处理，应分期确认收入和结转成本。增值税处理是以合同约定收款日期的当天作为纳税义务的发生时间，按收款金额开具增值税专用发票。实际上这类业务还是采用以前的核算方法，这样也更容易和税法规定进行衔接。

例题 2－22：增值税一般纳税人长江百货商场采用分期收款方式向黄河实业有限责任公

司销售液晶平板彩电100台，每台售价3 000元，共计价款30万元。合同约定分4个月等额付款。该型号液晶平板彩电单位成本2 000元，增值税税率17%。相关会计处理如下：

（1）发出商品时会计分录编制如下：

借：发出商品——液晶平板彩电　　200 000.00

　　贷：库存商品——液晶平板彩电　　200 000.00

（2）按合同规定每期收到应收的货款时编制会计分录如下：

借：银行存款　　87 750.00

　　贷：主营业务收入　　75 000.00

　　　　应交税费——应交增值税（销项税额）　　12 750.00

同时结转销售成本，编制会计分录如下：

借：主营业务成本　　50 000.00

　　贷：发出商品——液晶平板彩电　　50 000.00

带有融资性质的分期收款商品销售，销货方需要先将所销货物发出，然后再按规定的期限分期收回货款。依据实质重于形式的会计信息质量要求，该类分期收款商品销售具有融资性质。企业应按照应收的合同或协议价款的公允价值确定商品销售收入，应收的合同或协议价款与其公允价值之间的差额，在合同或协议期间采用实际利率法进行摊销，计入当期损益。按照实际利率法摊销与直线法摊销结果相差不大的，也可以采用直线法进行摊销。

例题2-23：北京蓝星有限责任公司2016年1月1日采用分期收款销售方式向乙有限责任公司销售一套大型机械设备。合同约定的销售价格3 000万元，分5次于每年12月31日等额收回。该套机械设备的账面成本2 400万元，若在现销方式下其销售价格为2 700万元。企业分期收款发出商品时其有关增值税纳税义务并未发生，而是在合同约定的收款日期才产生增值税纳税义务。根据上述核算资料，确认应以该套机械设备现销方式下销售价格2 700万元作为销售商品的收入金额。根据下列公式计算：

未来5年收款额的现值 = 现销方式下应收款项金额

$600\times(P/A,r,5)=2\ 700\quad (P/A,r,5)=4.5$

用插值法计算测试折现率4%和3%时的净现值分别是4.4518和4.5793。用内插法计算确定实际利率是3.62%。

根据实际利率3.62%计算制作每期计入财务费用数额表如表2-17所示。

表2-17　　**财务费用和已收本金计算表**　　单位：万元

分期收款时间	未收本金	财务费用	收现总额	已收本金
2016年1月1日	2 700.00			
2016年12月31日	2 700.00	97.74	600.00	502.26
2017年12月31日	2 197.74	79.56	600.00	520.44
2018年12月31日	1 677.30	60.72	600.00	539.28
2019年12月31日	1 138.02	41.20	600.00	558.80
2020年12月31日	579.22	20.78	600.00	579.22
数值总额		300.00	3 000.00	2 700.00

2016 年 1 月 1 日，蓝星有限责任公司采用分期收款销售方式向乙有限责任公司销售该套设备并取得销售收入时，根据相关出库单、设备交接凭证及其信贷合同编制会计分录如下：

借：长期应收款——分期收款商品销售　30 000 000.00
　贷：主营业务收入　27 000 000.00
　　未实现融资收益　3 000 000.00
借：主营业务成本　24 000 000.00
　贷：库存商品——机械设备　24 000 000.00

2016 年 12 月 31 日，蓝星有限责任公司根据增值税专用发票及其款项入账凭证，编制会计分录如下：

借：银行存款　7 020 000.00
　贷：长期应收款——分期收款商品销售　6 000 000.00
　　应交税费——应交增值税（销项税额）　1 020 000.00
借：未实现融资收益　977 400.00
　贷：财务费用　977 400.00

2017 年 12 月 31 日，蓝星有限责任公司根据增值税专用发票及其款项入账凭证，编制会计分录如下：

借：银行存款　7 020 000.00
　贷：长期应收款——分期收款商品销售　6 000 000.00
　　应交税费——应交增值税（销项税额）　1 020 000.00
借：未实现融资收益　607 200.00
　贷：财务费用　607 200.00

……

2020 年 12 月 31 日，蓝星有限责任公司根据增值税专用发票及其款项入账凭证，编制会计分录如下：

借：银行存款　7 020 000.00
　贷：长期应收款——分期收款商品销售　6 000 000.00
　　应交税费——应交增值税（销项税额）　1 020 000.00
借：未实现融资收益　207 800.00
　贷：财务费用　207 800.00

若蓝星有限责任公司采用直线法摊销未实现融资收益，则其每年分摊的未实现融资收益数额 = 300 ÷ 5 = 60 万元。其在 2016 年 1 月 1 日采用分期收款销售方式向乙有限责任公司销售该套设备并取得销售收入时，根据相关出库单、设备交接凭证及其信贷合同编制会计分录如下：

借：长期应收款——分期收款商品销售　30 000 000.00
　贷：主营业务收入　27 000 000.00
　　未实现融资收益　3 000 000.00
借：主营业务成本　24 000 000.00

贷：库存商品——机械设备　　24 000 000.00

自2016年12月31日开始，以后每年12月31日蓝星有限责任公司根据增值税专用发票及其款项入账凭证，编制会计分录如下：

借：银行存款　　7 020 000.00

　贷：长期应收款——分期收款商品销售　　6 000 000.00

　　应交税费——应交增值税（销项税额）　　1 020 000.00

借：未实现融资收益　　600 000.00

　贷：财务费用　　600 000.00

……

（九）返券销售的核算

返券销售是指独立门店在消费者购买了一定数额的商品时向其赠送一定金额的购物券，消费者凭购物券可以在独立门店指定商品中进行消费的促销方式。独立门店在发放购物券时，其财会部门可以按照发放的购物券金额，借记“销售费用”科目，贷记“预计负债”科目；收银台收回购物券时，借记“预计负债”科目，贷记“主营业务收入”科目和“应交税费——应交增值税（销项税额）”明细科目。

例题2-24：北京美索商厦在2016年5月1日对全场商品进行消费300元送100元购物券的促销活动，并规定购物券只能在促销活动期间使用。当日商场不含税销售额4 273 504.27元，增值税销项税额726 495.73元，当日共计发放购物券310 000元，当日使用购物券180 000元。商场财会部门根据现金送款单回单联、银行进账单第一、第三联、当日营业结算表，编制会计分录如下：

借：销售费用——促销费用　　310 000.00

　贷：预计负债　　310 000.00

借：银行存款　　4 820 000.00

　预计负债　　180 000.00

　贷：主营业务收入　　4 273 504.27

　　应交税费——应交增值税（销项税额）　　726 495.73

三、小规模纳税人商品销售的核算

小规模纳税人销售货物或提供应税劳务在一般情况下不能开具增值税专用发票，只能开具普通发票；小规模商业企业纳税人销售货物或提供应税劳务，实行简易办法计算增值税额，按销售额的4%计算应交增值税额。

例题2-25：北京宏达服装贸易有限责任公司系增值税小规模纳税人，适用税法规定的增值税征收率3%。2016年6月18日，销售服装都乐男西装175公分和180公分各40件，取得收入总额5 428元，收到转账支票存入银行。财会部门根据普通发票、商品出库单及进账单回单联编制会计分录如下：

借：银行存款　　5 428.00

　贷：主营业务收入　　5 269.90

应交税费——应交增值税 158.10

在采用简易核算形式下，在商品流通企业会计实务中，日常按照含税价格确认商品销售收入，待月末集中计算当月应交增值税金额，并进行应交增值税计提账务处理。如例 2 – 24 中的宏达公司，2016 年 6 月销售收入总额为 89 440 元，计算应交增值税额 = 89 440 ÷ (1 + 3%) × 3% = 2 605.05（元），编制会计分录如下：

借：主营业务收入 2 605.05

贷：应交税费——应交增值税 2 605.05

第三节 独立门店商品销售成本核算

商品销售成本的核算是指按照商品的进价来计算已售出商品的成本，并将其结转到当期损益，通过收入和费用的配比，正确确定企业经营损益。

一、商品销售成本的计算方法

商品销售成本是指已销售商品的实际成本，在实行单品进价核算的条件下，商品销售成本是指所售商品的原采购成本。在实际工作中，企业经营销售的商品不是一次购入的，商品购进是分期分批多次进行的，既使同一种商品，因为进货批次不同，进货的单价也会不尽相同。单品进价核算法下，企业需要精确计算所销每件商品的采购成本，从而准确无误反映出库存商品价值和当期经营成果。借助会计软件系统平台的支持，目前独立门店商品销售成本计算的方法主要采用个别计价法或加权平均法。

（一）个别计价法

个别计价法也称分批实际进价法，是指每次发出商品的实际成本按其购入时的实际采购成本分别确定的方法。如果是整批购进整批销售的商品，以每批所销商品的实际进价为依据来计算该批已销商品的成本；如果是整批购进分批发出时，则以各批次的实际单位采购成本乘以销售数量，来得出商品销售成本金额。采用个别计价法核算商品销售成本，要求电子库存商品明细账必须按不同价格批次进行设置；分批次逐笔登记不同采购价格库存商品的购销存情况。换句话说，即使同品种商品但采购单价不同，也需要分别设置库存商品明细账。个别计价法下库存商品明细账格式如表 2 – 18、表 2 – 19 所示。个别计价法下商品销售成本的计算公式如下：

本批次商品销售成本 = 本批次商品销售数量 × 本批次同种商品的相同进货单价

采用个别计价法计算商品销售成本，不需要计算每件商品的平均采购单价，而是采用实际采购单价计算的商品销售成本。商品销售成本数据精准无误，但是要求同一商品不同批次购进时必须分设账页、手续繁复且要求非常严格。采用单品进价核算须在商品购进时对每件商品进行编码并登账记录，后期储存和销售也需要依据扫码操作在系统中进行记录。个别计价法适用于整进整出或整进零出等进、销能够精准分清批次的商品，且需要电子设备的支持。库存商品采用计算机软件系统进行管理下，采用此种方法非常适宜。

表 2－18 **库存商品明细账** 批次（编码）：6903148170342

（个别计价法）

类别：洗发用品 连续第×页

品名：甲洗发露 规格：400ml 单位：瓶，元 第××页

2016 年		凭证号数	摘要	收入				付出				结存		
月	日			购进数量	其他数量	单价	金额	销售数量	其他数量	单价	金额	数量	单价	金额
6	1	略	上月结存									6 000	4.75	28 500
	5		购进	5 000		4.75	23 750					11 000	4.75	52 250
	11		销售					6 000		4.75	28 500	5 000	4.75	23 750
	23		购进	5 500		4.75	26 125					10 500	4.75	49 875
	29		销售					5 500		4.75	26 125	5 000	4.75	23 750
	30		结存成本								49 850	5 000	4.75	23 750
	30		本月合计	10 500			49 875	10 500	1 000		54 625	5 000		23 750

表 2－19 **库存商品明细账** 批次（编码）：6903148170343

（个别计价法）

类别：洗发用品 连续第×页

品名：甲洗发露 规格：400ml 单位：瓶，元 第××页

2016 年		凭证号数	摘要	收入				付出				结存		
月	日			购进数量	其他数量	单价	金额	销售数量	其他数量	单价	金额	数量	单价	金额
6	24	略	购进	5 500		4.80	26 400					5 500	4.80	26 400
	28		销售					1 500		4.80	7 200	4 000	4.80	19 200
	30		结存成本								7 200	4 000	4.80	19 200
	30		本月合计	5 500			26 400	1 500			7 200	4 000		19 200

（二）加权平均法

加权平均法，亦称全月一次加权平均法，是指以本月全部收进数量与月初库存数量为权数，月末一次计算某种商品平均单价，据以计算本期商品销售成本和期末结存商品成本的方法。加权平均法计算商品销售成本的基本步骤如下：

1. 根据库存商品明细账资料，计算每种商品加权平均单价。库存商品加权平均单价的计算公式是：

$$\text{某种商品加权平均单价}=\frac{\text{期初结存金额}+\text{本月收入金额}-\text{本期非销售付出金额}}{\text{期初结存数量}+\text{本月收入数量}-\text{本月非销售付出数量}}$$

其中：本月非销售付出金额 = 本月非销售付出数量 × 期初库存商品平均单价；

2. 计算期末每种库存商品结存金额。其计算公式是：

期末某种库存商品结存金额 = 期末结存数量 × 加权平均单价

3. 根据库存商品明细账资料，将某大类商品所属的所有库存商品结存金额相加后，计算出某类库存商品结存金额。

4. 根据库存商品类目账资料，计算本月某大类商品销售成本。其计算公式是：

本期某大类商品销售成本 = 期初结存商品金额 + 本期收入商品金额 − 本期商品非销售付出金额 − 期末结存商品金额

例题 2－26：北京翔宏商贸有限责任公司库存商品明细账和库存商品类目账资料如表 2－20、表 2－21 和表 2－22 所示。若以商品进销存资料为依据，采用加权平均法计算本月商品销售成本，则商品销售成本的计算步骤如下。

（1）计算洗发用品所属各个商品加权平均单价。

$$\text{甲洗发露加权平均单价} = \frac{28\ 800 + 49\ 600 - 4\ 800}{6\ 000 + 10\ 500 - 1\ 000} = 73\ 600 \div 15\ 500 = 4.75\ (\text{元})$$

$$\text{乙洗发露加权平均单价} = \frac{6\ 000 + 15\ 375}{3\ 000 + 7\ 500} = 21\ 375 \div 10\ 500 = 2.04\ (\text{元})$$

（2）计算洗发用品所属各个商品期末结存金额。

甲洗发露月末结存金额 = 5 000 × 4.75 = 23 750（元）

乙洗发露月末结存金额 = 5 000 × 2.04 = 10 200（元）

（3）计算洗发用品月末结存金额 = 23 750 + 10 200 = 33 950（元）

（4）倒挤本期商品销售成本：34 800 + 64 975 − 4 800 − 33 950 = 61 025（元）

表 2－20 库存商品明细账

（加权平均法）

类别：洗发用品 连续第 × 页

品名：甲洗发露 规格：400ml 单位：瓶，元 第 × × 页

2016 年		凭证号数	摘要	收入				付出				结存		
月	日			购进数量	其他数量	单价	金额	销售数量	其他数量	单价	金额	数量	单价	金额
9	1	略	上月结存									6 000	4.80	28 800
	3		购进	5 000		4.75	23 750					11 000		
	10		销售					5 000				6 000		
	15		捐赠						1 000	4.80	4 800	5 000		
	22		购进	5 500		4.70	25 850					10 500		
	27		销售					5 500				5 000		
	30		结存成本								49 850	5 000	4.75	23 750
	30		本月合计	10 500			49 600	10 500	1 000		54 650	5 000		23 750

表 2-21　　库存商品明细账

（加权平均法）

类别：洗发用品　　连续第×页

品名：乙洗发露　　规格：150ml　　单位：瓶，元　　第××页

2016年		凭证号数	摘要	收入				付出				结存		
月	日			购进数量	其他数量	单价	金额	销售数量	其他数量	单价	金额	数量	单价	金额
9	1	略	上月结存									3 000	2.00	6 000
	10		购　进	7 500		2.05	15 375					10 500		
	25		销　售					5 500				5 000		
	30		结转成本								11 175	5 000	2.04	10 200
	30		本月合计	7 500			15 375	5 500			11 175	5 000		10 200

表 2-22　　库存商品类目账　　第×页

类别：洗发用品　　单位：元

2016年		凭证		摘要	借方	贷方	借或贷	余额
月	日	字	号					
9	1	略	略	期初余额	34 800		借	34 800
	3			购　进	23 750		借	58 550
	10			购　进	15 375		借	73 925
	15			捐　赠		4 800	借	69 125
	22			购　进	25 850		借	94 975
	30			结转成本		61 025	借	33 950
	30			本月合计	64 975	65 825	借	33 950

商品销售成本也可以用加权平均单价乘以本期商品销售数量计算。但在实际工作中，计算加权平均单价往往不能整除，又不能把小数位数计算过多，为了避免尾差的影响，通常先计算出期末库存商品金额，然后倒挤商品销售成本，即将尾差的影响消化在商品销售成本之内。

采用加权平均法计算商品销售成本，其商品销售成本各期计算数值比较均衡，且计价手续比较简便；不足之处是平时从账面上反映不出具体商品品种的结存金额，不便于日常商品的控制。加权平均法适用于前后进货价格相差幅度不大，品种不多的商品的销售成本计算。

二、商品销售成本的结转

所谓商品销售成本的结转，是指将计算出来的已销商品进价成本，从“库存商品”科目转入“主营业务成本”科目。独立门店商品销售成本按其结转时间的不同可分为逐笔结转和定期结转；按其结转方式不同可分为分散结转和集中结转。

在会计实务中，逐笔结转主要适用于单品进价核算法下商品销售成本的计算结转，由于借助单品编码与会计软件系统的支撑，采用分散结转和集中结转方式都可以精准得到所需销

售成本数据；定期结转则广泛用于日常的商品销售业务，并且多是在月末进行，在方式上既可采用分散结转方式，也可采用集中结转方式。

不论是采用分散结转还是集中结转，商品销售成本的核算是通过设置和运用“主营业务成本”科目进行的。该科目是损益类科目，用于核算商品流通企业的已销商品进价成本。采用进价核算商品的企业，按规定的方法计算并结转商品销售成本时，借记该科目、贷记“库存商品”科目；月终应将本月发生的商品销售成本结转至“本年利润”科目，并借记“本年利润”科目，贷记该科目；“主营业务成本”科目月末结转后应无余额。“主营业务成本”科目可以按照企业所经营商品类别名称设置明细分类科目进行明细核算。

（一）分散结转

分散结转是在库存商品明细账上计算每种已销售商品的成本和期末结存金额，并在每一账户的付出商品金额内登记结转数。然后将各户的商品销售成本加总，求得大类或全部商品销售成本后，在“库存商品”类目账或总账上予以结转。

（二）集中结转

集中结转在库存商品明细账上只计算每种商品的期末结存数量及金额，不计算每种商品的销售成本，把各户结存商品金额加总或按大类商品加总，得出期末库存商品总金额或大类商品结存金额，然后根据“库存商品”总账或类目账的资料，倒挤出本月已销售商品的成本。

例题 2－27：北京翔宏商贸有限责任公司洗发用品有甲、乙两个品牌洗发露，月末按加权平均法计算库存商品结存金额，有关两种商品的进销资料如表 2－20 和表 2－21 所示。若采用集中结转方式，商品销售成本的计算与结转过程如下。

（1）在库存商品明细账（如表 2－20 和表 2－21 所示）内，用加权平均法计算并登记月末商品结存金额。

（2）以库存商品明细账和库存商品类目账（如表 2－22 所示）为依据，编制“商品销售成本计算表”（如表 2－23 所示）。将两种商品月末结存金额合计 33 950 元和类目账结转前成本金额 94 975 元，填入“表 2－23”相应栏次，同时倒挤计算本月已销售商品购进成本为 61 025（即 94 975－33 950）元。

表 2－23 商品销售成本计算表

单位名称：北京翔宏商贸有限责任公司　　2016 年 9 月 30 日　　单位：元

商品类别	库存商品类目账结转前成本余额	库存商品明细账结存金额合计数	本期已销商品购进成本
洗发用品	94 975	33 950	61 025
……			
合　计	94 975	33 950	61 025

会计主管：关莹　　制单：霍辰冬　　记账：要来峰

（3）根据商品销售成本计算表中相关成本数据，编制会计分录如下：

借：主营业务成本——洗发用品　　61 025.00

　贷：库存商品——洗发用品　　61 025.00

（4）根据上项结转商品销售成本的会计分录（工作中使用记账凭证），在库存商品类目账上登记已销商品的购进成本。

第四节　独立门店商品储存业务核算

合理的商品库存量，是保证商品正常充足供应、加速商品周转的前提。库存商品储存的核算既包括库存商品明细账的设置和登记，又包括库存商品的管理。

一、库存商品明细分类核算

（一）库存商品明细账设置

按照数量进价金额核算的要求，库存商品的账簿组织一般分为三级，即总账、类目账、明细账。一级和二级核算在企业财会部门进行，即设置“库存商品总账”和“库存商品类目账”，分别核算企业全部库存商品和各大类库存商品的收入、发出及结存的进价金额；三级明细核算则可在业务部门、仓库和财会部门进行。本着既要满足各部门业务需要，又要简便、实用的原则，独立门店分别采用下列三种方式解决调拨账、保管账和商品账的设置及其协调问题。

1.“三账一卡”。“三账一卡”，又称“三账分设”，指业务部门（或货场）按照商品的编号、品名、等级、规格分户设置商品调拨账，只登记商品的数量，掌握商品的“可调库存”（又称业务库存），凭以办理开单购进、销售和调拨；财会部门设置一套商品明细账，登记商品的数量和进价金额，核算商品的“会计库存”，计算已销商品购进成本，控制业务和仓库部门的商品增减记录；仓库设置商品保管账，登记商品收付数量，掌握商品的“实际库存”（又称“保管库存”），凭以保管商品、办理发货；此外，在商品堆放处还应挂堆垛卡，以随时掌握各堆商品存量。

“三账一卡”账簿体系虽然完整，便于控制商品和对账，但登账工作量大，重复劳动多，且容易出现三账之间的未达账项问题。

2.“二账一卡”。“二账一卡”又称“两账合一”，指商品调拨账与商品明细账合并设置，放在业务部门；仓库仍然设置保管账和堆垛卡，这种方法适用于业务与财会两个部门在同一场所办公，且相互配合协调较好的企业。

3.“一账一卡”。“一账一卡”，又称“三账合一”。指将商品调拨账、商品明细账、商品保管账合设为一套商品明细账，既登记数量，又登记金额。这种方法适用于前店后库或业务、财会及库房在同一场所办公的企业。

（二）库存商品类目（大类）账的登记

库存商品类目账是介于库存商品总账与库存商品明细账之间的二级账，它既受总账的控制，又控制所属明细账。其格式一般选用三栏式账页，根据记账凭证及后附原始凭证进行登记，记载各大类商品收入、发出及结存的进价金额。

库存商品进行大类核算，有利于三级库存商品账簿之间的相互控制与核对，若发生数额不符，只需在某一大类范围内检查，它有利于按商品大类考核进销存情况和经营毛利。但“商品销售收入”、“商品销售成本”两个科目也应与库存商品类目账同口径进行二级核算。

（三）库存商品明细账的登记

库存商品明细账是企业财会部门组织库存商品明细核算的重点账簿，其具体登记方法与销售成本计算、结转方法密切相关。此处采用以加权平均法计算销售成本和分散结转相结合方式，进行该明细账户具体登记方法的说明。

1. 购进商品验收入库时，应根据“商品验收单”在收入栏内登记购进数量、单价和金额；

2. 购进商品退出时，应根据负数“增值税专用发票”或红字“商品验收单”在收入栏内红字登记购进数量、单价和金额；

3. 加工商品收回及商品盘盈时，应分别根据“加工商品成本计算单”及“商品溢余（短缺）报告单”在收入栏内其他栏登记数量、单价和金额；

4. 因销售发出商品时，以“增值税专用发票”相关联次为依据，平时只在付出栏内登记销售数量，月终结转销售成本时，再登记平均进货单价和金额；

5. 销售退回，应根据“增值税专用发票”负数及有关购货单位的拒收单证，用红字在付出栏内登记销售数量；

6. 发出加工商品及商品盘亏时，应根据“加工商品发料单”和“商品溢余（短缺）报告单”在付出栏内其他栏登记数量、单价和金额；

7. 明细账内的结存栏，平时只登记数量，只有在月初结存和期末计算库存商品结存金额时，才登记平均单价和结存金额。

二、库存商品盘点核算

企业储存的商品由于自然条件的影响、设备条件的限制、工作中的差错、质量发生变化等原因，会发生商品库存实有数少于或多于账存数的情况，出现库存商品的溢余或短缺。为了保护商品的安全，促使账实相符，企业必须定期或不定期地对库存商品进行实地盘点。

盘点时，一般应根据各种实物的计量单位逐一点数，称重丈量，以确定全部实存数量。对包装完整的商品，可采用抽查的办法，对大堆笨重与特殊的商品，可用技术测定的方法来确定全部实存数量。盘点后，应填制“商品盘点表”（如表 2－24 所示）以反映盘点结果，在表中根据盘点结果填明实际数量，根据账上的资料填明账存数量，然后根据账存数量与实际数量计算溢余或短缺数量及金额。

商品盘点发现溢余或短缺后，应及时填制“商品溢余（短缺）报告单”，查明原因，明确提出处理意见，并按规定审批程序报请批准处理。在批准前，通过“待处理财产损溢”科目的贷方或借方核算商品的溢余或短缺金额，同时调整库存商品账面记录；查明原因后分别情况处理，进行转账。库存商品盘点溢缺账务处理方法与购进商品溢缺的账务处理方法基

表 2-24　　商品盘点表

2016 年 6 月 30 日

商品类别：　　第 × 页共 × 页

品　名	单　位	单价（元）	账面结存		实际盘存		账存与实存差异	
			数量	金额（元）	数量	金额（元）	数量	金额（元）
S50 百丽蓝牙耳机	只	100	50	5 000	50	5 000		
L200 红心电熨斗	台	120	50	6 000	49	5 880	-1	-120
FT35-1 科龙台扇	台	150	50	7 500	52	7 800	2	300
合　计				30 000		30 210		210

部门负责人：李莉　　监盘人：张欣　　实物负责人：董第周　　制表人：刘星

本相同，不再赘述。

三、库存商品的期末计价核算

（一）期末库存商品计价方法

《企业会计准则第 1 号——存货》和《企业会计准则第 8 号——资产减值》规定，在资产负债表日，期末库存商品应当采用成本与可变现净值孰低法计价。如果库存商品的期末账面成本低于可变现净值时，库存商品应按成本计价；如果库存商品的期末可变现净值低于账面成本，库存商品按可变现净值计价。其中，账面成本是指库存商品的历史成本；可变现净值是指企业在正常经营过程中，以库存商品的估计售价减去估计的销售费用和税金后的金额确定。

（二）库存商品可变现净值确定

企业在确定库存商品的可变现净值时，应当以取得的可靠证据为基础，并且考虑持有库存商品的目的、资产负债表日后事项的影响等因素。可变现净值具体可按下列情况判断：对外观完好无损，保持原有使用价值，并且处于适销对路的存货，可按市场销售价格确定；对外观完好无损，保持原有使用价值，但式样过时，质量已经降低的存货，在前一种可确定价值的基础上，按适当给予一定的折扣确定；外观完好无损，但改变原有使用价值，仍可用于出售、生产的，按新的用途和作用的价值，确定可变现净值；合同约定的存货，按合同价作为可变现净值的基础；数量多于合同的定购数量，超过部分一般以销售价格作为基础。

例题 2-28：2016 年 12 月 31 日，北京翔宏商贸有限责任公司库存洁丽雅牌 300g 袋装洗衣粉的账面价值为 100 万元，估计可变现净值为 110 万元，则在 2016 年 12 月 31 日应按账面的成本 100 万元在资产负债表上列示，因为库存商品此时并没有发生实际减值。

若 2017 年 12 月 31 日，翔宏商贸有限责任公司洁丽雅牌 300g 袋装洗衣粉库存的账面价值为 100 万元，估计可变现净值为 90 万元，则在 2017 年 12 月 31 日应按可变现净值 90 万元在资产负债表上列示，商品减值 10 万元。

（三）存货跌价准备提取

企业应当在期末对库存商品进行清查。由于库存商品毁损、全部或部分陈旧过时，销售价格低于账面成本等原因，使库存商品可变现净值低于账面成本的，应按可变现净值低于库存商品的成本部分，计提存货跌价准备。

由于存货跌价产生的损失在“资产减值损失”科目核算。该科目核算商品流通企业由于资产减值而产生的实际损失金额。企业根据资产减值等准则确定资产发生的减值的，按应减记的金额，借记本科目，贷记“坏账准备”、“存货跌价准备”、“长期股权投资减值准备”、“持有至到期投资减值准备”、“固定资产减值准备”、“在建工程——减值准备”、“工程物资——减值准备”、“无形资产减值准备”等科目；商品流通企业计提“坏账准备”、“存货跌价准备”、“持有至到期投资减值准备”后，相关资产的价值又得以恢复的，应在原已计提的减值准备金额内，按恢复增加的金额，借记“坏账准备”、“存货跌价准备”、“持有至到期投资减值准备”等科目，贷记本科目。期末，应将本科目余额转入“本年利润”科目，结转后本科目应无余额。本科目应当按照资产减值损失的项目进行明细核算。

商品流通企业计提和核销的存货跌价准备金额还须在“存货跌价准备”科目同时进行核算。本科目属于资产类科目。资产负债表日，存货发生减值的，按存货可变现净值低于成本的差额，借记“资产减值损失”科目，贷记本科目；已计提跌价准备的存货价值以后又得以恢复的，应在原已计提的存货跌价准备金额内，按恢复增加的金额，借记本科目，贷记“资产减值损失”科目；发出存货结转“存货跌价准备”的金额，借记本科目，贷记“主营业务成本”或“生产成本”科目。本科目期末贷方余额，反映企业已计提但尚未转销的存货跌价准备金额。本科目可按存货项目或类别名称设置明细分类科目进行明细核算。

资产负债表日，若商品流通企业计算出存货可变现净值低于账面成本的差额，在借记“资产减值损失”科目、贷记“存货跌价准备”科目的同时，还应在“资产负债表”中，将“存货跌价准备”科目余额作为资产负债表“存货”项目金额的抵减项目处理。

例题 2－29：仍采用例题 2－28 资料，北京翔宏商贸有限责任公司在 2017 年年末按成本与可变现净值孰低法，计提本年度存货跌价准备 10 万元（100－90），编制会计分录如下：

借：资产减值损失　　　　100 000.00

　　贷：存货跌价准备　　　　100 000.00

第三章

连锁门店商品经营业务核算

连锁门店是指在商品流通领域和服务性行业中，某一商业集团把若干不同区域的店铺以统一的店名、统一的标识、统一的经营方式、统一的管理手段组织起来，在整体规划下进行专业化分工，并在分工基础上实行集中化管理，把独立的经营活动组合成整体的规模经营，从而实现规模效益的商业组织形式和经营制度。

一、连锁门店经营的主要特征

1. 企业识别系统的统一。所谓企业识别系统的统一，是指连锁门店呈现给公众的直接形象有统一的招牌、标识、商标、标准字、标准色、外观装潢及其员工服饰。统一设计的企业识别系统，不仅有利于消费者识别、购买连锁企业各个门店的商品和服务，更重要的是有利于让消费者对企业由陌生到熟悉、由熟悉到认可、由认可到产生兴趣，进而对企业产生深刻的印象。识别系统的统一，是连锁门店经营最基本层次的统一。

2. 经营管理的统一。连锁门店必须在经营战略、经营策略、经营制度等方面实行统一规划、集中权属。即由总部统一规划、制定规范化的经营管理标准，并下达给各个所属门店认真执行；而各个所属门店必须遵从总部所颁发的规章制度，采用标准化、系统化、制度化的管理模式。对连锁企业而言，经营管理的统一性主要是通过连锁企业的营运手册来实现的。经营管理的统一，是连锁企业内部管理模式的统一，是制度层面的统一。

3. 商品和服务的统一。为了达到整体经营效果，使消费者对连锁企业产生信任感和依赖感，连锁企业各个所属门店所经营的商品和提供的服务都是经过连锁总部精心挑选和精心策划后所定，并按照消费者的需求做出最佳商品组合和服务项目组合，并不断更新换代。商品和服务统一，是连锁企业经营内容的统一，是满足统一的目标客户需求所采取的营销方式的统一，有利于增强顾客对连锁门店的忠诚度。

4. 信息标准的统一。由于连锁门店经营具有规模化和分散经营的特点，为了提高经营效率，不同部门、不同门店和不同人员之间需要进行快速地、大量地、统一标准地管理信息传递与交换，这是连锁门店经营必须要解决的管理和核算问题。电子信息软件和硬件技术的广泛应用和水平的不断提升，为连锁经营的电子信息传递质量提供了强有力地保障。

二、连锁门店的经营形式

连锁门店的经营形式主要有直营连锁、特许连锁和自愿连锁三种形式。其中，直营连锁是指各个连锁门店同属一个投资主体，经营着同类商品或者是提供同样服务，实行进货、价格、配送、管理及其形象方面的统一。连锁总部对所属连锁门店拥有全部的所有权和经营权，统一核算，统负盈亏。在直营连锁形式下，总部采取纵深的管理方式，直接掌控所属的所有连锁门店，所属门店完全接受总部指挥。直营连锁的主要任务是“渠道经营”，即通过经营渠道的扩展从消费者手中获利。特许经营是指连锁总部与加盟门店签订合同，授权加盟店在规定区域内使用自己的商标、服务标记、商号、经营技术和总店开发的产品，在同样形象下进行商品销售或劳务服务。总店对加盟店拥有经营权和管理权；加盟店对其门店拥有所有权和获利权。各个加盟店均具有独立法人资质，并实行独立核算。自愿连锁是指连锁经营的各个门店在保留单个资本所有权的基础上实行联合经营。连锁总部与各个门店之间是相互协商和单向服务关系。总部负责统一订货和送货，统一制定销售策略，统一使用物流及其信息传递设备。各个门店独立核算、自负盈亏和人事自主。自愿连锁下的各个门店具有很大的经营自主权。在自愿连锁经营体制下，商品所有权由各个门店所有，而门店的经营运作及其门店品牌则归总部持有。

需要说明的是，特许连锁与自愿连锁都是主导企业把自己开发的营业系统，以营业合同的形式，授予连锁门店规定区域内的经营权或营业权，其实质都是连锁加盟。特许连锁门店与自愿连锁门店都可以称作加盟门店。

三、连锁门店的会计核算组织形式

连锁经营的门店应该从往来制和报账制两种会计核算组织形式中选择并确立总部与各个所属门店之间业务往来核算关系。独立核算方式下一般会选择往来制；统一核算方式下一般会选择报账制。

1. 独立核算方式下往来制。在独立核算方式下，总部与各个门店是各自独立的会计核算主体，独立设置会计机构，分别进行会计核算，各自独立编制财务报表。其中，在直营连锁方式下，独立核算方式是指总部实行独立的、部分统一的会计核算；各个门店实行相对独立的会计核算。总部拥有本企业的全部经济资源或控制权，通过投资活动与各个门店形成各自的资本关系。总部对下属门店统一派发商品时，按照内部商品价格进行结算；各个门店销售商品、发生各项销售费用、计算缴纳税费时，按照独立企业之间的业务进行核算；月末，计算结转当期经营成果，编制财务报表，并将当期实现的利润总额上交总部。总部收到各个门店上交的财务报表和利润后，应当编制合并财务报表，计算确认总部实现的利润总额并计提所得税；对于税后利润，总部应按规定提取各项盈余公积，并按投资比例全部或部分享有未分配利润；同时计提应向其他投资者分配的利润数额。在具体操作上，总部与各个门店的核算内容会因不同连锁门店的管理体制差异而有所区别。同时，尽管各个独立门店独立核算，但各个门店的会计人员仍由总部统一配置和管理。特许经营和加盟经营方式下，由于总部并不给各个门店进行投资，因而各个所属门店不需要向总部上缴利润，只需要向总部上缴一定比例的特许权使用费。而且，总部也不需要编制合并财务报表。但在总部统一进货条件下，总部与各个门店还会存在往来业务并需要进行核算。

2. 统一核算方式下的报账制。同一区域的连锁门店，实行“总部——分店”管理模式；跨区域的连锁门店，可在非总部所在区域设置地区总部，实行“总部——地区总部分店”的管理模式。地区总部在总部监督下，严格按照总部有关规定开展经营管理活动并进行独立核算。各个门店的核算账户必须纳入总部或地区总部账户，同时各个门店根据各自管理的需要设置必要的辅助账户。各个门店所有的资产、负债和损益，都必须纳入总部或地区总部统一核算。各个门店不单独进行会计核算。经营中发生的各项销售费用，均向总部报账核销。总部独立设置会计机构，对各个门店的经营过程实行内部会计核算。各个门店实行报账制，不设会计机构而只设会计核算员，核算本部门销售费用、发放职工薪酬、保管本部门的备用金，设置部分会计辅助账。总部对各个门店进行统一的商品配送时，库存商品明细账只对转移商品的数量进行登记，不进行价值方面的反映；各个门店开展经营活动取得的销售收入应当全部上缴总部；月末，总部统一结转商品销售成本，统一计提各项流转税费和所得税费用，统一计提盈余公积和应付投资者利润并编制财务报表。

第一节　连锁门店商品采购业务核算

一、连锁门店商品采购组织管理形式

根据商品采购权限的划分，连锁门店商品采购组织形式有两种类型：一是分散采购，即连锁企业各个所属门店可以在总部核准的商品目录范围内和资金额度范围内，不经过总部而直接向供应商采购商品；另一种是集中采购，是指建立在总部一级的集权采购制度，由总部设立单独的采购部门，配备专职采购人员，统一负责整个连锁企业的商品采购工作，而连锁企业所属的各个门店只负责销售，并没有商品采购的权利。连锁企业应尽可能建立起集中采购制度。集中采购制度是连锁企业实现规模化经营的前提与关键所在。只有在统一采购条件下，才能真正做到统一陈列、统一配送、统一促销、统一核算。同时，通过集中采购制度的建立，有利于提高连锁企业的议价能力，从而降低商品采购成本，提高连锁企业经营商品式服务的竞争实力。

二、连锁门店商品采购业务流程

连锁门店在采用集中采购商品的管理模式下，连锁门店总部商品采购业务的具体流程如下。

1. 编制采购计划。为了保障整个连锁门店商品采购工作的科学性与合理性，合理高效地使用采购资金；保障商品的正常销售需要，防止脱销、防止断档；同时保持门店合理的商品库存，尽可能减少商品资金占用额，连锁企业各个门店应向总部提出自己的采购需求，总部采购部门审核平衡后确定全年商品采购品种、数量、规格及其型号。同时总部还要确定经济采购批量、进货间隔时间，是集中采购还是分散采购方式，国内采购还是国外进口，并最终形成连锁企业的采购计划。

2. 供应商准入与接洽。供应商准入制度的核心是对供应商资格的审核，包括供应商资金实力、技术条件、资信状况、生产能力等，这些基本资料要求供应商详细提供并通过相关资信评估机构的确认。经审核，供应商资质达到标准后，连锁门店总部采购人员应向供应商提出本方对具体供货要求的要点，初步询问供应商是否接受。具体要点包括：商品的质量和包装要求；商品的送货、配货和退货要求；商品的付款要求等等。连锁门店还应制定供应商接待制度，以保证顺畅的沟通渠道，双方洽谈内容应紧紧围绕采购计划、促销计划来进行。商品采购计划包括各类别商品的总量目标及比例结构、周转率、进货标准、退换货条件，以及背后服务保证等；促销计划包括确认厂商是否参加促销活动、时间安排、促销方式、优惠幅度等。这些谈判内容再加上违约责任、合同变更与解除条件以及其他合同中必须具备的内容，即形成采购合同。

3. 签订采购合同。采购合同中有八个方面是必备的条款：（1）每个品种的单位交易量；其中包括全公司一次的交易量，一年中每一次的交易量，每一年增长率是多少；（2）整体交易额。包括每一次、一个月、一个季度、一年的总交易额情况，每年增长率是多少；（3）货款支付方式。包括银行转账及期票方式选择，结算截止日和结算支付日，代销、委托销售需附的特殊条件；（4）运输方法。包括运输费和包装费由谁承担，运输距离、送货频率、指定的交易时间，货品包装及包装单位，运输时所选的车种等质量管理程度，卸货时的方式和数量；（5）交货期限；（6）给连锁企业回扣的支付条件；（7）退货的正当条件；（8）促销服务事项。

4. 下订单。下订单这项工作由采购部的货架管理员与行家里手共同履行，订单量的大小取决于铺货方式。对于新商品，如果采取单店铺货方式，则可以最大范围地规避风险，但是促销影响力很小，市场对该商品的接受过程将会很长；如果采取多店铺货的方式，则促销影响面广，有可能短期内成为连锁门店的主力商品，但是也存在很大经营风险。因此，订单量的确定需要在周密的市场预测的基础上进行，不可随意行事，以免给门店经营带来不必要的麻烦。

5. 商品质量监控。对进货商品进行质量监控是连锁门店一项重要的工作，质量监控通过验收工作来实现。由于验收是门店经营的关键一环，其人员的选任除了需要良好的忠诚度外，还要对商品的特性、品质及相关法规等有充分认识才能胜任。验收的主要事项如下：商品数量的检查事项；商品质量、规格的检查事项；商品内容、成分的检查事项；商品制造商、进口商、地址及电话的检查事项；进货厂商送货车辆的温度、卫生情况的检查事项；进货厂商发票与送货内容的检查事项；退换货的检查事项；送货人员的检查事项；其他有关验收业务的处理事项。

6. 结算付款。目前国内连锁门店基本是采取定期与供货商结算款项的办法。

三、连锁门店商品采购业务核算

（一）商品采购业务核算科目设置

连锁经营企业的商品采购业务会涉及总部、配送中心和基层门店三个部门之间的往来业务核算。由于连锁企业总部和各个基层门店都是不同的会计主体，因而不仅要在这种经济往来关系中明确总部和各个基层门店的具体核算内容，而且还要准确反映会计要素在连锁企业内部转移和流动的过程，反映各个连锁门店和总部所应享有的经济利益和承担的经济责任，因而在连锁企业内部需要设置“总部往来”和“基层往来”两个核算账科目进行核算。

“总部往来”科目用来反映连锁企业各个基层门店之间、基层门店与总部之间的业务往来。基层门店应该设置“总部往来”科目。该科目贷方核算总部拨给基层门店的资金款项，主要包括有：收到总部拨来的商品；收到总部拨来的现金或银行存款；收到总部拨来的固定资产或周转材料；总部代理门店支付的各项费用。该科目借方核算基层门店退还或者转给总部的资金款项，主要包括有：向总部退还商品或者向其他门店调拨商品；送交总部营业款；总部从本门店调出的固定资产或周转材料；通过总部调拨给其他门店的商品、固定资产或周转材料。“总部往来”科目属于双重性质的会计科目。当其作为结算类科目使用时，该科目的期末借方余额表示门店对总部的债权；如果期末余额在贷方，则相对于是对总部的债务。当其作为所有者权益类科目使用时，该科目的期末借方余额表示门店对总部的投资或者门店在总部所享有的权益；该科目的期末贷方余额表示表示总部在门店的投资或者总部在门店所享有的权益。该科目按照总部往来的具体业务名称设置明细分类科目进行明细核算。

“基层往来”科目用来核算连锁企业总部与基层门店之间的业务往来。该科目的借方核算总部拨付给基层门店的资金款项，主要内容有：总部拨付给门店的商品、总部拨付给基层门店的现金或银行存款；总部拨付给基层门店的固定资产或周转材料；代门店支付的各项费用。该科目的贷方核算总部从基层门店收回的资金款项，主要内容有：各个门店交来的营业款；门店退还总部的商品；从门店或其他基层单位调回的固定资产或周转材料。该科目按照基层往来的具体业务名称设置明细分类科目进行明细核算。基层门店设置的“总部往来”与总部设置的“基层往来”科目记录的内容完全相同，只是记载的方向相反，两者之间存在着对应关系。总部“基层往来”科目统辖基层门店“总部往来”科目。

（二）商品采购基本业务核算

在连锁门店商品采购业务中，连锁企业总部财会部门收到配送中心和采购部门审核后的供货方增值税专用发票和送货单时，应与采购订单核对无误。对于应该确认购进的部分编制会计分录，借记“在途物资”科目和“应交税费——应交增值税（进项税额）”明细科目，贷记“应付账款”科目；同时登记商品采购明细账。而对于增值税专用发票和送货单上与采购订单不相符合的商品，应当予以拒付货款，并在商品采购明细账上单独予以记录。商品采购过程中发生的采购费用原则上计入商品采购成本。

对于配送中心统一配销的商品，由供应商将商品按照配送中心的要求送到指定库房，配送中心库房将商品验收入库后，总部财务部门根据配送中心送来的商品验收入库单，编制会计分录如下：借记“基层往来——配送中心”明细科目，贷记“在途物资”科目。对于配送中心采购的商品不进入配送中心库房，而是根据配送中心的要求直接将商品送到相关门店，若是属于连锁企业下属直营店的，由于商品产权关系并未发生转移，因而在其收到商品并验收入库的时候，借记“基层往来——××门店”明细科目，贷记“在途物资”科目；

若是属于连锁企业的加盟店，则性质上属于将商品卖给了加盟店，总部财务部门根据加盟店转来商品验收入库单，按照商品内部调拨价向加盟店开具增值税专用发票，同时确认商品销售收入并结转商品销售成本，其会计分录如下：按照商品采购成本，借记“在途物资”科目和“应交税费——应交增值税（进项税额）”明细科目，贷记“应付账款”科目；按照商品调拨价格，借记“基层往来——××门店”明细科目，贷记“主营业务收入”科目和“应交税费——应交增值税（销项税额）”明细科目；同时按照商品采购成本，借记“主营业务成本”科目，贷记“在途物资”科目。

连锁企业配送中心根据商品验收入库单所载商品采购成本，借记“库存商品”科目，贷记“总部往来——商品采购”明细科目。

连锁企业所属门店在商品验收入库后，其库房部门应登记商品保管账，如实记载库存商品的收进数量，而门店的核算员需要登记“库存商品类目账”和“库存商品明细账”，分别记载大类商品的入库进价金额和各个具体所采购入库商品的数量、单位成本和采购进价金额。其中，若属于直营门店的商品，借记“库存商品”科目，贷记“总部往来——商品采购”明细科目；属于加盟门店的商品，借记“库存商品”科目，贷记“总部往来——商品采购”明细科目。

例题3-1：2016年5月23日，北京慧辉直营连锁商业有限责任公司从北京泰康食品有限责任公司采购老婆饼400箱，每箱20袋装，每袋不含增值税采购单价5元。企业适用增值税税率17%。其中200箱配送到总部配送中心4号库房，100箱配送到直营解放路门店，还有100箱配送到直营广渠门店。其商品送货单、商品验收入库单如表3-1至表3-4所示。

表3-1 **北京泰康食品有限责任公司送货单** №27134450054

公司电话：010-6577×××× 公司传真：010-6577××××

订单编号：201602208019 客户名称：北京慧辉连锁商业有限责任公司 客户电话：010-6455××××

联系人：王辉 客户地址：北京市朝阳区十里河乡源汇路23号地下一层 送货日期：2016年5月23日

序号	编码	商品名称	型号规格	单位	数量	单价	金额	增值税
01	6908110053304	老婆饼	20袋装	箱	400	100	40 000.00	6 800.00
合计金额（大写）：肆万陆仟捌佰元整					合计金额（小写）		40 000.00	6 800.00
备注： 货物到达目的地之后，接货方负责人应检查货物是否完好，并与我单位及时进行联系。单据仅此一份，收货人签字后由送货人交由我公司保管并换取运费凭证。 收货单位一定按照我公司规定的方式卸货，否则由于卸货方式不当造成的产品损坏，我公司概不负责，送货人负责现场监督。								

客户签字：杨建星 开单人：王石兴

（1）慧辉连锁总部的财会部门收到配送中心和采购部门审核后的供货方增值税专用发票和送货单，并与采购订单核对无误后，编制确认购进的会计分录如下：

表 3－2　　商品验收入库单　　单据编号：F22000110003145

供应商名称：北京泰康食品有限责任公司　　收货库房：总部配送中心 4 号库　　制单日期：2016 年 5 月 23 日

联系人：王俊和　　发票类型：增值税专用发票　　付款日期：2016 年 8 月 30 日

电话：187××××××××　　采购订单号：2016ER9044056　　发票号码：110104577018901

已开票金额（元）：46 800.00

序号	商品编码	商品名称	规格型号	单位	订购数量	未入库数量	赠品
01	6908110053304	老婆饼	20 袋装	箱	200		
序号	数量	单价（元）	金额（元）	税率	税额（元）	价税合计（元）	备注
01	200	100.00	20 000.00	17%	3 400.00	23 400.00	

业务负责人：刘开顺　　会计员：解麦邱　　保管员：支援朝

表 3－3　　商品验收入库单　　单据编号：F22000440007086

供应商名称：北京泰康食品有限责任公司　　收货库房：慧辉解放路直营门店　　制单日期：2016 年 5 月 23 日

联系人：王俊和　　发票类型：增值税专用发票　　付款日期：2016 年 8 月 30 日

电话：187××××××××　　采购订单号：2016ER9044056　　发票号码：110104577018901

已开票金额（元）：46 800.00

序号	商品编码	商品名称	规格型号	单位	订购数量	未入库数量	赠品
01	6908110053304	老婆饼	20 袋装	箱	100		
序号	数量	单价（元）	金额（元）	税率	税额（元）	价税合计（元）	备注
01	100	100.00	10 000.00	17%	1 700.00	11 700.00	

业务负责人：田慧敏　　会计员：李雪松　　保管员：宁蕾

借：在途物资——北京泰康食品有限责任公司　　40 000.00

　　应交税费——应交增值税（进项税额）　　6 800.00

　　贷：应付账款——北京泰康食品有限责任公司　　46 800.00

（2）慧辉连锁总部的财会部门根据配送中心和解放路直营门店、广渠门直营门店分别送来的商品验收入库单，编制会计分录如下：

借：基层往来——配送中心　　20 000.00

　　　　——解放路直营门店　　10 000.00

　　　　——广渠门直营门店　　10 000.00

　　贷：在途物资——北京泰康食品有限责任公司　　40 000.00

表 3-4 商品验收入库单

单据编号：F22000430105011

供应商名称：北京泰康食品有限责任公司 收货库房：慧辉广渠门直营门店 制单日期：2016 年 5 月 23 日

联系人：王俊和 发票类型：增值税专用发票 付款日期：2016 年 8 月 30 日

电话：187××××××××× 采购订单号：2016ER9044056 发票号码：110104577018901

已开票金额（元）：46 800.00

序号	商品编码	商品名称	规格型号	单位	订购数量	未入库数量	赠品
01	6908110053304	老婆饼	20 袋装	箱	100		
序号	数量	单价（元）	金额（元）	税率	税额（元）	价税合计（元）	备注
01	100	100.00	10 000.00	17%	1 700.00	11 700.00	

业务负责人：张彤会 会计员：田森 保管员：郭凯

（3）慧辉连锁配送中心、解放路直营门店、广渠门直营门店根据商品验收入库单分别编制会计分录如下：

借：库存商品——饼干（泰康老婆饼 20 袋装） 20 000.00

　　贷：总部往来——商品采购 20 000.00

借：库存商品——饼干（泰康老婆饼 20 袋装） 10 000.00

　　贷：总部往来——商品采购 10 000.00

借：库存商品——饼干（泰康老婆饼 20 袋装） 10 000.00

　　贷：总部往来——商品采购 10 000.00

（4）2016 年 8 月 30 日，慧辉连锁总部财会部门通过网银结算方式结清北京泰康食品有限责任公司全部款项 46 800 元。总部财会部门根据网银付款凭证编制会计分录如下：

借：应付账款——北京泰康食品有限责任公司 46 800.00

　　贷：银行存款——网银结算 46 800.00

例题 3-2：2016 年 5 月 24 日，北京佳慧加盟连锁商业有限责任公司从天津丽彤食品有限责任公司采购早餐饼 400 箱，每箱 20 袋装，每袋采购单价 5 元，内部调拨价 6 元，价格均不含增值税。企业适用增值税税率为 17%。其中，200 箱直接配送到十里堡加盟门店，还有 200 箱直接配送到丰盛胡同加盟门店。商品验收入库单的格式如表 3-5 所示。

（1）佳慧连锁总部的财会部门收到采购部门审核后的供货方增值税专用发票和送货单，并与采购订单核对无误后，编制确认购进的会计分录如下：

借：在途物资——天津丽彤食品有限责任公司 40 000.00

　　应交税费——应交增值税（进项税额） 6 800.00

　　贷：应付账款——天津丽彤食品有限责任公司 46 800.00

表 3-5　　　　商品验收入库单　　　　单据编号：06014404301050

供应商名称：天津丽彤食品有限责任公司　　收货库房：丰盛胡同加盟店　　制单日期：2016 年 5 月 24 日

联系人：荆杰烈　　发票类型：增值税专用发票　　付款日期：2016 年 7 月 25 日

电话：139××××××××　　采购订单号：2016129046644　　发票号码：1101057890133046

已开票金额（元）：46 800.00

序号	商品编码	商品名称	规格型号	单位	订购数量	未入库数量	赠品
01	6908140070708	早餐饼	20 袋装	箱	200		
序号	数量	单价（元）	金额（元）	税率	税额（元）	价税合计（元）	备注
01	200	120.00	24 000.00	17%	4 080.00	28 080.00	

业务负责人：吴慧　　会计员：林丽云　　保管员：章显题

（2）佳慧连锁总部的财会部门根据加盟十里堡门店和丰盛胡同门店送来的商品验收入库单和向其开具的增值税专用发票，编制会计分录如下：

借：基层往来——十里堡加盟门店　　28 080.00
　　　　　——丰盛胡同加盟门店　　28 080.00
　贷：主营业务收入　　48 000.00
　　　应交税费——应交增值税（销项税额）　　8 160.00
借：主营业务成本　　40 000.00
　贷：在途物资——天津丽彤食品有限责任公司　　40 000.00

（3）佳慧连锁所属十里堡加盟门店、丰盛胡同加盟门店的财会部门根据商品验收入库单分别编制会计分录如下：

借：库存商品——饼干（丽彤早餐饼 20 袋装）　　24 000.00
　　应交税费——应交增值税（进项税额）　　4 080.00
　贷：总部往来——商品采购　　28 080.00
借：库存商品——饼干（丽彤早餐饼 20 袋装）　　24 000.00
　　应交税费——应交增值税（进项税额）　　4 080.00
　贷：总部往来——商品采购　　28 080.00

（三）商品采购其他业务核算

1. 拒收商品和拒付货款核算。连锁企业库房在商品验收过程中发现供应商所提供商品全部或者部分在品种、规格、品质等方面与合同规定的不符，应对出现差错的商品进行拒收。总部财务部门对拒付的商品款项部分进行备查登记，不进行会计处理；而对于承付的商品款项部分进行会计处理，登记商品采购明细账；同时，连锁企业的采购部门应积极与供应商进行及时联系，妥善解决拒收商品退回或者调换事宜。连锁企业库房在验收商品时，除了按照实际验收入库的数量填制“商品验收入库单”之外，还要对拒收的商品填制“商品采购退货单”，并与供货单一并转给总部财会部门进行会计处理。

连锁企业库房如果在接到供货商转来增值税专用发票时就发现与采购订单有不相符问题，同时连锁企业财会部门并未登记有关科目，只要将增值税专用发票的第二联（抵扣联和购买方扣税凭证）和第三联（发票联和购买方记账凭证）退还给供货方即可。但如果是采购的商品已经登记了“在途物资”科目和“应交税费——应交增值税（进项税额）”明细科目、“应付账款”科目，则应按照拒收的金额，借记“应付账款”科目（蓝字）和“应交税费——应交增值税（进项税额）”明细科目（红字），同时贷记“在途物资”科目。对于承付款项的部分按照所承付的金额，借记“基层往来”科目，贷记“在途物资”科目。

例题3-3：北京佳慧连锁商业有限责任公司2016年5月25日从北京费利德电器制造有限责任公司购进费利德牌2135F型电吹风100箱，每箱20支装，不含增值税单价100元。

（1）北京佳慧连锁商业有限责任公司总部接到配送中心转过来的供应商的送货单、增值税专用发票与采购订单核对无误后，根据相关原始凭证编制会计分录如下：

借：在途物资——北京费利德电器制造有限责任公司　　200 000.00

　　应交税费——应交增值税（进项税额）　　34 000.00

　　贷：应付账款——北京费利德电器制造有限责任公司　　234 000.00

（2）库房转来商品验收单和商品采购退货单（格式如表3-6所示），从北京费利德电器制造有限责任公司购进费利德牌2135F型电吹风验收时，发现有10箱是2130C型电吹风产品，采购部门与业务部门协商后决定拒收该部分商品。供应商根据北京佳慧连锁商业有限责任公司归属管辖的税务机关开具的进货退出证明开具负数增值税专用发票。总部财会部门对于承付货款的部分商品，根据配送中心转来的商品验收单和商品采购退货单编制会计分录如下：

表3-6　　**商品采购退货单**　　退货单号：30314400000040

供应商名称：北京费利德电器制造有限责任公司　　退货库房：总部配送3号库房　　制单日期：2016年5月27日

联系人：鲜是同　　发票类型：增值税专用发票　　付款日期：2016年7月25日

电话：187××××××××　　采购订单号：201610004515　　发票号码：1101038890117806

序号	商品编码	商品名称	规格型号	单位	未入库数量	赠品	原因
01	6903670918007	费利德电吹风	2130C	箱	10		型号不符
序号	数量	单价（元）	金额（元）	税率	税额（元）	价税合计(元)	备注
01	200	100.00	20 000.00	17%	3 400.00	23 400.00	20只/箱

业务负责人：王大力　　会计员：焦叶　　保管员：宋莉媛

借：应付账款——配送中心　　23 400.00

　　应交税费——应交增值税（进项税额）　　3 400.00（红字）

　　贷：在途物资——北京费利德电器制造有限责任公司　　20 000.00

借：基层往来——配送中心　　180 000.00
　　贷：在途物资——北京费利德电器制造有限责任公司　　180 000.00

（3）佳慧连锁配送中心根据商品验收入库单和商品采购退货单编制会计分录如下：

借：库存商品——电吹风（费利德牌2135F型20只装）　　180 000.00
　　贷：总部往来——商品采购　　180 000.00

2. 采购商品发生短缺核算。连锁企业库房在验收商品过程中，如果发现所采购商品出现短缺情形，总部财会部门应根据实际收到的商品金额和短缺商品金额借记“基层往来”科目和“待处理财产损溢——待处理流动资产损溢”明细科目，按照原有商品采购金额贷记“在途物资”科目；供货商补来商品时，按照补来商品的价值，借记“基层往来”科目，贷记“待处理财产损溢——待处理流动资产损溢”明细科目。

例题3-4：北京佳慧连锁商业有限责任公司2016年5月28日从天津丽声达电子有限责任公司采购7号碱性电池100箱，每箱40把（8粒封装），每把不含增值税单价15元。该批商品运输费用99.10元，增值税额10.90元。款项结算分别采用转账支票方式。

（1）北京佳慧连锁总部的财会部门收到配送中心和采购部门审核后的供货方增值税专用发票和送货单，并与采购订单核对无误后，编制确认购进的会计分录如下：

借：在途物资——天津丽声达电子有限责任公司　　60 099.10
　　应交税费——应交增值税（进项税额）　　10 210.90
　　贷：应付账款——天津丽声达电子有限责任公司　　70 310.00

（2）北京佳慧连锁总部的财会部门根据配送中心送来的商品验收入库单和商品短缺报告单，上列7号碱性电池短少20把。编制会计分录如下：

借：基层往来——配送中心　　59 798.60
　　待处理财产损溢——待处理流动资产损溢　　300.50
　　贷：在途物资——天津丽声达电子有限责任公司　　60 099.10

（3）3日后，天津丽声达电子有限责任公司补来短缺7号碱性电池20把，根据配送中心库房转来的商品验收入库单，总部财会部门编制会计分录如下：

借：基层往来——配送中心　　300.50
　　贷：待处理财产损溢——待处理流动资产损溢　　300.50

（4）北京佳慧连锁配送中心发现商品短缺时，根据商品验收入库单和商品短缺报告单编制会计分录如下：

借：库存商品——电池（丽声达7号电池8粒装）　　59 798.60
　　待处理财产损溢——待处理流动资产损溢　　300.50
　　贷：总部往来——商品采购　　60 099.10

（5）3日后，天津丽声达电子有限责任公司补来短缺7号碱性电池20把，配送中心库房根据商品验收入库单编制会计分录如下：

借：库存商品——电池（丽声达7号电池8粒装）　　300.50
　　贷：总部往来——商品采购　　300.50

（6）2016年8月25日，北京佳慧连锁总部财会部门通过网银结算方式结清天津丽声达电子有限责任公司全部款项70 310元。总部财会部门根据网银付款凭证编制会计分录如下：

借：应付账款——天津丽声达电子有限责任公司 70 310.00
　　贷：银行存款——网银结算 70 310.00

（四）农副产品采购业务核算

例题3-5：北京涌晖连锁商业有限责任公司所属门店农副产品柜台从农民手中购进有机种植的番茄5 000公斤，收购价款共计20 000元。双方约定货到验收入库后，使用现金结算款项，采购部门同时向对方开具农副产品收购发票。

（1）依照农副产品收购抵扣税额管理办法规定，其准予抵扣的进项税额＝买价×扣除率＝20 000×13%＝2 600（元），采购部门向对方开具农副产品收购发票，总部财会部门同时编制会计分录如下：

借：在途商品——有机蔬菜（番茄） 17 400.00
　　应交税费——应交增值税（进项税额） 2 600.00
　　贷：库存现金 20 000.00

（2）北京涌晖连锁店采购番茄5 000公斤共由两家直营连锁店熙川路直营门店和炳江路直营门店直接验收入库。总部财会部门根据两家直营门店转来供货方增值税专用发票和商品验收入库单编制会计分录如下：

借：基层往来——熙川路直营门店 8 700.00
　　　　　　——炳江路直营门店 8 700.00
　　贷：在途商品——有机蔬菜（番茄） 17 400.00

（3）两家直营连锁店熙川路直营门店和炳江路直营门店根据商品验收入库单分别编制会计分录如下：

借：库存商品——有机蔬菜（番茄） 8 700.00
　　贷：总部往来——商品采购 8 700.00
借：库存商品——有机蔬菜（番茄） 8 700.00
　　贷：总部往来——商品采购 8 700.00

第二节　连锁门店商品配送业务核算

一、连锁门店商品配送业务流程与凭证传递

（一）连锁门店商品配送业务流程

连锁商业企业所属各个门店应根据本店各个商品的销售状况确定需要调进商品的具体品种、规格和数量，并向总部配送中心发出订货申请；总部配送中心根据要货门店的订货申请生成具体商品订单发至配送中心的库房及运输部门。配送中心库房工作人员根据配送中心发来的商品订单信息，从货架分拣所需配送的商品，同时在配送中心的商品保管账上记录库存商品的减少数量，并将分拣出来的商品与商品订单上的数量进行核对无误后填写商品送货单，配送中心工作人员将商品连同商品送货单一并交至运输部门。连锁企业运输部门根据货

物的运输要求，组织车辆、安排线路，办妥商品的出库手续，并保质保量将商品运达各个要货的具体门店。连锁企业所属各门店收到商品后，根据送货单和实物进行核对无误后，进行商品验收入库会计处理。

（二）连锁门店商品配送凭证传递

连锁企业内部商品配送业务主要使用的原始凭证有商品发货单、商品配送门店汇总表、月度商品配送汇总表和内部转账通知书。

商品发货单一式五联。其中，一联由出货组留存；一联由库房登记商品保管明细账；其余三联交配送人员随货同行。当商品运抵连锁门店时，门店库房人员验收后在送货单和门店汇总表上签字确认，并留下其中一联作为登记库存商品明细账的重要依据；其他两联交配送人员。配送人员将其带回交给配送中心财务部门。配送中心会计人员留存其中一联，用以定期汇总登记库存商品类目账；而另一联作为配送中心编制内部转账通知单的重要依据。直营门店配送发货单和加盟门店配送发货单的格式如表3－7和表3－8所示。

表3－7　　连锁企业（直营门店）商品送货单　　№3301501144

收货门店：

发货部门：　　　　　　　　　　发货日期：　年　月　日

商品编号	品　名	规　格	单　位	数　量	进价金额		增值税额	
					单　价	金　额	税　率	税　额

发货人签字：　　　收货人签字：　　　会计人员签字：　　　打印日期：

表3－8　　连锁企业（加盟门店）商品送货单　　№4301501103

收货门店：

发货部门：　　　　　　　　　　发货日期：　年　月　日

商品编号	品　名	规　格	单　位	数　量	调拨金额		增值税额	
					单　价	金　额	税　率	税　额

发货人签字：　　　收货人签字：　　　会计人员签字：　　　打印日期：

为了便于处理与管理，连锁企业配送中心在按照商品编号生成商品发货单的同时，还要按照要货门店及其商品类别汇总生成商品配送门店汇总表。直营门店和加盟门店商品配送门店汇总表的格式如表3－9和表3－10所示。

表 3-9　　商品配送门店汇总表（直营门店）

门店地址：　　联系电话：

配送部门：　　配送日期：

类数：　　商品种类：　　总件数：

类别编码	类别名称	总件数	总数量	进价金额	增值税额

制单：　　审核：　　记账：

表 3-10　　商品配送门店汇总表（加盟门店）

门店地址：　　联系电话：

配送部门：　　配送日期：

类数：　　商品种类：　　总件数：

类别编码	类别名称	总件数	总数量	调拨价格	增值税额

制单：　　审核：　　记账：

配送中心财务部门收到送货员交来的经过门店签字确认的商品送货单、商品配送门店汇总表后，经审核无误，按照各个收货门店进行分类保管。月末，配送中心财务部门将调拨给各个门店的商品金额按照商品类别重新进行汇总，填制“月度商品配送汇总表”，并依据该汇总表登记库存商品类目账。月度商品配送汇总表的格式如表 3-11 所示。

表 3-11　　月度商品配送汇总表

年　月　日

门店名称	××类	××类	××类	××类	合计
××门店					
××门店					
××门店					
××门店					
合计					

制单：　　审核：　　记账：

二、连锁门店商品配送计价方法

（一）按采购成本计价

连锁企业总部向自己所属的直营门店调拨商品时，商品的相对风险和报酬并没有转出连锁企业整体，只是所调拨的商品在空间位置上发生了变化，因而不能将其确认为收入。但是，连锁企业总部与所属门店又都是两个独立的会计主体，因而需要在账上反映出来。而按照总部采购成本计价，能够比较客观地记录与反映采购的商品在连锁企业内部按照成本价格进行管理与核算的情形，简化总部与所属门店之间进行商品配送与调拨核算。

（二）按调拨价格计价

与直营门店不同的是，由于加盟门店的所有权并不属于连锁企业所有，且其具有独立的法人资格，因而连锁企业总部与加盟门店都是具备独立的产权与法人资质的企业实体。连锁企业总部向各个加盟门店调拨商品的时候，实质上是一种企业之间的商品销售业务，并符合销售收入的确认条件。因而总部在向加盟门店调拨商品的时候，总部应该按照内部调拨价格作为商品对外销售价格，加盟门店则以调拨价格作为商品采购价格处理。

三、连锁门店商品配送业务核算

连锁企业总部向直营门店调拨商品，接到配送中心转来的内部转账凭证后，加盖"转讫"戳记并留存其中一联，据以作为内部往来总分类核算和内部往来明细核算的依据，另一联附上发货单和商品配送门店汇总表转给门店。同时，总部财会部门根据配送中心月末财务部门转来的内部转账通知单及其所附发货单和商品配送门店汇总表，按照商品采购成本，借记"基层往来——××门店"明细科目，贷记"基层往来——商品配送"科目；而配送中心将收到的发货单妥善保管并在月末将其汇总，编制商品发货汇总表，并据此编制内部转账通知单，配送中心财会部门根据留存的一联，借记"总部往来——商品配送"明细科目，贷记"库存商品"科目；直营门店收到商品验收入库后，按照商品采购成本，借记"库存商品"科目，贷记"总部往来——商品配送"明细科目。

连锁企业总部向加盟门店调拨商品，接到配送中心向加盟店配送商品的送货单和商品配送门店汇总表，审核无误后，开具正式增值税专用发票和内部转账通知单，并与送货单和商品配送加盟店汇总表一并送交加盟门店。其会计处理是按照调拨价格，借记"基层往来——××门店"明细科目，贷记"主营业务收入"科目和"应交税费——应交增值税（销项税额）"明细科目；同时按照该商品采购价格，借记"主营业务成本"科目，贷记"在途物资"科目。配送中心财会部门，根据留存的一联，借记"总部往来——商品配送"明细科目，贷记"库存商品"科目；而加盟店财会部门，按照商品采购价格及增值税进项税额，借记"库存商品"科目和"应交税费——应交增值税（进项税额）"明细科目，同时贷记"总部往来——商品配送"明细科目。

例题3-6：北京慧辉连锁企业总部财会部门接到配送中心财会部门转来内部转账通知单（如表3-12所示），系配送中心向解放路直营门店、广渠门直营门店配送飞利浦H380吸尘器各20台，商品采购成本共计40 000元。

表 3－12

内部转账通知单

编号：201605245

2016 年 5 月 27 日

接收单位	应借科目		应贷科目		金额（元）
摘要	一级	二级	一级	二级	
1. 配送中心	总部往来	商品配送	库存商品	吸尘器	20 000. 00
2. 总部	基层往来	解放路门店	基层往来	商品配送	20 000. 00
3. 解放路门店	库存商品	吸尘器	总部往来	商品配送	20 000. 00
金额合计：20 000 元					
附单据 2 张					

签发单位：北京慧辉连锁配送中心　　接收单位：北京慧辉连锁解放路直营门店　　转账单位：北京慧辉连锁总部

总部财务负责人：连克耀　　会计：吴士宏　　记账：林雷

（1）总部财会部门根据配送中心月末财会部门转来内部转账通知单及其所附发货单和商品配送门店汇总表，编制会计分录如下：

借：基层往来——解放路直营门店　　20 000. 00

　　　　　——广渠门直营门店　　20 000. 00

　贷：基层往来——商品配送　　40 000. 00

（2）配送中心将收到的发货单妥善保管并在月末将其汇总，编制商品发货汇总表，并据此编制内部转账通知单。配送中心财会部门根据留存的一联，编制会计分录如下：

借：总部往来——商品配送　　40 000. 00

　贷：库存商品——吸尘器（飞利浦 H380 型）　　40 000. 00

（3）解放路直营门店、广渠门直营门店收到总部财务部门转来的内部转账通知单及其所附发货单和商品配送门店汇总表，按照商品采购成本，分别编制会计分录如下：

借：库存商品——吸尘器（飞利浦 H380 型）　　20 000. 00

　贷：总部往来——商品配送　　20 000. 00

借：库存商品——吸尘器（飞利浦 H380 型）　　20 000. 00

　贷：总部往来——商品配送　　20 000. 00

例题 3－7：北京佳慧连锁有限责任公司总部的财会部门接到配送中心向加盟店配送商品的送货单和商品配送门店汇总表，系向十里堡加盟门店、丰盛胡同门店分别调拨雅格牌 220×180CM 规格加厚浴帘 30 件。该商品从南京雅格塑料制品有限责任公司购进，不含税采购单价 50 元，内部调拨价 100 元。

（1）总部的财会部门对送货单和商品配送门店汇总表审核无误后，开具正式增值税专用发票和内部转账通知单（格式如表 3－13 所示），并与送货单和商品配送加盟店汇总表一并送交加盟门店。而后编制会计分录如下：

表 3－13　　内部转账通知单　　编号：030414007

2016 年 5 月 27 日

接收单位	应借科目		金额（元）	应贷科目		金额（元）
摘要	一级	二级		一级	二级	
1. 配送中心	总部往来	商品配送	30 000.00	库存商品	浴帘	30 000.00
2. 总部	基层往来	十里堡门店	35 100.00	主营业务收入		30 000.00
				应交税费	应交增值税	5 100.00
	主营业务成本		15 000.00	在途物资	南京雅格塑料制品有限责任公司	15 000.00
3. 十里堡门店	库存商品	吸尘器	35 100.00	总部往来	商品配送	35 100.00
	应交税费	应交增值税	5 100.00			
附单据 2 张						

签发单位：北京佳慧连锁配送中心　　接收单位：北京佳慧连锁十里堡加盟门店　　转账单位：北京佳慧连锁总部

总部财务负责人：文章　　会计：吴淑红　　记账：李刚

借：基层往来——十里堡加盟门店　　35 100.00

——丰盛胡同门店　　35 100.00

贷：主营业务收入　　60 000.00

应交税费——应交增值税（销项税额）　　10 200.00

借：主营业务成本　　30 000.00

贷：在途物资——南京雅格塑料制品有限责任公司　　30 000.00

（2）北京佳慧连锁配送中心财会部门，根据留存的内部转账通知单、配送商品送货单和商品配送门店汇总表，编制会计分录如下：

借：总部往来——商品配送　　30 000.00

贷：库存商品——浴帘（雅格牌 220×180CM 规格加厚浴帘）　　30 000.00

（3）北京佳慧连锁十里堡加盟门店和丰盛胡同门店财会部门接到总部财会部门转来增值税专用发票和内部转账通知单及其所附送货单和商品配送加盟店汇总表，按照商品调拨价格分别编制会计分录如下：

借：库存商品——浴帘（雅格牌 220×180CM 规格加厚浴帘）　　30 000.00

应交税费——应交增值税（进项税额）　　5 100.00

贷：总部往来——商品配送　　35 100.00

借：库存商品——浴帘（雅格牌 220×180CM 规格加厚浴帘）　　30 000.00

应交税费——应交增值税（进项税额）　　5 100.00

贷：总部往来——商品配送　　35 100.00

四、连锁门店商品横向调拨业务核算

在连锁企业所属各个门店中，对于某个商品品种因为某个门店临时缺货而另一门店出现积压，总部需要在不同门店之间进行商品余缺调剂，由此产生了连锁企业门店之间横向商品调拨业务。门店之间进行商品调拨时，必须要在总部统一部署和安排下进行，且要求填制与使用商品调拨单。商品调拨单由调出门店签发，一式五联。其中，第一联和第五联分别作为调出门店与调入门店库房登记商品保管账的依据；第二联和第四联则与月度商品调拨汇总表及其内部转账通知单一起分别作为调出门店和调入门店财会部门登记库存商品明细账和总部往来明细账的依据；第三联则与月度商品调拨汇总表及其内部转账通知单留存在总部财会部门，作为登记基层往来明细账的依据。需要说明的是，调入门店与调出门店的相关人员必须在调拨商品验货后，在商品调拨单上签字确认，以明确相关的经济责任。月末调出门店根据商品调拨单汇总编制月度商品调拨汇总表，作为签发内部转账通知单的依据。月度商品调拨汇总表一式三联，第一联和第三联分别作为调出门店与调入门店登记库存商品类目账的依据，第三联则由总部财会部门留存。

（一）直营门店之间商品调拨核算

直营门店之间发生商品调拨，调出门店财会部门或者门店核算员应定期或者在月末根据签发的商品调拨单第二联汇总编制月度商品调拨发货汇总表，并根据月度商品调拨发货汇总表签发内部转账通知单，同时留存其中一联，据此编制记账凭证和登记库存商品明细账、总部往来明细账。其余两联月度商品调拨发货汇总表和内部转账通知单连同商品调拨单第三联一并交总部财会部门。按照商品采购价格，借记“总部往来——商品调拨”明细科目，贷记“库存商品”科目。

总部财会部门接到调出单位转来的内部转账凭证、月度商品调拨发货汇总表及其所附商品调拨单原始凭证后，在内部转账通知单上加盖“转账”戳记，并留存第三联，据以编制内部转账凭证、登记基层往来明细账的依据。同时，总部财会部门将另一联内部转账凭证、月度商品调拨发货汇总表及其所附商品调拨单原始凭证一并转给调入门店财会部门。按照商品采购价格，借记“基层往来——×调入门店”明细科目，贷记“基层往来——×调出门店”明细科目。

调入门店库房保管员根据随货同行的商品调拨单第四联对调入商品实物进行验收，并据此登记库存商品保管账。月末，接到总部财会部门转来内部转账凭证、月度商品调拨发货汇总表及其所附商品调拨单原始凭证后，与库存商品保管账进行核对无误后，据此编制会计凭证并登记库存商品明细账。按照商品采购价格，借记“库存商品”科目，贷记“总部往来——商品调拨”明细科目。

例题 3-8：北京慧辉连锁有限责任公司根据业务安排，需要从解放路直营门店、广渠门直营门店调拨嘉美牌 A15L 电水壶 5 箱，每箱 10 支装，每只不含增值税采购价格 40 元。

（1）调出门店解放路直营门店财会部门根据月度商品调拨单发货汇总表（如表 3-14 所示）、内部转账通知单及其所附商品调拨单（如表 3-15 所示），编制会计分录如下：

表 3－14　　月度商品调拨单发货汇总表　　编号：2016050010

调出门店：解放路直营门店　　2016 年 5 月 31 日

调入门店	商品类别					金额（元）
广渠门直营门店	电水壶					2 000. 00
合　计						2 000. 00

调出门店业务负责人：王琳　　调出门店记账：郭玉霖　　制单：王友富

调入门店业务负责人：罗大纲　　调入门店记账：门合　　打印日期：2016 年 5 月 31 日

表 3－15　　商品调拨单　　编号：2016557016

调出门店：解放路直营门店　　2016 年 5 月 28 日

调入门店：广渠门直营门店

商品编号	品　名	规　格	计量单位	整件数量	零散数量	采购单价（元）	金额（元）
690300179205	嘉美牌电水壶	A15L	箱（10 只装）	5		40. 00	2 000. 00
合　计							2 000. 00

调出门店业务负责人：王琳　　调出门店记账：郭玉霖　　制单：王友富

调入门店业务负责人：罗大纲　　调入门店记账：门合　　打印日期：2016 年 5 月 28 日

借：总部往来——商品调拨　　2 000. 00

　　贷：库存商品——电水壶（嘉美牌 A15L 电水壶 10 只装）　　2 000. 00

（2）北京慧辉连锁企业总部财会部门接到调出单位转来的内部转账凭证、月度商品调拨单发货汇总表及其所附商品调拨单原始凭证后，加盖“转账”戳记，并留存其中一联，编制会计分录如下：

借：基层往来——广渠门直营门店　　2 000. 00

　　贷：基层往来——解放路直营门店　　2 000. 00

（3）调入门店广渠门直营门店接到总部财会部门转来内部转账凭证、月度商品调拨单发货汇总表及其所附商品调拨单原始凭证后，与库存商品保管账进行核对无误后，据此编制会计分录如下：

借：库存商品——电水壶（嘉美牌 A15L 电水壶 10 只装）　　2 000. 00

　　贷：总部往来——商品调拨　　2 000. 00

（二）加盟门店之间商品调拨核算

连锁企业加盟门店之间的商品调拨，属于商品在不同所有权实体之间进行的转移，而连锁企业总部只是为了这种商品所有权的转移提供相应的信息交流、商品运输及其结算服务。调出门店财会部门或者门店核算员应定期或者在月末根据签发的商品调拨单第二联汇总编制月度商品调拨发货汇总表，并根据月度商品调拨发货汇总表签发内部转账通知单，同时留存其中一联，据此编制记账凭证和登记库存商品明细账、总部往来明细账。其余两联月度商品调拨发货汇总表和内部转账通知单连同商品调拨单第三联一并交总部财会部门。按照商品调拨价格，借记“总部往来——商品调拨”明细科目，贷记“库存商品”科目和“应交税费——应交增值税（进项税额转出）”明细科目。

总部财会部门接到调出单位转来的内部转账凭证、月度商品调拨单发货汇总表及其所附商品调拨单原始凭证后，在内部转账通知单上加盖“转账”戳记，并留存其中一联，据以编制内部转账凭证和登记基层往来明细账。同时，总部财会部门将另一联内部转账凭证、月度商品调拨单发货汇总表及其所附商品调拨单原始凭证一并转给调入门店财会部门。按照商品调拨价格和增值税合计，借记“基层往来——××调入门店”明细科目，贷记“基层往来——××调出门店”明细科目。

调入门店库房保管员根据随货同行的商品调拨单第四联对调入商品实物进行验收，并据此登记库存商品保管账。月末，接到总部财会部门转来内部转账凭证、月度商品调拨单发货汇总表及其所附商品调拨单原始凭证后，与库存商品保管账进行核对无误后，据此编制会计凭证并登记库存商品明细账。按照商品调拨价格，借记“库存商品”科目和“应交税费——应交增值税（进项税额）”明细科目，贷记“总部往来——商品调拨”明细科目。

例题3-9：北京佳慧连锁有限责任公司根据业务安排，需要从十里堡加盟门店向丰盛胡同加盟门店调拨佳美牌竹制汽车靠垫B19型5箱，每箱10套装，每套不含增值税调拨价格200元。

（1）调出门店十里堡加盟门店财会部门根据月度商品调拨单发货汇总表、内部转账通知单原始凭证及其所附商品调拨单（如表3-16所示），编制会计分录如下：

表3-16 **商品调拨单**

编号：20160510144

调出门店：十里堡加盟门店

调入门店：丰盛胡同加盟门店 2016年5月28日

商品编号	品　名	规　格	计量单位	整件数量	零散数量	采购单价（元）	金额（元）	增值税额（元）
690414170009	佳美牌竹制汽车靠垫	B19	箱（10套装）	5		20.00	10 000.00	1 700.00
合　计							10 000.00	1 700.00

调出门店业务负责人：李媛媛　　调出门店记账：郭富春　　制单：刘德福

调入门店业务负责人：关之琳　　调入门店记账：童超　　打印日期：2016年5月28日

借：总部往来——商品调拨　　11 700.00

　　贷：库存商品——汽车用品（佳美牌竹制汽车靠垫 B19 型 10 套装）　　10 000.00

　　　　应交税费——应交增值税（进项税额转出）　　1 700.00

（2）北京佳慧连锁企业总部财会部门接到调出单位转来的内部转账凭证、月度商品调拨单发货汇总表及其所附商品调拨单原始凭证后，加盖“转账”戳记，并留存其中一联，编制会计分录如下：

借：基层往来——丰盛胡同加盟门店　　11 700.00

　　贷：基层往来——十里堡加盟门店　　11 700.00

（3）调入门店十里堡加盟门店接到总部财会部门转来的内部转账凭证、月度商品调拨单发货汇总表及其所附商品调拨单原始凭证后，与库存商品保管账进行核对无误后，据此编制会计分录如下：

借：库存商品——汽车用品（佳美牌竹制汽车靠垫 B19 型 10 套装）　　10 000.00

　　应交税费——应交增值税（进项税额）　　1 700.00

　　贷：总部往来——商品调拨　　11 700.00

五、门店退库商品核算

连锁企业所属门店由于所采购商品在经营过程中出现质量问题，或者商品超过保质期，或者商品出现滞销状况，会将相关问题商品退还配送中心，再由连锁企业配送中心与供应商联系退货。在发生门店退货业务时，所属门店应填制“商品退货单”一式五联，并由业务部门签署相关意见。由于直营门店与加盟门店的所有权权属关系性质截然不同，因而其商品退货的核算方法并不一样。

（一）直营门店商品退库核算

直营门店对需要退回配送中心的问题商品，按照商品采购价格填制商品退货单，其中一联留存，据以编制会计分录，借记“总部往来”科目，贷记“库存商品”科目；配送中心月末对本月各直营门店转来商品退货单进行汇总后，编制一式三联内部转账通知单。其中，第一联由总部财会部门转交直营门店财会部门，作为退货门店进行相应会计处理的依据；第二联作为配送中心进行会计处理的依据，按照采购成本，借记“库存商品”科目，贷记“总部往来”科目；第三联送交总部财会部门作为其进行会计处理的依据，按照商品采购价格，借记“基层往来——配送中心”明细科目，贷记“基层往来——××直营门店”明细科目。

例题 3－10：北京慧辉连锁有限责任公司所属解放路直营门店向配送中心退货嘉美牌 20L 台式电风扇 5 箱，每箱独立包装，每台不含增值税采购价格 100 元。

（1）退货门店解放路直营门店财会部门填制商品退货单（如表 3－17 所示）和内部转账通知单原始单据，编制会计分录如下：

借：总部往来——商品配送　　500.00

　　贷：库存商品——电风扇（嘉美牌 20L 台式电风扇）　　500.00

（2）北京慧辉连锁配送中心月末对本月各直营门店转来商品退货单进行汇总后，编制一式三联内部转账通知单。其中，第一联由总部财会部门转交直营门店财会部门，作为退货门店进行相应会计处理的依据，第三联送交总部财会部门进行会计处理，第二联作为配送中心进行会计处理的依据，按照采购成本，编制会计分录如下：

借：库存商品——电风扇（嘉美牌 20L 台式电风扇） 500.00

贷：总部往来——商品配送 500.00

表 3－17 商品退货单 编号：20167109001

退货门店：解放路直营门店 2016 年 5 月 29 日

供应商名称	商品编码	商品名称	规格型号	数量（台）	单价（元）	退货金额（元）	退货原因
浙江嘉美电器	690140080901	嘉美牌台式电风扇	20L	5	100.00	500.00	遥控器不工作
合 计						500.00	

调出门店业务负责人：王琳 调出门店记账：郭玉霖 制单：王友富

配送中心业务负责人：杨丽 配送中心记账：王毅杯 打印日期：2016 年 5 月 29 日

（3）总部财会部门根据配送中心转来的商品退货汇总表和内部转账通知单原始凭证，按照商品采购价格，编制会计分录如下：

借：基层往来——配送中心 500.00

贷：基层往来——解放路直营门店 500.00

（二）加盟门店商品退库核算

加盟门店对需要退回配送中心的问题商品应取得总部财会部门开具的负数增值税专用发票，并按照商品内部调拨价格填制商品退货单。退货单其中一联留存，据以按照商品调拨价格和增值税，借记“总部往来”科目，贷记“库存商品”科目和“应交税费——应交增值税（进项税额转出）”；配送中心月末对本月各直营门店转来的商品退货单进行汇总后，编制一式三联内部转账通知单并向加盟门店开具负数增值税专用发票。内部转账通知单其中的第一联由总部财会部门转交直营门店财会部门，作为退货门店进行相应会计处理的依据；第二联作为配送中心进行会计处理的依据，同时按照商品内部调拨价格，借记“库存商品”科目，贷记“总部往来”科目；第三联送交总部财会部门作为其进行会计处理的依据。总部财会部门应根据内部转账通知单向加盟门店开具负数增值税专用发票，按照商品内部调拨价格和增值税，借记“主营业务收入”科目和“应交税费——应交增值税（销项税额）”明细科目，贷记“基层往来——××加盟门店”明细科目。同时按照商品采购成本，借记“库存商品”科目，贷记“主营业务成本”科目。

例题 3－11：北京佳慧连锁有限责任公司所属十里堡加盟门店向配送中心退货 AT&T 牌电话机 B1501 型 10 部，每台不含增值税采购价格 100 元，内部调拨价 150 元。

（1）退货门店十里堡加盟门店财会部门编制商品退货单和内部转账通知单，同时根据总部财会部门转来负数增值税专用发票，编制会计分录如下：

借：总部往来——商品配送　　1 755.00

　　贷：库存商品——电话机（AT&T 牌电话机 B1501 型）　　1 500.00

　　　　应交税费——应交增值税（进项税额转出）　　255.00

（2）北京佳慧连锁配送中心月末对本月各直营门店转来商品退货单进行汇总后，编制一式三联内部转账通知单。其中，第一联由总部财会部门转交直营门店财会部门，作为退货门店进行相应会计处理的依据，第三联送交总部财会部门进行会计处理，第二联作为配送中心进行会计处理的依据，按照内部调拨价格，编制会计分录如下：

借：库存商品——电话机（AT&T 牌电话机 B1501 型）　　1 500.00

　　贷：总部往来——商品配送　　1 500.00

（3）总部财会部门根据配送中心转来的商品退货汇总表和内部转账通知单，按照商品内部调拨价格向加盟门店开具负数增值税专用发票原始凭证，并按照商品采购价格冲减主营业务成本，编制会计分录如下：

借：主营业务收入　　1 500.00

　　应交税费——应交增值税（销项税额）　　255.00

　　贷：基层往来——十里堡加盟门店　　1 755.00

借：库存商品——电话机（AT&T 牌电话机 B1501 型）　　1 000.00

　　贷：主营业务成本　　1 000.00

第三节　连锁门店商品营销业务核算

连锁门店商品营销业务核算的主要内容涉及企业两个方面的工作内容：一是门店营业收入款项的结算工作；二是门店营业收入的会计核算工作。

一、门店营业收入款项结算

门店营业收入款项的结算是门店收银工作的重要内容之一，而收银台是每一位前来门店购物的顾客都必须经过的区域。收银员的服务质量和技术水平直接关系到连锁企业的形象和工作效率。对门店收银工作的基本要求有：（1）收银员认真做好现金和票据的收付与保管工作；（2）在交款人面前完成现金收付且收付现金数额准确无误，发生争议按规定程序及时妥善处理；（3）每日收入的营业现款必须执行“长缴短补”的规定，禁止长短款相抵处理，发现长短款后，必须如实填单记录并向领导汇报；（4）收款后认真核对收款凭证并清理现款，当日营业收入现款及其票据当日送存开户银行；（5）备用周转金坚持每日核对无误，不得白条抵库，不得坐支和挪用销货款项。

门店应根据款项管理的需要，选择一个固定的营业时间或者在营业结束时间对营业收入款项进行结算。不管采取哪种营业收入结算方式，门店收银员交班结束后，须将营业现款及POS 机单据商户联、购物卡消费明细单据立即装箱并迅速交达收银办公室交款；交款时分币种清点现钞，收银员自留备用金的门店，应从最小零钱数起，为下个班次备用金做好准备，留出原有备用金金额后剩余部分上交；每日领用备用金的门店全部上交。清点现钞完毕，POS机单据数出张数、计出总额，购物卡消费明细单据数出张数、计出总额，标记收讫并签署收银员工号及姓名，待出纳或代班人核实。收银员应根据清点情况，正确规范填写“收银员营业款解缴单”（如表3－18所示）。备注栏内填写POS机单据、购物卡消费明细单据张数及金额。解缴单一式二联。收银员确认无误后将营业款连同解缴单，交出纳（或代班人）当面复核并签收。出纳（或代班人）核对营业款与“收银员营业款解缴单”是否一致，正确后在解款单上签名，签名后保留第一联，第二联交还收银员留存。如实际缴款金额与单据数据不一致时，收银员按正确的缴款数据重新填制一份“收银员营业款解缴单”，并由收银员、出纳签字确认。营业款收款核对完毕后，由出纳（或代班人）将营业款放入金库保管箱。营业款点数及存入金库时，应由门店防损员维持现场秩序，禁止无关人员进入金库工作区域。

表3－18 收银员营业款解缴单

收银员姓名： 年 月 日 机号：

现金		银行卡		购物卡		备注
类别	金额	类别	金额	类别	金额	
总计	大写金额			小写金额		

交款人： 收款人：

二、直营门店营业收入核算

对于连锁企业所属门店实现的营业收入，因门店与总部的权属关系不同，其会计核算方法有所区别。为了及时反映门店的营业收入，门店财会部门在完成门店当日营业收入款项结算以后，根据审核无误的“收银员营业款解缴单”汇总编制“每日营业结算明细表”，同时将现款送存开户银行并取得现金送款单回单联。财会部门根据每日营业结算明细表、现金送款单回单联所载进账金额，借记“银行存款”科目，贷记“主营业务收入”科目和“应交税费——应交增值税（销项税额）”明细科目。对于当日发生的现金短款和现金长款金额，应分别在“待处理财产损溢——待处理流动资产损溢”明细科目的借方或贷方反映，待处理意见批准后，分别情况转入“其他应收款”或“营业外收入”科目。

对于按照规定须将销货现款或银行卡转账金额转存到总部财会部门指定账户的金额，应根据内部转账通知单及其所附的网银付款凭证，借记“总部往来——营业款项”明细科目，贷记“银行存款”科目。总部财会部门收到基层门店转来营业现款和银行卡到账金额后，根据内部转账通知单及其所附银行进账单回单联或者网银收款凭证，借记“银行存款”科目，贷记“基层往来——营业款项”明细科目。

对于直营门店营业收入的定期结转，门店财会部门按照每日营业收入额定期编制营业收入汇总表，并作为内部转账通知单所附单据，借记“主营业务收入”科目和“应交税费——应交增值税（销项税额）”明细科目，贷记“总部往来——营业款项”明细科目；对于总部销售的购物卡消费金额部分，应根据消费明细单据及时造册登记，据以编制内部转账通知单反映购物卡消费金额，借记“主营业务收入”科目和“应交税费——应交增值税（销项税额）”明细科目，贷记“总部往来——购物卡”明细科目。总部财会部门对于购物卡金额，根据内部转账通知单及其所附购物卡消费明细记录，借记“预收账款——购物卡”明细科目，贷记“基层往来——购物卡”明细科目。同时，按照营业收入汇总金额，借记“基层往来——营业款项”明细科目，贷记“主营业务收入”科目和“应交税费——应交增值税（销项税额）”明细科目。

财会部门定期结转营业成本时，根据营业成本计算表借记“主营业务成本”科目，贷记“库存商品”科目；直营门店财会部门定期将营业成本转给总部财会部门时，根据内部转账通知单和营业收入汇总表，借记“总部往来——营业成本”明细科目，贷记“主营业务成本”科目；总部财会部门对于直营门店财会部门定期转来的营业成本金额，根据内部转账通知单和营业收入汇总表，借记“主营业务成本”科目，贷记“基层往来——营业成本”明细科目。

例题 3－12：北京慧辉连锁商业有限责任公司所属解放路直营门店财会部门 2016 年 5 月 30 日收到每日营业结算明细表、现金送款单原始凭证，系当日营业收入款项。5 月 31 日汇总编制本月营业收入汇总表、内部转账通知单将营业收入解交到总部财会部门。每日营业结算明细表和现金缴款单、营业收入汇总表如表 3－19、表 3－20 和表 3－21 所示。

表 3－19　　每日营业结算明细表

门店名称：解放路直营门店　　2016 年 5 月 30 日　　单位：元

项　目	101 收银机	102 收银机	103 收银机	104 收银机	合　计
销售总金额	10 704.57	12 157.98	9 012.14	10 915.01	42 789.70
服务总金额					
收银台营业额	10 704.57	12 157.98	9 012.14	10 915.01	42 789.70
中间收款	708.14		1 101.11	48.71	1 853.96
抽屉现款	3 409.11	9 109.99	5 011.10	6 677.07	24 207.27
备用金扣减	－300.00	－300.00	－300.00	－300.00	－1 200.00
现金净额	**3 817.25**	**8 809.99**	**5 812.21**	**6 421.78**	**24 861.23**
银行卡	5 529.89	3 101.11	2 331.41	1 605.55	12 567.96
支票				1 208.79	1 208.79
购物卡	1 357.43	246.88	868.52	1 678.89	4 151.72
小计	**10 704.57**	**12 157.98**	**9 012.14**	**10 915.01**	**42 789.70**
实收营业额	10 704.57	12 257.98	9 012.14	10 915.01	42 889.70
现金短款					
现金长款		100.00			100.00
增值税（税率 17%）	1 555.36	1 766.54	1 309.46	1 585.94	6 217.30

会计主管：石延军　　记账员：王春　　复核：冯砾肖　　制单：刘峰切

表 3－20 **××银行现金缴款单（回单）** **1**

交款日期 2016 年 5 月 30 日

收款单位	全称	北京慧辉连锁解放路直营门店	款项来源	销售款
	账号	6703000203456778	交款人	王佳蕾

人民币（大写）	千	百	十	万	千	百	十	元	角	分
贰万肆仟玖佰陆拾壹元贰角叁分			¥	2	4	9	6	1	2	3

券别	张数	金 额	券别	张数	金 额	券别	枚数	金 额	上列款项已如数收妥入账
壹佰元	150	15 000.00	贰元	80	160.00	伍分			（收款银行盖章）
伍拾元	100	5 000.00	壹元	1	1.00	贰分	1	0.02	复核
贰拾元	100	2 000.00	伍角			壹分	1	0.01	经办
壹拾元	200	2 000.00	贰角						关颖珊
伍元	160	800.00	壹角	2	0.20				中信银行北京朝阳十里河支行 2016.5.30 业务专用章

表 3－21 **营业收入汇总表**

门店名称：解放路直营门店 2016 年 5 月 单位：元

项 目	金额	项 目	金额
销售总金额	5 000 000.00	中间收款	40 000.00
服务总金额		抽屉现款	3 103 000.00
营业收入总计	5 000 000.00	备用金扣减	－1 200.00
销售总成本	3 100 000.00	现金净额	3 141 800.00
服务总成本		银 行 卡	1 681 100.00
营业成本总计	3 100 000.00	支 票	100 100.00
增值税（税率 17%）	726 495.73	购 物 卡	77 000.00
		小 计	5 000 000.00
		实收营业额	5 000 100.00
		现金短款	
		现金长款	100.00

会计主管：石延军 记账员：王春 复核：冯砾肖 制单：刘峰切 制单日期：2016 年 5 月 31 日

（1）解放路直营门店财会部门根据每日营业结算明细表、现金送款单回单联所载进账金额，编制会计分录如下：

借：银行存款 38 737.98

　　总部往来——购物卡 4 151.72

　　贷：待处理财产损溢——待处理流动资产损溢 100.00

　　　　主营业务收入 36 572.40

　　　　应交税费——应交增值税（销项税额） 6 217.30

借：待处理财产损溢——待处理流动资产损溢 100.00

　　贷：营业外收入 100.00

（2）解放路直营门店财会部门对于按照规定须将销货现款或银行卡转账金额转存到总部财会部门指定账户的金额，根据内部转账通知单及其所附的网银付款凭证，编制会计分录如下：

借：总部往来——营业款项　38 737.98
　　贷：银行存款　38 737.98

(3) 总部财会部门收到基层门店转来营业现款和银行卡到账金额后，根据内部转账通知单及其所附银行进账单回单联或者网银收款凭证，编制会计分录如下：

借：银行存款　38 737.98
　　贷：基层往来——营业款项　38 737.98

(4) 解放路直营门店财会部门对于总部销售的购物卡消费金额部分，应根据消费明细单据及时造册登记，据以编制内部转账通知单反映购物卡消费金额，同时按照每日营业收入金额，定期填制内部转账通知单和营业收入汇总表并结转给总部财会部门，编制会计分录如下：

借：营业外收入　100.00
　　主营业务收入　4 273 504.27
　　应交税费——应交增值税（销项税额）　726 495.73
　　贷：总部往来——营业款项　4 923 100.00
　　　　　　　　——购物卡　77 000.00

(5) 总部财会部门根据解放路直营门店定期转来内部转账通知单及其所附购物卡消费明细记录、营业收入汇总表所反映应定期结转的营业收入金额，编制会计分录如下：

借：基层往来——营业款项　4 923 100.00
　　预收账款——购物卡　77 000.00
　　贷：营业外收入　100.00
　　　　主营业务收入　4 273 504.27
　　　　应交税费——应交增值税（销项税额）　726 495.73

(6) 解放路直营门店财会部门定期结转营业成本时，根据营业成本计算表编制会计分录如下：

借：主营业务成本　3 100 000.00
　　贷：库存商品　3 100 000.00

(7) 解放路直营门店财会部门定期将营业成本转给总部财会部门时，根据内部转账通知单和营业收入汇总表，编制会计分录如下：

借：总部往来——营业成本　3 100 000.00
　　贷：主营业务成本　3 100 000.00

(8) 总部财会部门对于解放路直营门店财会部门定期转来的营业成本金额，根据内部转账通知单和营业收入汇总表，编制会计分录如下：

借：主营业务成本　3 100 000.00
　　贷：基层往来——营业成本　3 100 000.00

三、加盟门店营业收入核算

加盟门店与连锁企业总部之间除了松散的加盟关系以外，并不涉及资本纽带下的经济关系，因而加盟门店不必像直营门店那样定期向总部财会部门结转营业收入。但是，连锁企业为了便于统一管理，同样要求所属加盟门店将营业款项汇交到连锁企业总部财会部门，由总部财会部门统一管理。加盟门店解交给总部的营业款，在扣除了商品配送款和必要的费用开支后，其余部分就是加盟门店可以实际动用的营业款项。

门店财会部门在完成门店当日营业收入款项结算以后，根据审核无误的“收银员营业款解缴单”汇总编制“每日营业结算明细表”，同时将现款送存开户银行并取得现金送款单回单联。财会部门根据每日营业结算明细表、现金送款单回单联所载进账金额，借记“银行存款”科目，贷记“主营业务收入”科目和“应交税费——应交增值税（销项税额）”明细科目。对于当日发生的现金短款和现金长款金额，应分别在“待处理财产损溢——待处理流动资产损溢”明细科目的借方或贷方反映，待处理意见批准后，分别情况转入“其他应收款”或“营业外收入”科目。

加盟门店向总部财会部门划转款项的内容主要有：总部向加盟门店收取的商品调拨费、加盟门店应向总部交纳的加盟费、总部拨给加盟门店的包装费用。加盟门店在划拨款项中扣除了相关应承担的费用开支后的金额，借记“总部往来”科目，同时按照承担的加盟费和包装费用开支借记“销售费用”科目，按照实际结转的营业款项金额贷记“银行存款”科目。

总部财会部门接到加盟门店转来内部转账通知单及其所附网银付款凭证或者银行进账单回单联，按照收到的金额借记“银行存款”科目，按照加盟门店应承担的费用开支金额贷记“其他业务收入”科目，按照加盟门店在划拨款项中应扣除承担的费用开支后的金额，贷记“基层往来”科目。

例题3-13：北京佳慧连锁商业有限责任公司所属十里堡加盟门店财会部门2016年5月30日收到每日营业结算明细表（如表3-22所示）、现金送款单原始凭证，系当日营业收入款项存入开户银行。

表3-22　　每日营业结算明细表

门店名称：十里堡加盟门店　　2016年5月30日　　单位：元

项　目	101收银机	102收银机	103收银机	104收银机	合　计	增值税额
销售总金额	7 894.09	12 157.98	8 012.04	9 000.00	37 064.11	5 385.38
服务总金额	2 810.48		1 000.10	1 915.01	5 725.59	324.09
收银台营业额	10 704.57	12 157.98	9 012.14	10 915.01	42 789.70	5 709.47
中间收款	708.14		1 101.11	44.71	1 853.96	
抽屉现款	3 409.11	9 109.99	5 011.10	6 777.07	24 307.27	
备用金扣减	-300.00	-300.00	-300.00	-300.00	-1 200.00	
现金净额	3 817.25	8 809.99	5 812.21	6 521.78	24 961.23	
银　行　卡	6 738.68	3 101.11	2 331.41	2 714.34	14 885.54	
支　　票						
购　物　卡	148.64	246.88	868.52	1 678.89	2 942.93	
小　　计	10 704.57	12 157.98	9 012.14	10 915.01	42 789.70	
实收营业额	10 604.57	12 157.98	9 012.14	10 915.01	42 689.70	
现金短款	100.00				100.00	
现金长款						

会计主管：王立晖　　记账员：王春平　　复核：席勒　　制单：文正汇

（1）十里堡加盟门店财会部门根据每日营业结算明细表、现金送款单回单联所载进账金额，编制会计分录如下：

借：银行存款　39 746.77
　　总部往来——购物卡　2 942.93
　　待处理财产损溢——待处理流动资产损溢　100.00
　　贷：主营业务收入　37 080.23
　　　　应交税费——应交增值税（销项税额）　5 709.47

借：其他应收款——×责任人　100.00
　　贷：待处理财产损溢——待处理流动资产损溢　100.00

（2）十里堡加盟门店财会部门对于按照规定须将销货现款或银行卡转账金额转存到总部财会部门指定账户的金额，根据内部转账通知单及其所附的网银付款凭证，编制会计分录如下：

借：总部往来——营业款项　39 846.77
　　贷：银行存款　39 846.77

（3）总部财会部门收到十里堡加盟门店转来营业现款和银行卡到账金额后，根据内部转账通知单及其所附银行进账单回单联或者网银收款凭证，编制会计分录如下：

借：银行存款　39 846.77
　　贷：基层往来——营业款项　39 846.77

（4）2016 年 5 月 31 日，十里堡加盟门店财会部门按照每日营业收入金额，填制内部转账通知单和营业收入汇总表（如表 3－23 所示）并结转给总部财会部门，同时对于总部销售的购物卡消费金额部分，应根据消费明细单据及时造册登记，据以编制内部转账通知单反映购物卡消费金额。财会部门编制会计分录如下：

表 3－23　　**营业收入汇总表**

门店名称：十里堡加盟门店　　2016 年 5 月　　单位：元

项　目	金　额	项　目	金　额
销售总金额	4 000 000.00	中间收款	30 300.00
服务总金额	1 000 000.00	抽屉现款	3 104 000.00
营业收入总计	5 000 000.00	扣备用金	1 200.00
销售总成本	2 500 000.00	现金净额	3 133 100.00
服务总成本	600 000.00	银　行　卡	1 781 100.00
营业成本总计	3 100 000.00	支　　票	
销售增值税	581 196.58	购　物　卡	85 800.00
服务增值税	56 603.77	小　　计	5 000 000.00
		实收营业额	4 999 900.00
		现金短款	100.00
		现金长款	

会计主管：王立晖　　记账员：王春平　　复核：席勒　　制单：文正汇　　制单日期：2016 年 5 月 31 日

借：主营业务收入　　4 362 199.65
　　应交税费——应交增值税（销项税额）　　637 800.35
　　贷：总部往来——营业款项　　4 914 200.00
　　　　　　　——购物卡　　85 800.00

（5）总部财会部门根据十里堡加盟门店定期转来内部转账通知单及其所附购物卡消费明细记录、营业收入汇总表所反映应定期结转的营业收入金额，编制会计分录如下：

借：基层往来——营业款项　　4 914 200.00
　　预收账款——购物卡　　85 800.00
　　贷：主营业务收入　　4 362 199.65
　　　　应交税费——应交增值税（销项税额）　　637 800.35

（6）十里堡加盟门店财会部门定期结转营业成本时，根据营业成本计算表并编制会计分录如下：

借：主营业务成本　　3 100 000.00
　　贷：库存商品　　2 500 000.00
　　　　原材料　　600 000.00

（7）十里堡加盟门店财会部门定期将营业成本转给总部财会部门时，根据内部转账通知单和营业收入汇总表，编制会计分录如下：

借：总部往来——营业成本　　3 100 000.00
　　贷：主营业务成本　　3 100 000.00

（8）总部财会部门对于十里堡加盟门店财会部门定期转来的营业成本金额，根据内部转账通知单和营业收入汇总表，编制会计分录如下：

借：主营业务成本　　3 100 000.00
　　贷：基层往来——营业成本　　3 100 000.00

四、基层门店买赠活动核算

买赠活动是指连锁商业企业基层门店对购买某种商品的消费者赠送某种商品实物的促销方式。其赠送的实物采取三种方式：第一种方式是赠送的商品与所促销的商品属于厂家同品种不同规格的商品；第二种方式是赠送的商品与所促销的商品属于不同类别或品种的门店单独采购的商品；第三种方式是赠送的商品属于厂家提供的配套商品或者新品。由于赠送方式的不同，不同买赠活动的会计处理不尽相同。

（一）赠品属于厂家同类或同品种商品核算

若连锁商业基层门店促销赠品属于厂家同类或同品种商品而只是规格型号不同，则赠品的销售与所促销商品的销售其性质是一样的。连锁商业应该按照税法的规定，以总销售金额按照各个商品的公允价值比例分摊各个商品的销售金额。借记“银行存款”科目，贷记“主营业务收入”科目和“应交税费——应交增值税（销项税额）”明细科目。定期结转营业成本时，仍按照原采购价格，借记“主营业务成本”科目，贷记“库存商品”科目。

例题 3－14：北京亚美连锁商业有限责任公司所属丰台门店采用买一桶 5L 压榨花生油

送1L清香花生油的组合销售方式，共计销售1 000组。5L压榨花生油每桶原售价100元，1L清香大豆油每桶原售价20元；组合后的销售价格87元。收到款项已经存入开户银行并收到现金送款单回单联、每日营业结算明细表。财会部门编制会计分录如下：

借：银行存款　　87 000.00
　　贷：主营业务收入　　74 358.97
　　　　应交税费——应交增值税（销项税额）　　12 641.03

定期结转营业成本时，仍按照原采购价格5L压榨花生油每桶70元、1L清香大豆油每桶10元的价格，编制会计分录如下：

借：主营业务成本　　80 000.00
　　贷：库存商品——食用油（5L压榨花生油）　　70 000.00
　　　　　　　　——食用油（1L清香大豆油）　　10 000.00

（二）赠品属于门店自采商品的核算

连锁门店若采用自采的商品配合某种或者某类商品的促销活动，按照增值税法的规定，应视同为商品的销售，按照自采商品的采购成本，借记“销售费用”科目，贷记“主营业务收入”科目和“应交税费——应交增值税（销项税额）”明细科目。定期结转营业成本时，仍按照原采购价格，借记“主营业务成本”科目，贷记“库存商品”科目。

例题3-15：北京亚美连锁商业有限责任公司所属丰台门店采用买一桶5L压榨花生油送4联装白羽牌香皂的组合销售方式，共计销售1 000组。5L压榨花生油每桶零售价100元，4联装白羽牌香皂每组原售价15元。收到款项已经存入开户银行并收到现金送款单回单联、每日营业结算明细表。财会部门编制会计分录如下：

借：银行存款　　100 000.00
　　贷：主营业务收入　　85 470.09
　　　　应交税费——应交增值税（销项税额）　　14 529.91
借：销售费用——促销费用　　15 000.00
　　贷：主营业务收入　　12 820.51
　　　　应交税费——应交增值税（销项税额）　　2 179.49

定期结转营业成本时，仍按照原采购价格5L压榨花生油每桶70元、4联装白羽牌香皂每组10元的价格进行结转，编制会计分录如下：

借：主营业务成本　　80 000.00
　　贷：库存商品——食用油（5L压榨花生油）　　70 000.00
　　　　　　　　——香皂（4联装白羽牌香皂）　　10 000.00

（三）厂家提供促销赠品核算

若连锁商业基层门店促销赠品属于厂家提供的配套产品或者是投放市场的新品，而接收促销赠品的连锁商业企业并未对这些赠品进行相关款项的支付，连锁商业并不存在对这些赠品的所有权，因而对于厂家提供的赠品应该在备查簿上进行登记。随同促销商品赠送后，直接减少备查簿上的原有库存数据。对于所促销的商品，按照其销售价格，借记“银行存款”

科目，贷记“主营业务收入”科目和“应交税费——应交增值税（销项税额）”明细科目。定期结转营业成本时，仍按照原采购价格，借记“主营业务成本”科目，贷记“库存商品”科目。

例题 3－16：北京亚美连锁商业有限责任公司所属丰台门店采用买一桶 5L 压榨花生油送 1L 清香花生油的组合销售方式，共计销售 1 000 组。5L 压榨花生油每桶原售价 100 元，1L 清香大豆油非卖品每桶价值 20 元。收到的 1L 清香大豆油非卖品已经在库存商品备查簿上进行登记。收到款项已经存入开户银行并收到现金送款单回单联、每日营业结算明细表。财会部门编制会计分录如下：

借：银行存款　　100 000. 00

　贷：主营业务收入　　85 470. 09

　　应交税费——应交增值税（销项税额）　　14 529. 91

定期结转营业成本时，仍按照原采购价格 5L 压榨花生油每桶 70 元的价格进行结转，编制会计分录如下：

借：主营业务成本　　70 000. 00

　贷：库存商品——食用油（5L 压榨花生油）　　70 000. 00

同时，财会部门还应在库存商品备查簿上减少 1L 清香大豆油非卖品的库存数量，并在销售活动结束后将剩余赠品退回厂家。

五、基层门店低价换购核算

低价换购是指连锁商业企业的基层门店在消费者购买一定数额的商品后，可以用较低的价格换购到某种商品的促销方式。在低价换购业务中，财会部门对消费者按照正常销售价格购买商品的部分，应该还按照正常销售价格确认商品销售收入并定期结转销售成本；而对于换购商品部分，需要按照换购价格确认商品销售收入并按照原采购成本定期结转销售成本。

例题 3－17：北京美林连锁商业有限责任公司所属苹果园直营门店飘然护肤系列柜台在 5 月 1 日进行飘然护肤系列产品的促销活动，规定凡是在飘然护肤柜台消费满 300 元的客户，可凭购物小票外加 30 元得到洗面奶 1 瓶，其市场零售价格 70 元左右。经过计算机系统统计，当天飘然护肤柜台销售护肤系列和换购洗面奶情况如表 3－24 所示。

表 3－24　苹果园直营门店飘然护肤系列柜台销售和换购活动数据明细表

销货部门：飘然护肤系列柜台　　2016 年 5 月 1 日

商品编号	商品名称	规　格	销售数量（套，瓶）	不含税销售额（元）	增值税额（元）	销售成本（元）
69011407326008	飘然护肤系列	3 件/套	100	10 000. 00	1 700. 00	7 000. 00
69011404510103	飘然洗面奶	200g/瓶	70	1 794. 87	305. 13	2 800. 00
合　计				11 794. 87	2 005. 13	9 800. 00

苹果园直营门店财会部门根据飘然护肤系列柜台销售明细表、现金送款单回单联、每日营业结算表编制会计分录如下：

借：银行存款　　13 800. 00

　贷：主营业务收入　　11 794. 87

应交税费——应交增值税（销项税额）　　2 005.13

苹果园直营门店财会部门定期结转营业成本时，根据营业成本计算表编制会计分录如下：

借：主营业务成本　　9 800.00

　贷：库存商品——护肤护发品（飘然护肤系列）　　7 000.00

　　　　　　——护肤护发品（飘然洗面奶）　　2 800.00

第四节　连锁门店资金往来业务核算

连锁商业企业内部往来是指连锁商业企业内部不同单位之间的经济业务往来。连锁商业企业内部往来实质上是一种内部资金的往来。这种资金包括发生在连锁主体内部总部与配送中心及其基层门店之间、配送中心及其门店与总部之间、配送中心与基层门店或者基层门店之间的往来。所谓的内部往来核算，主要是指连锁企业总部与配送中心及其基层门店之间、配送中心及其门店与总部之间、配送中心与基层门店或者基层门店之间的资金转移核算。

连锁总部与各个基层门店之间以及各个基层门店之间资金往来及其核算，构成了连锁门店资金往来核算的主要内容。

连锁企业总部与基层门店之间的资金往来根据其性质的不同，可以分为物资的拨付与退回、资金的拨付与交回、清算资金的往来、定期向总部结转营业收入和营业成本。

连锁企业内部往来核算按照是否需要设置明细账进行核算，分为设置明细账核算和不设置明细账核算两种。

一、设置明细账的内部往来核算

连锁商业企业设置明细账的内部往来核算，是指连锁企业总部按照不同的基层门店或部门之间设置“基层往来明细账”，逐笔、序时登记所有内部往来的经济业务。对于总部记录的与基层部门的往来业务明细账和基层部门与总部往来业务记载的明细账一般都采取三栏式账页格式并逐笔登记。另外，总部财会部门要定期核对基层部门送来的“总部往来报告表”。若发现有问题，应及时查明原因并在次月初更正。在每个会计期末，总部财会部门必须对基层业务记录全部进行清对，无误后才能编制财务报表。

（一）内部往来核算科目设置

总部财会部门对基层单位设置“基层往来”明细科目；基层部门则设置“总部往来”明细科目与之对应。两个科目都是用来核算连锁企业内部资金往来的具体内容。

总部财会部门应设置“基层往来”核算科目，用来核算连锁企业总部与基层门店之间的业务往来。该科目的借方核算总部拨付给基层门店的资金款项，主要内容有：总部拨付给门店的商品、总部拨付给基层门店的现金或银行存款；总部拨付给基层门店的固定资产或周转材料；代门店支付的各项费用。该科目的贷方核算总部从基层门店收回的资金款项，主要内容有：各个门店交来的营业款；门店退还总部的商品；从门店或其他基层单位调回的固定资产或周转材料。该科目按照基层往来的具体业务名称设置明细分类科目进行明细核算。基层门店设置的“总部往来”与总部设置的“基层往来”科目其所记录的内容完全相同，只是记载的方向相反，两者之间存在着对应关系。总部“基层往来”科目统辖基层门店“总部往来”科目。

“总部往来”科目用来反映连锁企业各个基层门店之间、基层门店与总部之间的业务往来。基层门店应该设置“总部往来”科目。该科目贷方核算总部拨给基层门店的资金款项，主要包括：收到总部拨来的商品；收到总部拨来的现金或银行存款；收到总部拨来的固定资产或周转材料；总部代理门店支付的各项费用。该科目借方核算基层门店退还或者转给总部的资金款项，主要包括：向总部退还商品或者向其他门店调拨商品；送交总部营业款；总部从本门店调出的固定资产或周转材料；通过总部调拨给其他门店的商品、固定资产或周转材料。“总部往来”科目属于双重性质的会计科目。当其作为结算类科目使用时，该科目的期末借方余额表示门店对总部的债权；如果期末余额在贷方，则相当于对总部的债务。当其作为所有者权益类科目使用时，该科目的期末借方余额表示门店对总部的投资或者门店在总部所享有的权益；该科目的期末贷方余额表示总部在门店的投资或者总部在门店所享有的权益。该科目按照总部往来的具体业务名称设置明细分类科目进行明细核算。

原则上所有转账业务必须在每月结束前办理完毕，这也应该是连锁企业规定转账的最后截止日期。然而，根据不同连锁企业的具体管理需求，可以适当缩短办理转账业务的期限。在截止日期以后发生的转账业务，原则上归在次月或者下个转账截止期内进行处理并按照规定进行转账。

（二）直营门店内部往来核算

理论上讲，若连锁企业基层单位特别是直营门店“总部往来”科目与总部“基层往来”科目所应记载账目得以全部对应记载和反映，那么基层单位“总部往来”科目余额与总部“基层往来”科目余额必须核对相符。为了核对“总部往来”和“基层往来”核算科目的相关余额是否相符，连锁企业的各个基层单位特别是直营门店应当在月末或者总部统一规定的截止日期编制“总部往来报告表”。编制总部往来报告表的主要目的是：为总部财会部门提供详尽的内部往来内容，便于总部财会部门协调各个直营门店的会计处理；在核对总部“基层往来”科目与基层单位“总部往来”科目时，若发现有误，应及时查明原因，核对总部往来与相关基层单位往来的余额及其具体借贷金额，分析判断余额不符的原因是属于会计处理过程中的疏漏或者错误所造成，还是属于未达账项原因所致。换句话说，如果基层单位“总部往来”科目余额与总部“基层往来”科目余额核对相符，且具体借贷金额核对相符，则对账工作可以结束；若基层单位“总部往来”科目余额与总部“基层往来”科目余额核对不符，则必须对具体借贷金额逐笔进行核对，并查找原因。总部财会部门编制本月财务报表时，“总部往来”科目余额与“基层往来”科目余额彼此相互抵消。总部往来报告表的格式如表 3 - 25 所示。

表 3－25　　　　总部往来报告表

基层门店名称：解放路直营门店

核定编号：0701　　　　单位：元

行次	转账通知单编号	对方科目		总部往来		备注
		总账科目	明细科目	借方金额	贷方金额	
1	2016120001	库存商品			31 550 000.00	
2	2016120002	库存商品			10 113 000.00	
3	2016120003	库存商品		5 707.00		
4	2016120004	银行存款		4 339 846.77		
5	2016120005	主营业务收入			4 273 504.27	
6	2016120006	主营业务成本		3 100 000.00		
7	2016120007	销售费用	职工薪酬	60 177.54		
8	2016120008		广告费	10 333.40		
9	2016120009		水电费	17 687.54		
10	2016120010		运输费	31 001.97		
11						
12						
13	本月合计			7 564 754.22	45 936 504.27	
14	月初余额			10 554 777.19		
15	月末余额				27 816 972.86	

财会负责人：樊闽符　　　　审核：章舒淼　　　　制单：诸葛西京

（三）加盟门店内部往来核算

如前所述，总部与加盟门店是两个在法律意义上彼此独立的经济实体，且从本质上看，总部与加盟门店之间的资金往来关系，反映的是不同经济实体之间的债权债务关系。从工作程序上讲，在总部财会部门规定的转账截止日期之前，总部财会部门与加盟门店财会部门应分别计算“基层往来”和“总部往来”科目的明细金额；加盟门店以各个明细科目的余额为基础编制“总部往来报告表”；总部财会部门根据加盟门店转来的“总部往来报告表”，核对“总部往来”与“基层往来”明细科目发生额；核对无误后，总部财会部门编制本期财务报表。需要说明的是，与直营门店核算不同，加盟门店财会部门在编制“总部往来报告表”过程中，以上两个明细科目的相关金额不得相互抵消。

通常情况下，期末加盟门店“总部往来”科目应是借方余额，而总部财会部门“基层往来”科目应是贷方余额。这是由于当加盟门店按照内部调拨价格从连锁企业配送中心调入商品时，加盟门店财会部门都会贷记“总部往来”科目，而总部财会部门都会借记“基层往来”科目。而当基层门店完成商品销售并将销货款解交到连锁企业总部指定的银行存款账户时，加盟门店财会部门会借记“总部往来”科目，贷记“基层往来”科目。由于正常销售条件下，商品的销售价格总会大于商品的购买价格，加盟门店所获得的商品销售毛利，反映在内部往来账上就是“总部往来”科目的借方余额和“基层往来”科目的贷方余额之差，即“销售价格”与“购买价格”的差额。

加盟门店只有预期获得了预期的毛利，才愿意投资加盟连锁企业，这就要求加盟门店划转到连锁企业总部的销售款必须大于进货价格，而反映在会计账簿上就是加盟门店“总部往来”科目是借方余额而总部“基层往来”科目是贷方余额。这一余额对于加盟门店而言，是一项对连锁企业总部的债权；而对于总部而言，则意味着对加盟门店的一项债务。如果加盟门店“总部往来”期末余额在贷方，则是属于非正常情形。这是因为期末“总部往来”科目是贷方余额、那么“基层往来”科目应该是借方余额，且这个余额对加盟门店来说是一项对总部的债务，而总部对加盟门店来说是一项债权。总部应该对这一余额进行客观分析并做出判断与会计处理。

总部财会部门在编制财务报表时，为了正确反映连锁企业与加盟门店之间的债权债务关系，总部应将加盟门店“基层往来”明细科目中属于贷方余额的作为应付账款性质披露；而属于借方余额的作为应收账款性质披露。而加盟门店在编制自身财务报表时，同样将加盟门店“基层往来”明细科目中属于贷方余额的作为应付账款性质披露；而属于借方余额的作为应收账款性质披露。

二、不设置明细账的内部往来核算

若连锁企业的规模相对比较小或者业务内容比较简单的话，为了避免设置往来明细账所带来的会计核算工作量加大，可以采取不设置内部往来明细账的简易核算办法，即采取总部财会部门的基层往来明细核算被各个基层部门提供的“总部往来报告表”取代。总部财会部门对各个基层部门的资金往来根据其性质进行以下分类建议：物资往来、资金往来、定期结转损益。若总部财会部门能够定期提供以上内容汇总资料数据，就能够核对基层部门编制的“总部往来报告表”数据，并保证会计处理结果的正确无误。

总部财会部门对于物资往来部分，可以根据各个门店商品的领退，采取月末一次或者固定日期结转的办法。具体来说，就是连锁企业配送中心的库房每次领退商品均记入库存商品明细账，其财会部门在月末或者固定日期汇总后一次转账。配送中心财会部门向总部财会部门报送的“商品（或周转材料）拨付退回汇总表”的格式如表3-26所示。

表3-26　商品（或周转材料）拨付退回汇总表

代号：01、02

2016年5月31日

单位：元

行次	基层门店		拨付物资金额	退回物资金额	凭证张数	核对及备注
	门店编号	门店名称				
1	001	解放路直营门店	41 663 000.00	5 707.00	43	√
2	002	广渠门直营门店	76 800 911.00		51	√
合计			118 463 911.00	5 707.00	94	√

财会负责人：封利国　　审核：秦辉石　　制单：陈春英

对于其中的货币资金往来部分，总部财会部门的出纳人员在向基层门店拨付或者交回货币资金的时候，按照收付款核算程序及时编制会计凭证，逐笔序时登记现金日记账或银行存款日记账，同时根据科目汇总表汇总登记“库存现金”、“银行存款”、“基层往来”总分类账户。月末或者在固定日期由总部财会部门的出纳员按照基层单位名称进行整理，汇总编制“现金（或银行存款）拨付交回汇总表”，凭此进行对账。“现金（或银行存款）拨付交回汇总表”的格式如表3－27所示。

表3－27　　现金（或银行存款）拨付交回汇总表　　代号：03、04

年　月　日　　单位：元

行　次	基层门店		拨付货币金额		交回货币金额		凭证张数	核对及备注
	门店编号	门店名称	库存现金	银行存款	库存现金	银行存款		
合　计								

财会负责人：　　审核：　　制单：

对于定期结转损益，总部财会部门和基层门店财会部门于月末或者固定日期自行编制会计凭证入账，不必填发“内部转账凭证”。总部财会部门对于定期结转的往来数字，也可以直接根据基层门店的财务报表进行核对。

总部财会部门与所属门店财会部门核对“总部往来报告表”的方法主要有核对所有门店同一科目和核对同一门店所有科目两种方法。

（一）核对所有门店同一科目数据

在总部财会部门不设置内部往来明细账的前提下，基层门店应在月末或者规定的截止日期编制“总部往来报告表”；当基层门店按照规定日期报齐“总部往来报告表”后，总部财会部门对所有基层门店“总部往来报告表”中某一会计科目的数据集中汇总在同一张表格中，并与某一汇总数字核对是否相符。如核对“库存商品”科目金额时，应采集各个基层门店“总部往来报告表”中“库存商品”科目数据，形成“基层门店库存商品往来汇总表”中的借方金额和贷方金额；而后根据“基层门店库存商品往来汇总表”中的借方金额与“商品拨付退回汇总表”中退回金额核对是否相符；同时根据“基层门店库存商品往来汇总表”中的贷方金额与“商品拨付退回汇总表”中拨付金额核对是否相符。若发现某基层门店报告表与总部财会部门汇总表数字不符，应及时查找原因并更改纠正。原则上以总部数字为准，据此通知各个基层门店调整下一个月相应的会计科目数据。“基层门店库存商品往来汇总表”的格式如表3－28所示。

表 3 - 28

基层门店库存商品往来汇总表

2016 年 5 月 31 日

单位：元

行次	门店编号	门店名称	代号	会计科目	借方金额	贷方金额
1	001	解放路直营门店	01	库存商品	5 707.00	41 663 000.00
2	002	广渠门直营门店	01	库存商品		76 800 911.00
合计					5 707.00	118 463 911.00

财会负责人：董盖卓　　审核：王益宫　　制单：黄殿晨

（二）核对同一门店所有科目数据

在实际工作中，可能会出现不同基层门店“总部往来报告表”报送日期不一致的问题，这时可用对已经报送的基层门店进行个别核对的方式，核对同一门店的所有科目的数据。采用该方法的时候，总部财会部门按照各个基层门店单独编制的“基层门店往来汇总表”，按照代号排列会计科目顺序；而后与基层门店报送的“总部往来报告表”相对应的行次或编号的相同会计科目进行核对。核对结果必须符合以下两个标准：一是总部财会部门“基层门店往来汇总表”的拨付（借方）金额应该与基层门店“总部往来报告表”贷方金额数据相符；二是总部财会部门“基层门店往来汇总表”的交回（贷方）金额应该与基层门店“总部往来报告表”借方金额数据相符。“基层门店往来汇总表”的格式如表 3 - 29 所示。

表 3 - 29

基层门店往来汇总表

门店名称：解放路直营门店　　2016 年 5 月 31 日　　单位：元

行次	门店编号	代号	会计科目	拨付（借方）金额	交回（贷方）金额	核对及备注
1	001	01	库存商品	41 663 000.00	5 707.00	√
2	001	05	银行存款		4 339 846.77	√
3	001	10	主营业务收入	4 273 504.27		√
4	001	11	主营业务成本		3 100 000.00	√
5	001	19	销售费用		119 200.45	√
合计				45 936 504.27	7 564 754.22	√

财会负责人：董盖卓　　审核：王益宫　　制单：黄殿晨

三、连锁总部向加盟门店和供货商收取费用核算

连锁商业企业在其经营过程中，总部往往会向加盟门店收取加盟费、管理费和广告费，同时其总部还会向供货商收取进场费和场地或柜台的租金费用。由于加盟门店和供货商都属

于具有独立法人资格的经营实体，因而连锁商业企业向加盟门店和供货商收取费用应该按照规定计入当期的营业收入项目，或者是冲减当期的期间费用项目。

（一）加盟连锁特许经营权核算

在加盟连锁中，总部对加盟门店具有经营权和管理权，但并不对加盟门店拥有财产所有权。加盟门店不但具有独立法人资格，而且还可以根据需要实行独立核算。根据加盟合同的规定，加盟门店以销售额的一定比例向连锁企业总部支付特许的与经营活动有关的特许权使用费，并计入管理费用项目；连锁企业总部则对收到的加盟门店交来的特许权使用费，计入其他业务收入项目。特许经营权是特许人授予受许人的某种权利。在该权力之下，受许人可以在约定的条件下使用特许人的某种工业产权或知识产权。而这种工业产权或知识产权，可以是单一的业务元素，像商标权或专利权；还可以是若干业务元素的组合，如产品制作工艺或流程；或者是所有要素的组合，例如快餐店、洗衣店的经营等。加盟连锁特许经营权的主要内容涉及品牌的特许经营、商标的特许经营、专利或专有技术的特许经营、产品的特许经营等。

连锁企业总部对加盟门店特许经营权的授予收益，主要是采取收取加盟费、管理费和广告费的方式进行。加盟费是特许经营模式中特许人为加盟者提供培训、管理、转让无形资产所应获得的经济补偿，在连锁门店加盟前一次全额缴付；后续费用则主要是管理费用和广告费用。对于前期收取的加盟费，连锁企业总部应向加盟门店开具增值税专用发票，并根据增值税专用发票记账联和网银收款凭证或银行进账单第一、第三联，借记“银行存款”科目，贷记“其他业务收入”科目和“应交税费——应交增值税（销项税额）”明细科目。支付加盟费的基层门店则根据增值税专用发票的发票联和抵扣联、网银付款凭证或转账支票存根，借记“无形资产”科目和“应交税费——应交增值税（进项税额）”明细科目，贷记“银行存款”科目。而后续管理和广告费用的支付，连锁总部财会部门应借记“银行存款”科目，贷记“其他业务收入”科目。支付管理和广告费用的基层门店则借记“管理费用”科目和“销售费用”科目，贷记“银行存款”科目。

例题 3-18：北京家辉连锁商业有限责任公司按照加盟合同规定向加盟民族路门店收取加盟费 377 358.49 元，应纳增值税额 22 641.51 元。相关款项已经通过网银结算并收到网银收款凭证、增值税专用发票记账联。总部财会部门编制会计分录如下：

借：银行存款——网银结算	400 000.00	
贷：其他业务收入		377 358.49
应交税费——应交增值税（销项税额）		22 641.51

加盟民族路门店根据总部转来增值税专用发票的发票联和抵扣联、网银付款凭证，编制会计分录如下：

借：无形资产——特许经营权	377 358.49	
应交税费——应交增值税（进项税额）	22 641.51	
贷：银行存款——网银结算		400 000.00

例题 3-19：北京家辉连锁商业有限责任公司按照加盟合同规定定期向民族路加盟门店收取管理费用 100 000 元，广告费用 50 000 元。相关款项已经通过网银结算并收到网银收款

凭证、增值税普通发票记账联及内部转账通知单。总部财会部门编制会计分录如下：

借：银行存款——网银结算　　150 000.00

　　贷：其他业务收入　　100 000.00

　　　　销售费用——广告费　　50 000.00

民族路加盟门店根据总部转来增值税专用发票的发票联和抵扣联、网银付款凭证，编制会计分录如下：

借：管理费用——加盟费　　100 000.00

　　销售费用——广告费　　50 000.00

　　贷：银行存款——网银结算　　150 000.00

（二）向供货商收取费用核算

连锁总部向供货商收取费用是连锁企业提供服务劳务后应该获取的收入，主要是管理费、进场费、广告促销费、展示费和商品上架费。由于这些费用开支与商品的销售额并没有非常直接的联系，因而在会计处理上不能直接冲减期间费用或者营业成本项目，而是作为连锁商业企业的其他业务收入处理。从其原因来分析，作为统一管理的连锁企业总部需要采取各种促销和宣传手段对连锁基层门店的柜面进行装潢和布置，并定期印制发放大量促销宣传广告，从而需要投入大量资金支持。连锁商业企业为了弥补费用开支的不足，客观上需要向供货商收取一定的费用，特别是管理费、进场费、广告促销费、展示费和商品上架费用。其中，进场费是最主要的费用开支，是许多供货商与连锁商业企业合作的基本条件。连锁商业企业总部向供货商收取进场费时，应向对方开具增值税普通发票，并根据银行进账单第一、第三联，增值税普通发票记账联，借记“银行存款”科目，贷记“其他业务收入”科目和“应交税费——应交增值税（销项税额）”明细科目。

例题 3－20：北京家辉连锁商业有限责任公司按照加盟合同规定向供货商苏州三峰电器制造有限责任公司收取进场费 377 358.49 元，应纳增值税额 22 641.51 元。总部财会部门根据银行进账单第一、第三联、增值税普通发票记账联，编制会计分录如下：

借：银行存款　　400 000.00

　　贷：其他业务收入　　377 358.49

　　　　应交税费——应交增值税（销项税额）　　22 641.51

（三）连锁门店专柜出租业务核算

专柜出租是指连锁商业企业的基层门店对卖场内外的部分区域或柜台出租给其他商户经营并收取租赁费用的一种经营行为。连锁门店应与承租方签订场地或柜台租赁合同，约定出租的场地或柜台位置及其面积、设计装修、租赁期限、租金费用、场地管理和结算方式。连锁门店由于出租场地或者柜台所取得的租金与承租方商品销售数量并无直接关系，且连锁门店向承租方收取的租金日期比较固定；在向承租人收取租金的同时还要提供一定的服务劳务。连锁门店通过网银结算或者转账支票结算方式获得租金收入时，借记“银行存款”科目，同时贷记“其他业务收入”科目和“应交税费——应交增值税（销项税额）”明细科目。

例题 3－21：北京家辉连锁商业有限责任公司按照柜台租赁合同规定本月向供货商北京稻秋香食品有限责任公司收取租赁费 188 679. 24 元，应纳增值税额 11 320. 76 元。总部财会部门根据银行进账单第一、第三联，增值税普通发票记账联，编制会计分录如下：

借：银行存款	200 000. 00	
贷：其他业务收入		188 679. 24
应交税费——应交增值税（销项税额）		11 320. 76

第四章

进出口贸易业务核算

进出口贸易是指跨越国境的货物和服务交易，由进口贸易和出口贸易组成。进出口贸易还可称作国际贸易或者世界贸易。进出口贸易亦属商品流通范围，与国内贸易在性质上并无不同，但由于它是在不同国家或地区间进行的，所以与国内贸易相比具有以下一些主要特征。

1. 进出口贸易会涉及不同国家或地区，在政策、法律体系方面可能存在差异和冲突，语言文化、社会习俗等方面存在差异，所涉及的问题远比国内贸易复杂得多。

2. 进出口贸易的交易数量和金额一般会较大，运输距离较远，履行时间较长，因此交易双方承担的风险远比国内贸易要大。

3. 进出口贸易容易受到交易双方所在国家的政治、经济变动，双边关系及国际局势变化等因素的影响。

4. 进出口贸易除了交易双方外，还需涉及运输、保险、银行、商检、海关等部门的协作、配合，过程较国内贸易要复杂得多。

第一节　进口贸易业务核算

进口贸易业务是指商品流通企业以外汇或者人民币在国外市场上直接采购商品或者进口劳务，以满足国内居民消费需求的国际贸易业务，或者说是将国外商品或劳务输入到国内市场销售的国际贸易活动。

一、进口贸易的主要贸易方式

进口贸易的主要贸易方式有自营进口、代理进口、易货贸易进口、国家调拨进口和专项外汇进口。其中，自营进口业务是指商品流通企业用自营外汇或外汇借款进口商品并销售给国内客户的贸易方式。自营进口业务的盈亏由商品流通企业自行负担。代理进口业务是指根据委托人的授权，以自己的名义为委托人设定权利和义务，而受托人依照代理进口商品的到岸价格向委托人收取一定比例手续费的贸易方式。代理进口业务由委托人承担风险并享受收益金额。易货贸易是指在换货的基础上，把等值的出口货物和进口货物直接结合起来的贸易方式。国家调拨进口是指具有进口贸易权限的政府控股企业，根据政府国民经济政策调控需要以中央外汇储备进口商品，并由政府规定国内调拨价格的贸易方式。专项外汇进口是指商品流通企业由于代理进口、贸易专项、承包劳务、捐赠劳务、专项代理、国际货运、国际汇兑、国际旅行社、免税商品及暂收待付业务需要在国内开立并使用外汇专用账户及承包劳务而需要在境外开立并使用外汇专项账户的进口贸易方式。

二、进口贸易的主要价格术语

国际贸易术语又称作国际贸易条件，是进出口商品价格的一个重要组成内容，通常是由一个简短的解释的英文缩写字母组成，用以解释国际贸易商品价格的构成和交易双方各自承担的费用、义务、责任及其风险。在进口贸易中，经常会使用离岸价格（FOB）、成本加运费价格（CFR）和到岸价格（CIF）三个最基本的价格术语。

离岸价格又称作船上交货（指定装运港）条款，英文缩写 FOB，是指当货物于指定装运港越过船舷时，卖方即完成其交货义务。这意味着买方从此时起，应负担一切费用和货物灭失及损坏的风险。也就是说在货物于指定装运港越过船舷时，该货物所有权上的主要风险和报酬就转移给买方了。

成本加运费价格，英文缩写 CFR，是指卖方必须在合同规定的装运期内，在装运港将货物交至运往指定目的港的船上，并负责货物的一切费用和货物灭失或损坏的风险，同时还要负责租船和订舱以及支付抵达目的港的正常运费。CFR 是在 FOB 价格的基础上加上装运港至目的港的正常运费。

到岸价格又称作成本加运保费（指定目的港）条款，英文缩写 CIF，是指卖方除负有在 CFR 条款下的同样义务外，还必须就运输中买方负担的货物灭失或损坏的风险对货物保险。卖方签订保险合同并支付保险费。卖方的责任自货物越过在目的港的船舷时起转移给购买方。也就是说在货物于指定目的港越过船舷时，该货物所有权上的主要风险和报酬就转移给买方了。

离岸价格 FOB、成本加运费价格 CFR 和到岸价格 CIF 三个最基本的价格术语比较（如表 4－1 所示）。

表 4－1　离岸价格 FOB、成本加运费价格 CFR 和到岸价格 CIF 价格术语比较

价格术语	交货点划分	风险界限划分规定	主要责任				费用开支	
			办理运费	办理保险	出口清单	进口清单	支付运费	支付保险
FOB	启运港船舷	指定启运港超过船舷	买方	买方	卖方	买方	买方	卖方
CFR	目的港船舷	指定目的港超过船舷	卖方	买方	卖方	买方	卖方	卖方
CIF	目的港船舷	指定目的港超过船舷	卖方	卖方	卖方	卖方	卖方	卖方

三、进口贸易业务程序

1. 进口贸易前准备工作。商品流通企业根据国内商品需求状况或者客户的委托，并考虑国外市场商品价格和出口商的资信来确定进口商贸易业务。对于国家规定必须申请进口许

可证的进口商品，商品流通企业必须按照规定申请并领取进口证，然后与国内客户签订供货合同，明确进口商品的名称、规格、质量、价格、交货日期及其结算方式。

2. 签订进口贸易合同。商品流通企业与国内客户签订供货合同的同时，与国外出口商通过询盘、发盘、还盘与反还盘、接受四个重要工作环节进行磋商，并在磋商成功的基础上与国外出口商签订进口贸易合同。

3. 开立国际信用证。商品流通企业根据进口贸易合同规定的日期，向其所在地的外汇银行申请开立国际信用证，且国际信用证的内容必须与进口贸易合同条款相一致。

4. 督促出口商及时发货和办理必要的手续。开立国际信用证后，商品流通企业在合同规定的交货期前，应督促出口商及时备货与按时装船。若是以离岸价格成交的合同，商品流通企业应负责办理租船订舱并及时将船名、船期通知出口商；若以到岸价格成交的合同，商品流通企业还应该负责办理货运保险。租船订舱工作通常是委托经营国际海洋运输和国际航空运输的公司进行办理。而货运保险工作则是指商品流通企业收到出口商的装船通知后，应立即将船名、开船日期、提货单号码、商品名称、数量、启运港、目的港等重要信息通知保险公司，据以办理货运保险。

5. 审核单据和付款赎单。商品流通企业在收到银行转来国外出口商全套结算单据后，对照开出的国际信用证，核对结算单据的种类、份数和内容。确认无误后，凭全套结算单据向开证银行办理进口付款赎单手续。若发现单证不符，应及时通知开证行全部或者部分拒付款项。

6. 报关和接运商品。进口商品到达后，应及时办理报关和商品接运手续，计算交纳进口关税和消费税、增值税，还有港口费用开支。

7. 进行商品检验和索赔。商品流通企业进口商品按照规定应进行进口商品检验工作，若发现商品数量、品种、规格、质量、包装方式与合同规定不符，应立即通知商品检验部门出具商品检验证明书，据以在合同规定的期限内，根据造成损失的原因和程度向出口商、运输公司和保险公司进行索赔。

8. 对内销售和结算。商品流通企业收到进口商品后，应根据合同向国内客户开出销货发票并办理结算。

四、进口贸易业务核算

（一）自营进口商品核算

1. 国际信用证结算方式下进口商品核算。商品流通企业进口国外商品主要采用国际信用证结算方式。企业收到开证银行转来国外全套进口结算单据时，与信用证或合同条款核对，并通过开证银行向国外出口商承付款项，按照折合人民币金额借记“在途物资”科目，购入外汇支付的人民币金额与购入外汇折合的人民币金额之间的差额，借记“财务费用——汇兑损益”明细科目，按照购入外汇支付的人民币金额贷记“银行存款”科目；需要支付国外运费和保险费时，借记“在途物资”科目，贷记“银行存款”科目。进口商品到达国内口岸时，企业应向海关申报缴纳进口关税、消费税和增值税时，借记“在途物资”科目，贷记“应交税费——应交消费税”、“应交税费——应交进口关税”明细科目；收到海关转来完税凭证上注明的增值税额，借记“应交税费——应交增值税（进项税额）”或者

"应交税费——应交消费税"、"应交税费——应交进口关税"明细科目，贷记"银行存款"科目。进口商品采购结束验收入库并结转采购成本时，借记"库存商品"科目，贷记"在途物资"科目。

进口商品的采购成本以进口商品的到岸价格为基础。凡进口合同以 FOB 或者 CFR 价格成交的，商品离开对方口岸后，由进口企业负担的国外运费、保险费均作为进口商品的国外进价入账。商品流通企业收到的能够直接认定的进口商品佣金，冲减进口商品的国外进价；不能直接认定的进口商品佣金，冲减销售费用。进口商品到达国内口岸后发生的运输费、装卸费、保险费等进货费用不能计入进价，而直接计入当期损益。进口税金是指计入进口商品成本的各种税金，包括在海关征收的进口关税和消费税。进口商品在国内销售环节缴纳的各种税款不计入商品采购成本。

例题 4-1：北京星燕体育用品进出口公司从美国康斯敏斯体育制品公司进口康斯敏斯高尔夫球杆 100 支，FOB 报价 10 000 美元。

（1）2016 年 6 月 7 日，按照规定，北京星燕体育用品进出口公司向开证银行交存人民币 18 945 元，申请开立面值 3 000 美元国际信用证并寄往美国康斯敏斯体育制品公司开户银行。当日外汇银行美元卖出价 1 美元 = 6.315 元人民币，美元中间价 1 美元 = 6.303 元人民币。财会部门编制会计分录如下：

借：其他货币资金——国际信用证　　18 945.00
　　贷：银行存款　　18 945.00

（2）2016 年 6 月 11 日，北京星燕体育用品进出口公司收到开证银行转来全套进口结算单据，审核无误同意付款。付汇单据如表 4-2 所示。当日外汇银行美元卖出价 1 美元 = 6.315 元人民币，美元中间价 1 美元 = 6.303 元人民币。根据有关原始单据，编制会计分录如下：

借：在途物资——美国康斯敏斯体育制品公司　　63 030.00
　　财务费用——汇兑损益　　120.00
　　贷：其他货币资金——国际信用证　　18 945.00
　　　　银行存款　　44 205.00

（3）2016 年 6 月 12 日，北京星燕体育用品进出口公司支付国外运费和保险费 1 000 美元。当日外汇银行美元卖出价 1 美元 = 6.316 元人民币，美元中间价 1 美元 = 6.301 元人民币。根据有关原始单据，编制会计分录如下：

借：在途物资——美国康斯敏斯体育制品公司　　6 301.00
　　财务费用——汇兑损益　　15.00
　　贷：银行存款　　6 316.00

（4）2016 年 6 月 15 日，北京星燕体育用品进出口公司收到美国康斯敏斯体育制品公司汇来佣金 500 美元。当日外汇银行美元买入价 1 美元 = 6.291 元人民币，美元中间价 1 美元 = 6.303 元人民币。根据有关结汇单据，编制会计分录如下：

借：银行存款　　3 145.50
　　财务费用——汇兑损益　　6.00
　　贷：在途物资——美国康斯敏斯体育制品公司　　3 151.50

（5）2016 年 6 月 17 日，北京星燕体育用品进出口公司向海关履行报关手续，申报应缴

表 4-2　　　　中国工商银行　　　对外付款/承兑通知书　　　LC0610237190087

银行业务编号：SB0610213000615　　　　日期：2016-6-11

结算方式	■ 信用证 □ 保函 □ 托收 □ 其他	信用证/保函编号	LC0610237190087
来单币种及金额	USD 10 000.00	开证日期	2016 年 6 月 7 日
索汇币种及金额	USD 10 000.00	期 限　0	到期日　2016-6-11
来单行名称	BANK OF CHINA (LOS ANGELES) LIMIT	来单行编号	237C13EL01734051
收款人名称	CON YASMINE J SPORTS PROTUCTS CO., LTD.		
收款行名称及地址	BANK OF CHINA (LOS ANGELES) LIMIT 444 South Flower St., 39th Fl, Los Angeles, CA 90071		
付款人名称	北京星燕体育用品进出口公司	个人身份证号码	
组织机构代码	57269216-9	□ 中国居民个人	□ 中国非居民个人
扣费币种及金额			
合同号	F-MF-09147-0916-07	发票号	
提运单号		合同金额	USD 3 000.00

银行附言：

上述信用证下单据已到。

按照信用证条款和国际商会《跟单信用证统一惯例》(2007 年修订版)第 600 号出版物规定，我行正在审核。

如单证相符，我行将按照规定对外承兑/付款；如单证不符，我行将另行通知。

请贵司准备资金或保证指定账户余额足以支付。

单据清单如下：

Draft	inycice	B/L (AWB)	N/N B/L	P/L	I/P	insp. C/Qut	C/Qul orgin	C/Benef	fax
2	2			2	2			1	

Others　3 AWB　1　copy

Sh116114

申报号码	301215-0001-04-030111-E003	实际付款币种及金额	USD 3 000.00
付款编号	150610213000270　　A30610 213600718	若购汇及其汇率	
收款人常驻国家名称及代码	美国　　344	本笔款项是否保税货物下付款	□是　□否
是否为预付货款	□ 是 ■ 否	外汇局批件号/备案表号/业务编号	
付款币种及金额	USD 3 000.00	金额大写	美元叁仟元整
购汇金额	USD 3 000.00	账　号	6270 3135 2122 657
现汇金额		账　号	
其他金额		账　号	
交易编码	101810　　币种及金额　USD 3 000.00	交易附言	进口高尔夫球杆

■ 同意即期付款

□ 同意承兑并到期付款

□ 申请拒付

付款人签章（预留银行印鉴）　北京星燕体育用品进出口公司 财务专用章

银行业务章　中国工商银行股份有限公司北京东四支行 信用证专用章 107

联系人及电话 乾修竹 139××××××××

申请日期　2016 年 6 月 11 日

经办人 唐 升　　复核人 刘彦军　　负责人 石艳辉

纳进口关税 6 617.95 元［(63 030.00 + 6 301.00 − 3 151.50) × 10%］；进口消费税 8 088.61 元 (66 179.50 + 6 617.95) ÷ (1 − 10%)；进口增值税 13 750.63 元［(66 179.50 + 6 617.95 + 8 088.61) × 17%］。报关单付汇证明联如表 4 − 3 所示。财会部门根据税款申报单据编制会计分录如下：

借：在途物资——美国康斯敏斯体育制品公司	14 706.56	
贷：应交税费——应交进口关税		6 617.95
——应交消费税		8 088.61

表 4 − 3　　报关单证明联第一次打印　　付汇证明联

中华人民共和国进口货物报关单

主页

1　　预录入编号 879874218　　海关编号 22482013　　37

进口口岸　天津塘沽区 2141	备案号　0901	进口日期 2016 − 6 − 13	申报日期 2016 − 6 − 17
经营单位 10360019 北京星燕体育用品进出口公司	运输方式　水路运输	运输工具名称　MIS GRSTIN / 108F	提运单号　FSCUF 166 0379
收货单位　北京星燕体育用品进出口公司	贸易方式　一般贸易	征免性质　一般征税	征税比例　10%

许可证号	启运国（地区）美国（502）	装货港　美国（502）	境内目的地　朝阳区 1139

批准文号	成交方式　FOB	运费总价 CIN　6 111.91	保　费　CIN 189.09 保费率　0.3%	杂费

合同协议号	件数　40	包装种类　其他	毛重（千克）　413 净重（千克）　381
集装箱号 2071/TLPI − 10	随附单证		用途　6565

标记唛码及标注　　0　　S

港口：LS POTSMYT　3 拼 与 480096716.716 拼

随附单证号 3100102871670005719

项号	商品编号	品名及其规格型号	数量及单位	原产国（地区）	单价	总价	币制	征免
1	2010073	康斯敏斯高尔夫球杆	100 支	美国（502）	100	10 000USD	美元	普通征税

税费征收情况

中华人民共和国天津新港海关
验讫章
108

录入员　录入单位	兹声明以上申报无诈并承担法律责任	海关审单批准及放行日期
报关员		审单　　审价
单位地址 北京市朝阳区北小街 18 号 C 楼	申报单位（签章） 北京星燕体育用品进出口公司 北京朝阳北小街18号C楼 报关专用章 报关员 关颖	征税　　统计 交验　　放行
	北京星燕体育用品进出口公司	
邮编 100027　　电话	填制日期 2016 − 6 − 17	签发关员：程星

签发日期　2016 − 6 − 17

（6）2016年6月19日，北京星燕体育用品进出口公司收到海关转来完税凭证，根据完税凭证（如表4-4、表4-5所示）列示的进口关税、消费税和增值税额，编制会计分录如下：

借：应交税费——应交增值税（进项税额）　　13 750.63
　　　　　　——应交进口关税　　6 617.95
　　　　　　——应交消费税　　8 088.61
　贷：银行存款　　28 457.19

表4-4　　**海关进口关税专用缴款书**　　电子支付6

收入系统　海关系统　　填发日期：2016年6月17日　　号码 No.41301211000056190-A831

<table>
<tr><td rowspan="3">收款单位</td><td>收入机关</td><td colspan="3">中央国库</td><td rowspan="3">缴款单位个人</td><td>名　称</td><td colspan="3">北京星燕体育用品进出口公司</td></tr>
<tr><td>科　目</td><td>进口关税</td><td>预算级次</td><td>中　央</td><td>账　号</td><td colspan="3">6270 3135 2122 657</td></tr>
<tr><td>收款国库</td><td colspan="3">中国工商银行天津分行营业部</td><td>开户银行</td><td colspan="3">中国工商银行北京东四支行</td></tr>
<tr><td>税号</td><td>货物名称</td><td>数量</td><td>单位</td><td colspan="2">完税价格（￥）</td><td colspan="2">税率（%）</td><td colspan="2">税款金额（￥）</td></tr>
<tr><td>1</td><td>康斯敏斯高尔夫球杆</td><td>100</td><td>支</td><td colspan="2">66 179.50</td><td colspan="2">10%</td><td colspan="2">6 617.95</td></tr>
<tr><td></td><td></td><td></td><td></td><td colspan="2"></td><td colspan="2"></td><td colspan="2"></td></tr>
<tr><td></td><td></td><td></td><td></td><td colspan="2"></td><td colspan="2"></td><td colspan="2"></td></tr>
<tr><td colspan="2">金额大写（人民币）</td><td colspan="5">陆仟陆佰壹拾柒元玖角伍分</td><td>小写（￥）</td><td colspan="2">6 617.95</td></tr>
<tr><td>申请单位编号</td><td>57269216-9</td><td>报关单编号</td><td colspan="2">2248 2013-37</td><td colspan="3" rowspan="4">填制单位
中华人民共和国天津新港海关
单证专用章
（71）
制单人 221341
复核人 111901</td><td colspan="2" rowspan="4">收缴国库
中国工商银行股份有限公司天津滨海支行
2016.06.17
业务办讫章</td></tr>
<tr><td>合同（批文）号</td><td>ANTYSTE-BO-201</td><td>运输工具号</td><td colspan="2">GRSTIN/108F</td></tr>
<tr><td>缴款日期</td><td>2016-7-2前</td><td>提装货单号</td><td colspan="2">FSCUF 166 0379</td></tr>
<tr><td colspan="5">备注　一般贸易 普通征税　　国际代码 3310115755389 USD
电子支付流水号 ES11021000911994333</td></tr>
</table>

从填发缴款书之日起15日内缴纳（期末遇法定节假日顺延），逾期按日征收税款总额万分之五的滞纳金。

（7）2016年6月21日，北京星燕体育用品进出口公司财会部门根据库房转来商品入库单及进口商提供的进货发票，编制会计分录如下：

借：库存商品——高尔夫球具（康斯敏斯高尔夫球杆）　　80 886.06
　贷：在途物资——美国康斯敏斯体育制品公司　　80 886.06

（8）2016年6月28日，北京星燕体育用品进出口公司向天津恒大高尔夫俱乐部销售康斯敏斯高尔夫球杆100支，不含税价格128 205.13元，增值税销项税额21 794.87元。财会部门已收到增值税专用发票记账联、出库单及其银行进账单第一、第三联、商品销售成本计算表。编制会计分录如下：

借：银行存款　　150 000.00
　贷：主营业务收入　　128 205.13
　　　应交税费——应交增值税（销项税额）　　21 794.87

借：主营业务成本　　80 886.06
　贷：库存商品——高尔夫球具（康斯敏斯高尔夫球杆）　　80 886.06

表 4-5 **海关进口增值税专用缴款书** 电子支付 8

收入系统 海关系统 填发日期：2016 年 6 月 17 日 号码No. 413012110000 5619KJ-003

收款单位	收入机关	中央国库			缴款单位个人	名称	北京星燕体育用品进出口公司
	科目	进口增值税	预算级次	中央		账号	6270 3135 2122 657
	收款国库	中国工商银行天津分行营业部				开户银行	中国工商银行北京东四支行

税号	货物名称	数量	单位	完税价格（¥）	税率（%）	税款金额（¥）
1	康斯敏斯高尔夫球杆	100	支	80 886.06	17%	13 750.63
金额大写（人民币）	壹万叁仟柒佰伍拾元陆角叁分				小写（¥）	13 750.63

申请单位编号	57269216-9	报关单编号	2248 2013-37	填制单位	收缴国库
合同（批文）号	ANTYSTE-BO-201	运输工具号	GRSTIN/108F	中华人民共和国天津新港海关 单证专用章 (71)	中国工商银行股份有限公司天津滨海支行 2016.06.17 业务办讫章
缴款日期	2016-7-2 前	提装货单号	FSCUF 166 0379		
备注	一般贸易 普通征税 国际代码 3310115755389 USD 电子支付流水号 ES110210000913501771 63			制单人 221341 复核人 111901	

从填发缴款书之日起 15 日内缴纳（期末遇法定节假日顺延），逾期按日征收税款总额万分之五的滞纳金。

2. 汇付结算方式下进口商品核算。汇付结算方式是建立在进口商和出口商之间商业信用基础之上的货款结算方式。交易双方根据合同或者经济事项预付账款或者货到付款。在实际贸易活动中，由于预付货款的进口商可能拿不到商品，而货到付款的出口商可能收不到货款，因而采用汇付结算方式必须建立在进出口双方彼此信任的良好基础之上。目前，在结算货款尾差、支付佣金、归还垫款、索赔理赔、出售少量样品结算方面使用汇付结算方式比较多。

例题 4-2：北京裕达服装贸易进出口公司从意大利圣玛蒂琪服装公司进口男士西服套装 100 套。

（1）2016 年 6 月 13 日，按照合同规定需要预付 60% 的价款到对方指定账户，共计 60 000 美元。汇款当日外汇银行美元卖出价 1 美元 = 6.290 元人民币，美元中间价 1 美元 = 6.251 元人民币。财会部门根据汇款单据编制会计分录如下：

借：预付账款——意大利圣玛蒂琪服装公司 377 400

贷：银行存款 377 400

（2）6 月 23 日，收到意大利圣玛蒂琪服装公司快件发来的男士西服套装 100 套，货物总价值 100 000 美元，验收无误并进入保税区库房。财会部门已经收到转来的运费和保费单据，共须支付 10 000 美元；同时还需要结算 40 000 美元给出口商。当日美元卖出价 1 美元 = 6.291 元人民币，美元中间价 1 美元 = 6.241 元人民币。编制会计分录如下：

借：预付账款——意大利圣玛蒂琪服装公司　　251 640.00
　　贷：银行存款　　251 640.00
借：在途物资——意大利圣玛蒂琪服装公司　　624 100.00
　　财务费用——汇兑损益　　4 940.00
　　贷：预付账款——意大利圣玛蒂琪服装公司　　629 040.00
借：在途物资——意大利圣玛蒂琪服装公司　　62 410.00
　　财务费用——汇兑损益　　500.00
　　贷：银行存款　　62 910.00

（3）财会部门根据报关单和进口关税、进口增值税完税凭证，计算企业应负担进口关税 34 325.50 元（686 510 × 5%）、进口增值税 122 542.04 元（720 835.50 × 17%）。根据报关单和进口关税、进口增值税完税凭证进口关税、进口增值税完税凭证分别编制会计分录如下：

借：在途物资——意大利圣玛蒂琪服装公司　　34 325.50
　　贷：应交税费——应交进口关税　　34 325.50
借：应交税费——应交进口关税　　34 325.50
　　　　　　——应交增值税（进项税额）　　122 542.04
　　贷：银行存款　　156 867.54

（4）7 月 5 日，北京裕达服装贸易进出口公司财会部门根据库房转来商品入库单及进口商提供的进货发票，编制会计分录如下：

借：库存商品——男西服（圣玛蒂琪男士西服套装）　　720 835.50
　　贷：在途物资——意大利圣玛蒂琪服装公司　　720 835.50

3. 托收结算方式下进口商品核算。托收是出口商开立汇票或者连同货运单据委托托收行通过其在付款人所在地的分行或者代理行向进口商收取款项的结算方式。按照托收汇票是否附有商业货运单据，托收结算分为光票托收和跟单托收两种。其中，光票托收是指出口商仅开立汇票但不附任何商业货运单据而委托银行收取款项。虽附有发票、垫付清单等单据，但不是整套货运单据的，也属于光票托收。光票托收常见于收取尾款、代垫运费、佣金、样品费和索赔款等小额款项业务结算。跟单托收是出口商开立跟单汇票，连同整套货运单据一并交给银行并委托银行收取款项的结算方式。跟单托收根据交单的条件不同，又可分为付款交单（D/P）和承兑交单（D/A）两种。其中，付款交单是指代收行必须在付款人付清票款后，才将货物单据交给付款人进口商的一种交单条件。付款交单可以是付款人在见票后立即付款赎单的即期交单条件；也可以是代收行将提示汇票给付款人要求承兑，待汇票到期付款人承兑汇票后赎取货运单据的远期交单条件。承兑交单是指代收行待付款进口商承兑汇票后，将货运单据交给付款人，于汇票到期日由付款进口商履行付款义务的一种交单条件。

例题 4－3：北京丰龢粮食进出口公司从澳门雨莲堂有限责任公司进口礼品装手信 300 盒，价值 30 000 美元。

（1）开户银行转来汇票及全套货运单据，财会部门审核无误后承付全部款项。当日美元卖出价 1 美元 = 6.310 元人民币，美元中间价 1 美元 = 6.240 元人民币。付款交单条件下财会部门编制会计分录如下：

借：在途物资——澳门雨莲堂有限责任公司　　187 200.00

　　财务费用——汇兑损益　　2 100.00

　　贷：银行存款　　189 300.00

（2）若北京丰龢粮食进出口公司财会部门采用承兑交单条件，应在接到银行转来托收凭证后，编制会计分录如下：

借：在途物资——澳门雨莲堂有限责任公司　　189 300.00

　　贷：应付票据——澳门雨莲堂有限责任公司　　189 300.00

（3）期满付款后，财会部门根据有关划款通知单据编制会计分录如下：

借：应付票据——澳门雨莲堂有限责任公司　　189 300.00

　　贷：银行存款　　189 300.00

4. 进口商品退货及其索赔核算。自营进口商品运达我国港口后，若在验收时发现商品质量与合同规定严重不符，商品流通企业可以根据商检部门出具的商品检验证明书，按照合同规定与国外出口商进行联系，将进口商品退回给出口商，同时收回货款并办理已交进口关税和进口增值税的退税事宜。若进出口贸易合同中约定有理赔条款，进口商应区分以下责任分别处理：属于货物运输公司或者保险公司理赔的范围，应向运输公司或者保险公司进行索赔；属于出口商承担的责任，应向出口商进行索赔。

例题 4 -4：北京红岩机械进出口公司从英国比里斯顿机械制造有限责任公司进口 3409 型组合工具台 100 台套。运抵天津塘沽港区的时候，商检局出具了商品检验证明书，证明该进口商品属于不合格产品。经与出口商英国比里斯顿机械制造有限责任公司联系后，同意作退货处理。

（1）2016 年 6 月 14 日，企业向开户银行买入美元，用来垫付组合工具台套 100 台套退回给出口商的运输费和保险费共计 1 000 美元。当日美元卖出价 1 美元 =6. 311 元人民币，美元中间价 1 美元 =6. 211 元人民币。根据付汇凭证及其美元买入凭证，编制会计分录如下：

借：应收账款——英国比里斯顿机械制造有限责任公司　　63 110.00

　　贷：银行存款　　63 110.00

（2）2016 年 6 月 16 日，向海关申请退还已支付的进口关税 14 106 元。进口组合工具入账价值 155 166 元。根据有关退税凭证和商品出库单单据，编制会计分录如下：

借：应收账款——英国比里斯顿机械制造有限责任公司　　141 060.00

　　应交税费——应交进口关税　　14 106.00

　　贷：在途物资——英国比里斯顿机械制造有限责任公司　　155 166.00

（3）2016 年 6 月 24 日，收到英国比里斯顿机械制造有限责任公司退回的货款及其代垫运费和保险费共计 31 706 美元。当日外汇银行美元买入价 1 美元 =6. 107 元人民币，美元中间价 1 美元 =6. 210 元人民币。根据银行入账通知和结汇凭证，编制会计分录如下：

借：银行存款　　193 628. 54

　　财务费用——汇兑损益　　10 541. 46

　　贷：应收账款——英国比里斯顿机械制造有限责任公司　　204 170.00

（4）2016 年 6 月 27 日，收到海关退还的进口关税 14 106 元、进口增值税 26 378. 22 元。根据天津新港海关的退税单据，编制会计分录如下：

借：银行存款　　　　　　　　　　　　　　　　　40 484.22
　　贷：应交税费——应交进口关税　　　　　　　　　14 106.00
　　　　　　　　——应交增值税（进项税额）　　　　26 378.22

（5）2016 年 7 月 7 日，收到英国比里斯顿机械制造有限责任公司转来的理赔款 2 815 美元结汇到开户银行。当日外汇银行美元买入价 1 美元 = 6.105 元人民币，美元中间价 1 美元 = 6.113 元人民币。根据银行入账通知和结汇凭证，编制会计分录如下：

借：银行存款　　　　　　　　　　　　　　　　　17 185.58
　　财务费用——汇兑损益　　　　　　　　　　　　22.52
　　贷：营业外收入——进口商品理赔　　　　　　　　17 208.10

（二）代理进口商品核算

有进口权限的商品流通企业，经营代理进口商品业务并不需要垫付进口商品的货款和进口税金，当然也不需要负担国外和国内相关费用。出口商付来的进口佣金和国外对进口商的理赔款项全部交付给国内委托方。进口商根据进口商品到岸价格按照合同约定的比例收取代理手续费。委托方必须预付进口商品的资金给进口商，进口商收妥款项后才会与国外出口商签订进口合同或对外开立国际信用证。

商品流通企业代理进口商品应以开出进口结算单据，向国内委托方办理货款结算的时间确认商品销售收入的实现。当开户银行转来国外全套结算单据并审核无误后，在支付进口商品货款的同时，应向国内委托方办理款项结算。商品流通企业收到委托方预付货款时，借记“银行存款”科目，贷记“预收账款”科目；收到国外出口商转来全套结算单据并在核对后承付货款时，借记“预收账款”科目，贷记“银行存款”科目；进口商根据代理进口商品的到岸价格一定比例计算手续费并向委托方开具手续费发票的时候，根据手续费发票所载金额，借记“预收账款”科目，贷记“其他业务收入”科目。

例题 4-5：北京红岩机械进出口公司接受北京三番机械商业有限责任公司委托，代理进口美国罗德维尔机械制造有限责任公司威林牌 2814 型精密测距仪 50 台套，总价 10 000 美元。

（1）2016 年 7 月 11 日，财会部门收到银行进账单第一、第三联及其现金收据，系北京三番机械商业有限责任公司交来测距仪首付款 30 000 元。财会部门编制会计分录如下：

借：银行存款　　　　　　　　　　　　　　　　　30 000.00
　　贷：预收账款——北京三番机械商业有限责任公司　　30 000.00

（2）2016 年 7 月 13 日，财会部门购汇支付美国罗德维尔机械制造有限责任公司测距仪国外运费和保险费 1 500 美元。当日美元卖出价 1 美元 = 6.301 元人民币，美元中间价 1 美元 = 6.289 元人民币。财会部门根据汇款凭证及其买汇单据，编制会计分录如下：

借：预收账款——北京三番机械商业有限责任公司　　　9 451.50
　　贷：银行存款　　　　　　　　　　　　　　　　　9 451.50

（3）2016 年 7 月 15 日，财会部门收到美国罗德维尔机械制造有限责任公司转来全套测距仪结算单据。总价 10 000 美元，进口佣金 300 美元。当日美元卖出价 1 美元 = 6.309 元人民币，美元中间价 1 美元 = 6.292 元人民币。按照扣除首付款和进口佣金后的金额，财会部门填制汇款凭证及其买汇单据，编制会计分录如下：

借：预收账款——北京三番机械商业有限责任公司　　33 090.00

　　贷：银行存款　　33 090.00

（4）2016 年 7 月 16 日，财会部门按照进口测距仪报价加佣金的全额 64 982.70 元（$63\,090+300\times6.309$）及其合同规定 3% 比例计算应向委托方收取进口手续费 1 949.48 元。财会部门根据手续费发票编制会计分录如下：

借：预收账款——北京三番机械商业有限责任公司　　1 949.48

　　贷：其他业务收入　　1 949.48

（5）2016 年 7 月 19 日，100 台套测距仪运抵天津塘沽口岸，按照规定须向海关申报进口关税 1 949.48 元、进口增值税 11 378.47 元。根据报关单和进口关税、进口增值税完税凭证，编制会计分录如下：

借：预收账款——北京三番机械商业有限责任公司　　13 327.95

　　贷：应交税费——应交进口关税　　1 949.48

　　　　　　　——应交进口增值税　　11 378.47

（6）2016 年 7 月 23 日，财会部门根据进口关税、进口增值税完税凭证，编制会计分录如下：

借：应交税费——应交进口关税　　1 949.48

　　　　　——应交进口增值税　　11 378.47

　　贷：银行存款　　13 327.95

（7）2016 年 7 月 23 日，财会部门结清全部款项，当日收到北京三番机械商业有限责任公司交来转账支票一张，结算进口商品余款 27 818.93 元。财会部门根据银行进账单第一、第三联编制会计分录如下：

借：银行存款　　27 818.93

　　贷：预收账款——北京三番机械商业有限责任公司　　27 818.93

（三）易货进口商品核算

易货进口商品是指国内进口商与国外出口商签订易货贸易合同，约定在一定时期内用一种或几种等价的出口商品换取一种或几种等价的进口商品的贸易业务方式。由于是以货易货，不用担心应收账款的回收安全性问题，既有利于企业资金的回笼，又有利于降低企业的库存。以货易货在交易时间上也非常灵活，可以先进口后出口，也可以先出口后进口。从会计实务来看，易货贸易由出口业务和进口业务两个部分的核算组成；而且由于商品流通企业没有生产加工的能力，因而商品流通企业易货出口的商品并非自己生产而是来自国内采购形成；而易货进口的商品并非自己使用而是为了销售获利。

例题 4-6：北京联利轻工产品进出口公司与俄罗斯符拉迪沃斯托克市圣乔治桑金属制品公司签订了一份易货贸易合同，以联利提供的出口产品海信 258 升智能电冰箱 200 台，换取圣乔治桑的等价金属配件 1 000 箱。合同交易总值 200 000 美元。

（1）2016 年 7 月 5 日，企业财会部门已经收到采购商品入库单及其增值税专用发票记账联单据，款项未付。编制会计分录如下：

借：库存商品——电冰箱（海信 258 升智能电冰箱）　　854 700.85

应交税费——应交增值税（进项税额） 145 299.15

贷：应付账款——海信电器股份有限责任公司 1 000 000.00

（2）2016 年 7 月 7 日，出口电冰箱已经报关出境。当日美元买入价 1 美元 = 6.341 元人民币，美元中间价 1 美元 = 6.351 元人民币。财会部门根据出口商品报关单、出口商品发票、商品出库单及商品销售成本计算表等原始凭证，编制会计分录如下：

借：应收账款——圣乔治桑金属制品公司 1 270 200.00

贷：主营业务收入 1 270 200.00

借：主营业务成本——电冰箱 854 700.85

贷：库存商品——电冰箱（海信 258 升智能电冰箱） 854 700.85

（3）2016 年 7 月 10 日，财会部门收到出口电冰箱国外运费发票和保险发票共计 6 000 元。根据转账支票存根及运费和保费发票，编制会计分录如下：

借：主营业务收入 6 000.00

贷：银行存款 6 000.00

（4）2016 年 7 月 11 日，财会部门收到圣乔治桑金属制品公司货物到港报关单据，当日同时按照 3% 和 17% 税率计提应交进口关税和进口增值税。当日美元卖出价 1 美元 = 6.339 元人民币，美元中间价 1 美元 = 6.324 元人民币。财会部门根据报关单、进口关税和增值税完税凭证，编制会计分录如下：

借：应交税费——应交进口关税 37 944.00

——应交增值税（进项税额） 221 466.48

贷：银行存款 259 410.48

（5）2016 年 7 月 11 日，财会部门收到库房转来商品验收单、进货发票、进口关税和增值税完税凭证单据，编制会计分录如下：

借：库存商品——标准件（金属标准件） 1 302 744.00

应交税费——应交进口关税 37 944.00

贷：应收账款——圣乔治桑金属制品公司 1 270 200.00

财务费用——汇兑差额 70 488.00

（6）2016 年 7 月 14 日，财会部门填写出口退税申请表，按照退税率 13% 水平应收出口退税 111 111.11 元（854 700.85 × 13%），同时按照规定将进项税额转出 34 188.03 元 [854 700.85 × （17% − 13%）]。编制会计分录如下：

借：主营业务成本——电冰箱 34 188.03

贷：应交税费——应交增值税（进项税额转出） 34 188.03

借：其他应收款——出口退税 111 111.11

贷：应交税费——应交增值税（出口退税） 111 111.11

（7）2016 年 7 月 24 日，以不含税价格 1 598 290.60 元将进口标准件销售，增值税销项税额 271 709.40 元。财会部门根据网银收款凭证、增值税专用发票记账联、商品出库单及其商品销售成本计算表，编制会计分录如下：

借：银行存款 1 870 000.00

贷：主营业务收入 1 598 290.60

　　应交税费——应交增值税（销项税额）　　271 709.40
借：主营业务成本——标准件　　1 302 744.00
　　贷：库存商品——标准件（金属标准件）　　1 302 744.00

（8）2016 年 8 月 5 日，财会部门收到银行转账通知单据，应收出口退税 111 111.11 元收妥入账，编制会计分录如下：

借：银行存款　　111 111.11
　　贷：其他应收款——出口退税　　111 111.11

第二节　出口贸易业务核算

出口贸易是指商品流通企业将本国生产或者加工的商品输往国外市场销售并取得外汇的贸易方式。商品出口收汇是国家外汇收入的主要来源。

一、出口贸易的主要贸易方式

出口贸易按照经营性质的不同，可分为自营出口贸易和代理出口贸易。其中，自营出口贸易是指商品流通企业在国内组织货源，而后再将商品销售给境外客户，并独自承担经营盈亏的贸易方式。自负盈亏是指销售收入完全归出口商所有，出口商品的采购和国内外费用开支、索赔理赔、罚款支出都由出口商自己负担，经营的盈亏也归出口商负担并纳入其经营总损益。而代理出口贸易是指商品流通企业受国内客户委托，将其采购的商品或者生产加工的商品，代办出口销售的一种贸易方式。代理出口的商品流通企业对出口商品并不做进货和自营出口销售的会计处理，不负担出口商品的盈亏，只是按照出口商品价值的一定比例向国内委托方收取手续费。国内委托方提供出口货源，负担一切境内经营费用，承担出口销售产生的盈亏，同时向代理出口商支付手续费。

二、出口贸易业务程序

1. 出口贸易前准备。商品流通企业在进行出口贸易前应对国外市场进行充分调研，了解进口国家的自然条件、进出口贸易规模、贸易管制松紧、关税征收水平、运输条件及其贸易惯例，特别是进口商所在国同类商品供求关系、进口商的资信状况、经营范围和营销能力。

2. 签订出口贸易合同。商品流通企业在确定出口贸易对象后应与进口商进行磋商，经历询盘、发盘、还盘与反还盘、接收等业务环节后，在磋商成功的基础上与国外出进口商签订出口贸易合同。

3. 签订国内商品采购合同。商品流通企业在与国外进口商签订出口贸易合同后，及时与国内供货商签订商品采购合同，明确规定所采购出口商品的名称、规格、型号、商标、质量规格、商品数量、单价和金额、商品交货日期、交货方式、结算方式、违约条件进行明确约定，明确购销双方的权利和义务。

4. 审验国际信用证。商品流通企业在收到进口商开证行寄来的国际信用证并在结算规定的日期内，就国际信用证的结算内容与进口贸易合同条款进行认真对照审核，并确认是否正确无误。

5. 报关和发运出口商品。国际信用证审核无误后，应组织国内采购商品运抵出口码头，及时办理报关和商品发运手续，支付运费和保费开支。

6. 接收索赔和理赔。进口商对所进口商品按照规定应进行进口商品检验工作，若发现商品数量、品种、规格、质量、包装方式与合同规定不符，会立即通知商品检验部门出具商品检验证明书，据以在合同规定的期限内，根据造成损失的原因和程度向出口商、运输公司和保险公司进行索赔。出口商应按照合同规定履行理赔责任。

7. 结算出口贸易款项。商品流通企业出口商品后，应根据合同规定向国外进口商开出销货发票并办理款项结算。

三、出口退税条件

出口退税是指政府征税机关对出口商品退还其在国内生产和流通环节实际缴纳的增值税和消费税税额。出口退税是通过退还出口货物的国内已纳税款来平衡国内产品的税收负担，使本国产品以不含税成本进入国际市场，便于与国外产品在同等条件下展开竞争，从而增强我国产品的出口创汇能力。商品流通企业出口退税必须同时符合以下四个条件。

1. 必须是增值税、消费税征收范围内的商品。增值税、消费税的征收范围，包括除直接向农业生产者收购的免税农产品以外的所有增值税应税商品以及烟、酒、化妆品等 11 类列举征收消费税的商品。之所以必须具备这一条件，是因为出口货物退税只能对已经征收过增值税、消费税的商品退还其已纳税额。未征收增值税、消费税的商品不能退税。

2. 必须是报关离境出口的商品。它包括自营出口和委托代理出口两种形式。区别商品是否报关离境出口，是确定商品是否属于退税范围的主要标准之一。凡在国内销售、不报关离境的商品，除另有规定者外，不论出口企业是否以外汇结算，也不论出口企业在财务上如何处理，均不得视为出口货物予以退税。对在境内销售收取外汇的商品，如宾馆、饭店等收取外汇的商品，因其不符合离境出口条件，均不能给予退税。

3. 必须是在财务上作出口销售处理的商品。出口商品只有在财务上作出口销售处理后，才能办理退税。也就是说，出口退税的规定只适用于贸易性出口商品，而对于非贸易性出口商品，如捐赠的礼品、在国内个人购买并自带出境的商品（另有规定者除外）、样品、展品、邮寄品等，因其在财务上不作销售处理，故按照现行规定不能退税。

4. 必须是已收汇并经核销的商品。按照现行规定，出口企业申请办理退税的出口商品，必须是已收外汇并经外汇管理部门核销的商品。

需要说明的是，商品流通企业代理出口贸易的，出口退税的办理应由委托方生产企业或者商品流通企业进行。

四、出口贸易业务核算

（一）自营出口商品核算

1. 自营出口商品核算。商品流通企业出口商品有多种不同的价格条件，而不同的价格条件所负担的费用是不同的。若以 FOB 价格成交，商品流通企业就不用承担国外运费和保险费；若以 CFR 价格成交，商品流通企业只承担国外运费；若以 CIF 价格成交，商品流通企业则须要承担运费和保险费。商品流通企业在出口贸易过程中，发生的商品自商品流通企业库房至边境、口岸的各项运杂费、装船费等开支应列入“销售费用”科目。国外运费是由出口商支付并负担、从装运港到目的港的运输费用。出口商收到运输单位转来的运输凭证，应认真核对出口发票号码、运输等级、计费重量、运费金额等重要信息。审核无误后据以支付运费。由于自营出口商品销售收入是按 FOB 价格扣除佣金后计算的，因而出口商负担的国外运费和保险费开支应该冲减“主营业务收入”科目。

例题 4－7：北京千禧酒业进出口公司与泰国福禧酒业进出口公司签订 10 000 箱喜力罐装啤酒出口合同，每箱人民币 48 元。

（1）2016 年 6 月 16 日，财会部门收到库房转来的商品出库单，编制会计分录如下：

借：发出商品——泰国福禧酒业进出口公司	480 000.00	
贷：库存商品——啤酒（喜力罐装啤酒）		480 000.00

（2）2016 年 6 月 17 日，财会部门收到储运部门转来出口商品统一发票副本，每箱 CIF 计价 20 美元，价款共计 200 000 美元。当日美元买入价 1 美元＝6.203 元人民币，美元中间价 1 美元＝6.213 元人民币。出口商品统一发票的格式如表 4－6 所示。编制会计分录如下：

借：应收账款——泰国福禧酒业进出口公司	1 242 600.00	
贷：主营业务收入		1 242 600.00
借：主营业务成本	480 000.00	
贷：发出商品——泰国福禧酒业进出口公司		480 000.00

（3）2016 年 6 月 17 日，财会部门收到储运部门转来国内商品运输费用发票及转账支票存根，编制会计分录如下：

借：销售费用——运杂费	6 306.31	
应交税费——应交增值税（进项税额）	693.69	
贷：银行存款		7 000.00

（4）2016 年 6 月 23 日，财会部门向天津远大船务有限公司支付 2 000 美元国外运费。同日向太平洋保险公司按照费率 1‰缴纳保险费人民币 1 364.66 元（1 240 600×110%×1‰）。当日美元卖出价 1 美元＝6.313 元人民币，美元中间价 1 美元＝6.213 元人民币。支付国外运费发票如表 4－7 所示。根据有关运费和保费单据，编制会计分录如下：

借：主营业务收入	13 990.66	
贷：银行存款		13 990.66

（5）2016 年 6 月 24 日，财会部门向泰国福禧酒业进出口公司收取价款 200 000 美元，到账并结汇，支付开户银行手续费人民币 90 元。当日美元买入价 1 美元＝6.197 元人民币，美元中间价 1 美元＝6.201 元人民币。财会部门根据银行入账通知和结汇凭证，编制会计分录如下：

借：银行存款	1 239 400.00	
财务费用——手续费	90.00	
——汇兑差额	3 110.00	
贷：应收账款——泰国福禧酒业进出口公司		1 242 600.00

（6）2016 年 6 月 25 日，财会部门向泰国福禧酒业进出口公司按照 3% 费率支付佣金 6 000 美元。当日美元卖出价 1 美元＝6.311 元人民币，美元中间价 1 美元＝6.301 元人民

币。根据汇付凭证编制会计分录如下：

借：主营业务收入　　37 866.00

　　贷：银行存款　　37 866.00

（7）2016 年 6 月 25 日，北京千禧酒业进出口公司按照 13% 的退税率向海关申请出口退税 62 400 元（480 000 × 13%）；同时按照规定将进项税额转出 19 200 元［480 000 ×（17% - 13%）］。财会部门根据提单（如表 4 - 8 所示）及其退税申请编制会计分录如下：

借：主营业务成本　　19 200.00

　　贷：应交税费——应交增值税（进项税额转出）　　19 200.00

借：其他应收款——出口退税　　62 400.00

　　贷：应交税费——应交增值税（出口退税）　　62 400.00

（8）2016 年 7 月 5 日，财会部门收到银行转账通知单据，应收出口退税 62 400 元收妥入账，编制会计分录如下：

借：银行存款　　62 400.00

　　贷：其他应收款——出口退税　　62 400.00

表 4 - 6

北京市出口商品统一发票

BEIJING UNIED INVOICE FOR EXPORTED GOODS

第二联 记账联

出口专用
For Export Use Only
发票代码 150001622441
发票号码 00038041

企业名称：北京千禧酒业进出口公司　Beijing Millennium wine import & Export Co. , Ltd
Enterprise Name

地址：北京市朝阳区十里河乡南磨房路北街 18 号衡越大厦 5 层 110 - 134 室　Beijing city Chaoyang District Add ten Township South Mill Road No. 18 North Street, the Heng Yue Building 5 room 110 - 134

电报：Cable　　电传：010 - 6457 × × × ×　Telex　　传真：010 - 6457 × × × ×　Fax

至：Thailand Bangkok Port　To　　日期：2016 - 6 - 25　Date

运输工具：Freighter　Per Conveyance　　装运日期：2016 - 6 - 17　Shipping Dated

订单或合同号码：77450361 - 09 - 167　Contyact NO.　　开证银行账号：6217050000041013009467　Bank　　信用证号码：AB300 - ER9 - 00773　L/C NO.

唛头及号码 MARKS & NOS	数量与货物名称 Quantities and Deseriptions	单价 UNIT PRICE	总值 AMOUNT
ORDER 9901961 STYLE 534/090 AVA 25949317 C/NO. MADE IN CHINA	10 000 cases HeineKen canned beer 24 per box	USD 20.00	USD 200 000.00

E. &O. E.

（出口企业印章）
Enterprise Seal

表 4-7 国际货物运输代理业专用发票

发票代码：00033320011311

发票号码：0002011

发 票 联

INVOICE

付款单位：北京千禧酒业进出口公司 PAYER	开票日期：2016-6-17 DATE ISSUED	开户银行：中国工商银行北京朝阳十里河支行 BANK
船名/航次：MUNI ACTIVE/009-265 VESSEL/VOY	到（离）港日期：2016-6-20 DATE ARRIVAL/SAILED	账号：6217 0500 0000 4101 3009 467 BANK ACCOUNT
起运地：天津 ORICIN	装船港： LOAD PORT　　卸船港： DIS. PORT	目的地：曼谷 DESTINATION

提单号 B/LNO.	费用明细 DETAILS OF CHARGE	数　量 QUANTITY	费　率 RATE	金　额 AMOUNT CHARGED	备　注 REMARKS
E1400903614	代理运杂费			USD2 000.00	
合计金额（大写）：美元贰仟元整				合计 $2 000.00	

企业签章：天津远大船务有限公司 BUSINESS SEAL	营业执照号：703041458752 1147 BUSINESS LICENSE NO.	经手人：樊石油 ISSUED BY	复核：景开 CHECKED BY
地址：天津市滨河区青春路188号 ADDRES	税务登记号：370202725571882 TAX REGISTERY NO.	（手开无效） HAND WRITING NULL AND VOLD	
电话 022-2325×××× TEL			

2. 自营出口退回及其理赔核算。已销售的出口商品被退回时，企业应冲减已实现的出口销售收入金额，借记“主营业务收入”科目，贷记“应收账款”科目；同时按照出口商品的账面成本，借记“发出商品”科目，贷记“主营业务成本”科目。商品退回企业库房后，借记“库存商品”科目，贷记“发出商品”科目。企业支付的商品退回国外运费开支，应按照付汇当日外汇中间价借记“主营业务收入”科目，按照当日外汇卖出价贷记“银行存款”科目，两者之间的差额借记或贷记“财务费用——汇兑差额”明细科目；而对于国内运费的开支，应该借记“发出商品”科目和“应交税费——应交增值税（进项税额）”明细科目，贷记“银行存款”科目。出口商向进口商理赔损失时，如果属于投保理赔的范围，则按照保险公司的出险金额，借记“其他应收款”科目，按照全部理赔金额贷记“银行存款”科目，按照两者的差额借记“营业外支出”科目。

例题 4-8：仍用例题 4-7 资料。2016 年 7 月 10 日，商品运达泰国曼谷后，进口商验收商品时发现质量存在严重缺陷，按照合同规定要求退货并向北京千禧酒业进出口公司索赔款项 30 000 美元。

（1）2016 年 7 月 10 日，当日美元卖出价 1 美元 = 6.311 元人民币，美元中间价 1 美元 = 6.211 元人民币。财会部门根据进口商提供的退货函件及其提货单据，编制会计分录如下：

借：主营业务收入　　1 242 200.00

　　贷：应收账款——泰国福禧酒业进出口公司　　1 242 200.00

借：发出商品——泰国福禧酒业进出口公司　　480 000.00

　　贷：主营业务成本　　480 000.00

表 4－8　　天津远大船务有限公司提单

1. Shipper Insert Name, Address and Phone Beijing Millennium wine import & Export Co. , Ltd Beijing city Chaoyang District Add ten Township South Mill Road No. 18 North Street, the Heng Yue Building 5 room 110－134　010－6457 ****	B/L No.　　E1400903614 **TIANJIN　YUANDA　LOGISTICS CO. LTD.** TLX: 37501　**TIANJIN　YUANDA　LOGISTIC** CN FAX: +86（022）6545 **** ORIGINAL Port－to－Port or Combined Transport BILL OF LADING
2. Consignee Insert Name, Address and Phone Thailand Fuxi wine import and export company Thailand, Bangkok, Central Avenue, office building, office building, 9 floor, room 9013－9017 22－31708－403	RECEIVED in external apparent good order and condition except as other－Wise noted. The total number of packages or unites stuffed in the container, the description of the goods and the weights shown in this Bill of Lading are furnished by the Merchants, and which the carrier has no reasonable means of checking and is not a part of this Bill of Lading contract. The carrier has Issued the number of Bills of Lading stated below, all of this tenor and date, One of the original Bills of Lading must be surrendered and endorsed or signed against the delivery of the shipment and whereupon any other original Bills of Lading shall be void. The Merchants agree to be bound by the terms and conditions of this Bill of Lading as if each had personally signed this Bill of Lading. SEE clause 4 on the back of this Bill of Lading（Terms continued on the back hereof, please read carefully）. Applicable Only When Document Used as a Combined Transport Bill of Lading.
3. Notify Party Insert Name, Address and Phone（It is agreed that no responsibility shall attsch to the Carrier or his agents for failure to notify） Thailand Fuxi wine import and export company Thailand, Bangkok, Central Avenue, office building, office building, 9 floor, room 9013－9017 22－31708－403	
4. Combined Transport* Pre－carriage by ｜ 5. Combined Transport* Place of Receipt	
6. Ocean Vessel Voy. No. HENGYU V. 24W ｜ 7. Port of Loading TIANJIN, CHINA	
8. Port of Discharge Bangkok ｜ 9. Combined Transport* Place of Delivery	

Marks & Nos. Container / Seal No.	No. of Containers or Packages	Description of Goods（If Dangerous Goods, See Clause 20）	Gross Weight Kgs	Measurement
ORDER 9901961 STYLE 534/090 AVA 25949317 C/NO. MADE IN CHINA	250CTNS	10 000 cases Heine Ken canned beer 24 per box	7 500KGS	14. 25M^3

	Description of Contents for Shipper's Use Only（Not part of This B/L Contract）
10. Total Number of containers and/or packages（in words）Subject to Clause 7 Limitation	SAY TOTAL TWO HUNDRED AND FIFTY CARTONS ONLY

11. Freight & Charges Declared Value Charge	Revenue Tons	Rate	Per	Prepaid	Collect
Ex. Rate:	Prepaid at		Payable at	Place and date of issue	
	Total Prepaid	No. of Original B（s）/L THREE（3）		Signed for the Carrier, TIANJIN　YUANDA LOGISTICS CO. LTD. STY SHIPPING COMPANY as ugent for and on behalf of the carrier TIANJIN　YUANDA LINES　郑辉	

（印章：TIANJIN YUANDA LOGISTICS CO. LTD. 天津远大船务有限公司 发票专用章）

LADEN ON BOARD THE VESSEL　HENGYU V. 24W
DATE 17 JUNE. 2016 BY TIANJIN　YUANDA 郑辉

(2) 2016 年 7 月 17 日，出口商品退回企业库房。库房转来商品验收单，财会部门编制会计分录如下：

借：库存商品——啤酒（喜力罐装啤酒）　480 000.00
　贷：发出商品——泰国福禧酒业进出口公司　480 000.00

(3) 2016 年 7 月 19 日，财会部门向天津远大船务有限公司支付 2 000 美元国外运费。同日向太平洋保险公司按照费率 1‰缴纳保险费 1 364.66 元（1 240 600 × 110% × 1‰）。当日美元卖出价 1 美元 = 6.313 元人民币，美元中间价 1 美元 = 6.213 元人民币。支付国外运费发票如表 4 - 7 所示。根据有关运费和保费单据，编制会计分录如下：

借：主营业务收入　13 990.66
　贷：银行存款　13 990.66

(4) 2016 年 7 月 25 日，财会部门向开户银行购汇结算泰国福禧酒业进出口公司进口商品退回索赔款 30 000 美元。当日美元卖出价 1 美元 = 6.317 元人民币，美元中间价 1 美元 = 6.306 元人民币。财会部门根据购汇凭证及其转账单据编制会计分录如下：

借：营业外支出——出口商品理赔　189 510.00
　贷：银行存款　189 510.00

(5) 2016 年 7 月 25 日，北京千禧酒业进出口公司按照 13% 的退税率计算应向海关退还出口退税 62 400 元（480 000 × 13%）；同时按照规定冲减原进项税额转出金额 19 200 元 [480 000 × (17% - 13%)]。财会部门根据海关负数退税申请表编制会计分录如下：

借：应交税费——应交增值税（进项税额转出）　19 200.00
　贷：主营业务成本　19 200.00
借：应交税费——应交增值税（出口退税）　62 400.00
　贷：其他应付款——出口退税　62 400.00

(6) 2016 年 7 月 27 日，财会部门收到银行转账通知单据，应退还海关原出口退税款 62 400 元已划转出账，编制会计分录如下：

借：其他应付款——出口退税　62 400.00
　贷：银行存款　62 400.00

（二）代理出口商品核算

代理出口商品的形式主要有视同买断方式和收取手续费方式。其中，视同买断方式须由受托方与国内委托方签订代理出口协议，受托方按照协议价格向委托方支付代理出口商品国内采购价款，而后再根据自定的销售价格向国外进口商结算销售价款。国外销售价与国内采购价之间的差额是受托方所赚取的利润。视同买断方式出口商品的核算方法与出口商自营方式出口商品的核算方法基本相同。而收取手续费方式是指受托方根据代理出口商品金额的一定比例向委托方收取手续费的销售方式。受托方收到代销商品时，按照商品原账面成本，借记“受托代销商品”科目，贷记“受托代销商品款”科目；收到储运部门转来代理出口商品出库单时，借记“发出商品”科目，贷记“受托代销商品”科目；同时按照受托代销商品的销售价格及其当日外汇买入价，借记“应收账款”科目，贷记“应付账款”科目；根据代销出口商品清单所载代理出口商品原账面成本，借记“受托代销商品款”科目，贷记

"发出商品"科目；受托方与委托方结算手续费时，按照原账面成本减除国内外运费和保险费后金额，借记"应付账款"科目，按照应结算金额（原账面成本减除国内外运费、保险费及其手续费后的金额），贷记"银行存款"科目，按照手续费及其外汇中间价计算的金额，贷记"其他业务收入"科目；其差额借记或贷记"财务费用——汇兑差额"明细科目。

例题4-9：北京美星机械进出口公司接受国内石家庄五菱机械有限责任公司委托代理出口其自动挖掘机产品给塞尔维亚斯坎普机械进出口公司，代理手续费按照CIF价格2%计算。

（1）2016年6月20日，财会部门收到储运部门转来的代理进口商品入库单，列明出口挖掘机入库数量100台，单价36 000元。编制会计分录如下：

借：受托代销商品——挖掘机（五菱自动挖掘机）　　3 600 000.00
　　贷：受托代销商品款——石家庄五菱机械有限责任公司　　3 600 000.00

（2）2016年6月23日，财会部门收到储运部门转来出口商品出库单，列明出口挖掘机入库数量100台，单价36 000元。编制会计分录如下：

借：发出商品——塞尔维亚斯坎普机械进出口公司　　3 600 000.00
　　贷：受托代销商品——挖掘机（五菱自动挖掘机）　　3 600 000.00

（3）2016年6月24日，财会部门收到储运部门转来的出口商品统一发票及其开户银行托收凭证回单，托收出口挖掘机100台，每台CIF报价10 000美元，共计1 000 000美元，佣金20 000美元。当日美元买入价1美元=6.300元人民币。财会部门根据出口商品统一发票、银行托收凭证回单、商品销售成本计算表编制会计分录如下：

借：应收账款——塞尔维亚斯坎普机械进出口公司　　6 174 000.00
　　贷：应付账款——石家庄五菱机械有限责任公司　　6 174 000.00
借：受托代销商品款——石家庄五菱机械有限责任公司　　3 600 000.00
　　贷：发出商品——塞尔维亚斯坎普机械进出口公司　　3 600 000.00

（4）2016年6月25日，财会部门支付挖掘机国内运杂费10 000元，根据运输公司开来的运费发票及其转账支票存根单据，编制会计分录如下：

借：应付账款——石家庄五菱机械有限责任公司　　10 000.00
　　贷：银行存款　　10 000.00

（5）2016年6月25日，财会部门支付挖掘机国外运费10 000美元，保险费3 000美元。当日美元卖出价1美元=6.301元人民币。财会部门根据国际运费发票和保费单据编制会计分录如下：

借：应付账款——石家庄五菱机械有限责任公司　　81 913.00
　　贷：银行存款　　81 913.00

（6）2016年7月9日，财会部门收到塞尔维亚斯坎普机械进出口公司汇来销售款980 000美元。当日美元买入价1美元=6.297元人民币。根据银行入账通知及其结汇单据编制会计分录如下：

借：银行存款　　6 171 060.00
　　财务费用——汇兑差额　　2 940.00
　　贷：应收账款——塞尔维亚斯坎普机械进出口公司　　6 174 000.00

（7）2016 年 7 月 14 日，财会部门向国内挖掘机厂商石家庄五菱机械有限责任公司结算出口商品款项。当日美元卖出价 1 美元 = 6.303 元人民币，美元中间价 1 美元 = 6.294 元人民币。根据银行转账通知及其购汇凭证，编制会计分录如下：

借：应付账款——石家庄五菱机械有限责任公司	6 082 087.00	
财务费用——汇兑差额	128 820.00	
贷：银行存款——美元户		6 085 027.00
其他业务收入		125 880.00

第五章

周转材料、固定资产和无形资产的核算

周转材料、固定资产和无形资产是商品流通企业在经营过程中必须拥有的非商品性财产物资，而且是非货币性资产。它们对商品流通业务的正常经营起着非常关键的作用。其中，周转材料是指商品流通企业在经营过程中为了包装本企业商品而储备的各种包装容器以及在经营过程中所需要的各种经营工具、专用工具、替换设备、管理用具和劳动保护用品。固定资产是指商品流通企业为了组织商品经营、提供劳务、出租或者管理而持有且使用寿命超过一个会计年度的有形资产。无形资产是指商品流通企业拥有或者控制的没有实物形态的可辨认非货币性资产。

第一节　周转材料核算

为了保证商品流转业务的正常开展，商品流通企业除了需要拥有一定规模的固定资产和大量的商品存货之外，更需要拥有一定数量的用于业务经营和管理需要的非商品性存货。非商品性存货又称作周转材料。商品流通企业的周转材料包括包装物和低值易耗品两个项目，是商品流转必不可少的工具和用品。

一、包装物核算

（一）包装物核算范围

包装物是指商品流通企业为包装本企业商品、并随同商品一起出售或出租、出借给购买方的各种包装容器，如桶、坛、瓶、箱、袋等。其核算内容包括：用于包装商品作为商品组成部分的包装物、随商品出售而不单独计价的包装物、随商品出售而单独计价的包装物、出租或出借给购买单位使用的包装物。

包装物的种类繁多，但包装商品的存货不一定都属于包装物，只有随同商品流转的包装物才属于包装物核算的范围。用于储存和保管商品的资产，如油柜、糖缸、酒坛、油灌等，应视其价值大小和使用期限长短分别作为低值易耗品和固定资产核算。

（二）包装物核算科目

为了反映和监督包装物的增减变化及其价值损耗、结存等情况，应设置“周转材料”科目。该科目为资产类科目。在核算包装物增减业务的情况下，借方登记包装物的购进、盘盈所增加金额，贷方登记包装物的出售、盘亏、摊销、报废所减少金额，期末余额在借方，表示结存包装物的实际成本。本科目按照包装物的类别、品种、规格设置明细科目进行明细核算。对于采用五五摊销法摊销的出租、出借包装物还应在“周转材料——包装物”明细科目下设置“库存”、“出租”、“出借”、“摊销”四个明细科目进行核算。

（三）包装物购进核算

包装物的实际成本包括包装物的购置价款、相关税费和运杂费。包装物的购进方式分为两种：一种是单独购进；另一种是随商品一同购进。购进方式不同，核算方法也不相同。

1. 单独购进包装物核算。

例题 5-1：北京春花食品销售有限责任公司购进包装木箱 1 000 只，每只单价 40 元，增值税进项税额 6 800 元，支付运费 180.18 元，增值税进项税额 19.82 元。开出转账支票支付全部价款及运费。包装物验收入库。若采用一次转销法，财会部门根据增值税专用发票、入库单及其转账支票存根，编制的会计分录如下：

借：周转材料——包装物（木箱）	40 180.18	
应交税金——应交增值税（进项税额）	6 819.82	
贷：银行存款		47 000.00

若采用五五摊销法，财会部门应编制的会计分录如下：

借：周转材料——库存周转材料	40 186.00	
应交税金——应交增值税（进项税额）	6 814.00	
贷：银行存款		47 000.00

2. 随商品购进单独计价包装物核算。随商品购进单独计价的包装物，购进商品的部分，按照商品购进处理；购进的包装物，按照包装物购进处理。

例题 5-2：北京红螺茶叶销售有限责任公司由安徽春山茶场购进白茶 500 千克，每千克 200 元，货款 100 000 元，增值税进项税额 17 000 元。随货购进木箱 100 只，每只单价 20 元，货款 2 000 元，增值税进项税额 340 元。全部款项通过网银方式结算，茶叶及木箱已验收入库。财会部门根据储运部门转来增值税专用发票、商品和周转材料入库单、网银付款凭证编制会计分录如下：

借：库存商品——茶叶（春山白茶）	100 000.00	
周转材料——包装物（木箱）	2 000.00	
应交税金——应交增值税（进项税额）	17 340.00	
贷：银行存款		119 340.00

3. 随商品购进不单独计价包装物核算。随商品购进不单独计价的包装物，其价值已包含在所购商品的价值当中。因此，在购进时包装物不作账务处理。待商品售出包装物腾空后，若其还有使用价值，可作为包装物入账。按照包装物的估值金额，借记“周转材

料——包装物”明细科目，贷记“营业外收入”科目。

（四）包装物出售核算

包装物的出售分为随同商品出售单独计价和不单独计价两种。领用随商品出售不单独计价的包装物，作为企业的费用支出，计入“销售费用”。领用随商品出售单独计价的包装物，作为企业的其他业务处理，计入“其他业务成本”科目。

例题5－3：北京城乡商贸有限责任公司向前门宣德楼饭庄出售啤酒100箱，每箱啤酒30元，货款共计3 000元，增值税进项税额510元。随同啤酒出售啤酒箱100只，每只10元，货款共1 000元，增值税进项税额170元。全部款项存入银行。包装物的账面成本为每只8元。

（1）财会部门根据增值税专用发票、商品出库单及其进账单回单联，编制会计分录如下：

借：银行存款　　4 680.00
　贷：主营业务收入　　3 000.00
　　其他业务收入　　1 000.00
　　应交税金——应交增值税（销项税额）　　680.00

结转出售包装物成本的会计分录如下：

借：其他业务成本　　800.00
　贷：周转材料——包装物（啤酒箱）　　800.00

（2）若出售包装物不单独计价，则财会部门根据增值税专用发票、商品出库单及其进账单回单联，编制会计分录如下：

借：银行存款　　4 680.00
　贷：主营业务收入　　4 000.00
　　应交税金——应交增值税（销项税额）　　680.00
借：销售费用——包装费　　800.00
　贷：周转材料——包装物（啤酒箱）　　800.00

（五）包装物摊销核算

包装物在周转使用中，因不断磨损或自然损耗而减少的价值应计入企业的费用，而计入费用的这部分包装物价值，即包装物摊销。包装物摊销将直接减少“周转材料”科目的账面价值，并增加企业销售费用开支。按照《企业会计准则第1号——存货》的规定，包装物摊销的方法有一次转销法和五五摊销法两种。

一次摊销法是将包装物的账面价值在包装物领用时一次计入期间费用，即在领用包装物时，借记“销售费用”科目，贷记“周转材料”科目。一次摊销法适合于价值低、使用期限短的包装物。一次转销法的手续较为简便，但费用负担不均衡，且在包装物被领用之后容易形成账面无价财产，给包装物的实物管理带来不便。

五五摊销法是指领用包装物时摊销其账面价值的50%，其余的50%在包装物报废时再予以摊销的方法。五五摊销法适合于价值大、使用期限长的包装物。此法在包装物使用过程中只摊销两次，摊销核算较为简单，且不至形成账面无价财产。

（六）包装物出租核算

包装物出租的核算涉及到包装物的摊销、收取租金、押金、退还押金、没收押金等项业务。收取出租包装物的租金计入“其他业务收入”科目，其摊销成本计入“其他业务成本”科目。而收取的押金作为企业的一项负债计入“其他应付款”科目，没收的押金则计入“其他业务收入”科目。

例题 5－4：北京融和商贸有限责任公司出租库存包装物给保定宏林商贸公司 400 件，每件单位成本 100 元，共计 40 000 元；租期 5 个月，租金按月收取，每月收取包装物租金 5 128.21 元，增值税额 871.79 元；收取押金 48 000 元。租期满收回包装物 350 件，已重新入库；退还押金 42 000 元，其余 50 件未能收回，没收其押金。包装物采用五五摊销法。

（1）包装物出租时同时摊销其账面价值 50%，根据包装物领用表编制会计分录如下：

借：周转材料——包装物（出租） 40 000.00
　　贷：周转材料——包装物（库存） 40 000.00
借：其他业务成本 20 000.00
　　贷：周转材料——包装物（摊销） 20 000.00

（2）收取包装物押金时，根据银行进账单、现金收据等凭证，编制会计分录如下：

借：银行存款 48 000.00
　　贷：其他应付款——保定宏林商贸公司 48 000.00

（3）每月收取租金时，根据银行入账通知及其租金收取所开发票，编制会计分录如下：

借：银行存款 6 000.00
　　贷：其他业务收入 5 128.21
　　　　应交税费——应交增值税（销项税额） 871.79

（4）租期满收回包装物，发现收回的包装物中 50 件若不能继续使用，摊销剩余账面价值 50%，根据包装物入库单和周转材料摊销计算表编制会计分录如下：

借：周转材料——包装物（库存） 35 000.00
　　贷：周转材料——包装物（出租） 35 000.00
借：其他业务成本 2 500.00
　　贷：周转材料——包装物（摊销） 2 500.00
借：周转材料——包装物（摊销） 5 000.00
　　贷：周转材料——包装物（出租） 5 000.00

（5）退还包装物押金时，根据银行划款凭证编制会计分录如下：

借：其他应付款——保定宏林商贸公司 42 000.00
　　贷：银行存款 42 000.00

（6）对于没收的押金，根据有关扣款单及增值税专用发票编制会计分录如下：

借：其他应付款——保定宏林商贸公司 6 000.00
　　贷：其他业务收入 5 128.21
　　　　应交税金——应交增值税（销项税额） 871.79

(七) 包装物出借核算

包装物出借的核算与包装物出租的核算基本相同，所不同的是要将“周转材料——包装物（出租）”明细科目改为“周转材料——包装物（出借）”明细科目进行明细核算。另外，企业出借的包装物不属于其他业务性质，也不向借用单位收取费用。出借包装物在借用期间的损耗金额计入“销售费用”科目。

二、低值易耗品核算

(一) 低值易耗品核算范围

低值易耗品是指单项价值低、使用期限短、不能作为固定资产的各种用具物品，如工具、管理用具、玻璃器皿、劳保用品以及在经营过程中周转使用的包装容器等。凡使用期限在一年以内或单项价值低于固定资产金额标准的用具物品，均属于低值易耗品核算内容。

(二) 低值易耗品核算科目

低值易耗品核算是通过“周转材料”科目进行的。在核算低值易耗品业务情况下，借方登记低值易耗品的增加数，贷方登记低值易耗品领用及摊销数，期末借方余额表示低值易耗品结存数。同时，为了加强低值易耗品的管理，应按低值易耗品的类别、品种、规格进行明细核算。在采用五五摊销法下，还应在“周转材料——低值易耗品”明细科目下设置“库存”、“在用”和“摊销”三个明细科目。

(三) 低值易耗品购进核算

购进低值易耗品与购进包装物相同，按照实际成本入账。低值易耗品的实际成本包括购置价款、相关税费和运杂费等开支。

例题 5-5：北京祥鸿商贸有限责任公司本月购进办公桌 10 张，每张进价 1 000.00 元，增值税进项税额 1 700.00 元。运费 90.09 元，增值税进项税额 9.91 元。全部款项以转账支票支付，办公桌由仓库验收。若该企业采用一次转销法摊销低值易耗品账面价值，则根据低值易耗品购置发票及入库单、运费单据及其转账支票存根编制会计分录如下：

借：周转材料——低值易耗品（办公桌）	10 090.09	
应交税金——应交增值税（进项税额）	1 709.91	
贷：银行存款		11 800.00

若该企业采用五五摊销法摊销低值易耗品账面价值，则需要编制的会计分录如下：

借：周转材料——低值易耗品（库存）	10 090.09	
应交税金——应交增值税（进项税额）	1 709.91	
贷：银行存款		11 800.00

(四) 低值易耗品领用及摊销核算

低值易耗品领用后，在使用过程中会不断发生磨损，低值易耗品的价值在逐渐减少，这些减少的价值应在使用期限内摊入企业的费用，这种价值分摊就称为低值易耗品的摊销。按照《企业会计准则第 1 号——存货》的规定，低值易耗品的摊销有一次转销法和五五摊销法两种。

1. 一次转销法。一次转销法是指低值易耗品领用时，将其账面价值一次计入期间费用。此法适合于单项价值低、使用期限短的低值易耗品。

例题 5－6：某商贸公司总务科从仓库领用修理工具一批，账面价值 150 元。采用一次转销法，编制会计分录如下：

借：管理费用——低值易耗品摊销　　150.00

　　贷：周转材料——低值易耗品（维修工具）　　150.00

2. 五五摊销法。五五摊销法是指领用低值易耗品时摊销其账面价值的 50%，其余的 50% 在低值易耗品报废时再予以摊销的方法。此种方法适合于价值大，需要长期加强管理的低值易耗品。

例题 5－7：北京美洁美化妆品商贸有限责任公司财会部领用办公桌 1 张，账面价值 900 元。采用五五摊销法。根据低值易耗品领用单据会计分录如下：

借：周转材料——低值易耗品（在用）　　900.00

　　贷：周转材料——低值易耗品（库存）　　900.00

借：管理费用——低值易耗品摊销　　450.00

　　贷：周转材料——低值易耗品（摊销）　　450.00

包装物使用期满报废时，摊销其剩余账面价值的 50%，同时注销低值易耗品的账面记录。根据财产物资报废审批表编制会计分录如下：

借：管理费用——低值易耗品摊销　　450.00

　　贷：周转材料——低值易耗品（摊销）　　450.00

借：周转材料——低值易耗品（摊销）　　900.00

　　贷：周转材料——低值易耗品（在用）　　900.00

第二节　固定资产核算

一、固定资产分类和计价

（一）固定资产特征

《企业会计准则第 4 号——固定资产》规定，固定资产是指同时具有下列特征的有形资产：（1）为生产商品、提供劳务、出租或经营管理而持有的；（2）使用寿命超过一个会计年度。

商品流通企业的固定资产应该具有如下特征：（1）是商品流通企业为进行商品买卖、提供劳务、出租或经营管理而持有的，而不是为了出售，这是固定资产的最基本的特点，也是区别于流动资产的主要标志；（2）使用寿命超过一个会计年度，但又是有限的；（3）实物形态的不变性。固定资产是有形资产，能够连续多次参加企业经营过程，直至报废前并不改变其实物形态；（4）其价值随使用的磨损程度，逐步地、部分地转移到成本费用中去，随库存商品销售的实现，逐步转化为货币资金。

企业的某一项资产，如果要作为固定资产加以确认，首先需要符合固定资产的定义；其次还需要同时满足固定资产的下列的确认条件：（1）与该固定资产有关的经济利益很可能流入企业；（2）该固定资产的成本能够可靠地计量。如果某一项资产不能同时符合上述确认要求，就不能确认为固定资产。

（二）固定资产分类

由于企业的经营性质不同，经营规模有大有小，对于固定资产的分类可以有不同的分类方法，企业可以根据自己的实际情况和经营管理、会计核算的需要进行必要的分类。

1. 固定资产按经济用途分类，可以分为经营用固定资产和非经营用固定资产。经营用固定资产，是指直接服务于商品经营过程的固定资产，如企业经营用大楼、仓库、办公设备、运输设备、管理设备等。非经营用固定资产，是指不直接服务于商品经营过程的固定资产，如企业的职工食堂、浴室、健身房等。

2. 固定资产按使用情况分类，可分为使用中的固定资产、未使用的固定资产和不需用的固定资产。使用中的固定资产，是指正在使用的经营性和非经营性固定资产。由于季节性经营或修理等原因，暂时停止使用的固定资产仍属于企业使用中的固定资产；企业出租给其他单位使用的固定资产以及内部替换使用的固定资产，也属于使用中的固定资产。未使用的固定资产，是指已完工或已购建的尚未交付使用的固定资产以及因进行改建、扩建等原因停止使用的固定资产。如企业购建的尚待安装的固定资产、经营任务变更停止使用的固定资产等。不需用的固定资产，是指本企业多余或不适用，需要调配处理的固定资产。

3. 固定资产按所有权进行分类，可分为自有固定资产和租入固定资产。自有固定资产是指企业拥有的可供企业自由支配使用的固定资产；租入固定资产是指企业采用租赁方式从其他单位租入的固定资产。

4. 固定资产按经济用途和使用情况进行综合分类，可分为经营用固定资产、非经营用固定资产、租出固定资产、不需用固定资产、未使用固定资产、土地、融资租入固定资产等。

土地主要是指已经估价单独入账的土地。因征地而支付的补偿费，应计入与土地有关房屋、建筑物的价值内，不单独作为土地价值入账。企业取得的土地使用权不能作为固定资产管理。融资租入固定资产，是指企业采取融资租赁方式租入的固定资产，在租赁期内，应视同自有固定资产进行管理。

（三）固定资产计价

《企业会计准则第 4 号——固定资产》规定“固定资产应当按照成本进行初始计量”。这里的成本指历史成本，亦称原始价值。考虑到固定资产价值较大，其价值会随着服务能力的下降而逐渐减少，还需要揭示固定资产的折余价值。固定资产的计价主要有以下两种方法：

1. 按历史成本计价。固定资产的历史成本是指企业购建某项固定资产达到预定可使用状态前所发生的一切合理、必要的支出。企业新购建固定资产的计价、确定计提折旧的依据等均采用这种计价方法。它是固定资产的基本计价标准，在我国会计实务中，固定资产的计价均采用历史成本。

由于固定资产的取得方式、途径不同，其成本的构成具体内容也有所差异，固定资产初始计量方式应当根据具体情况分别确定。

（1）外购固定资产的成本，包括购买价款、相关税费（如契税、耕地占用税、车辆购置税等相关税费）、使固定资产达到预定可使用状态前所发生的可归属于该项资产的运输费、装卸费、安装费和专业人员服务费等。

以一笔款项购入多项没有单独标价的固定资产，应当按照各项固定资产公允价值比例对总成本进行分配，分别确定各项固定资产的成本。

购买固定资产的价款超过正常信用条件延期支付，实质上具有融资性质的，固定资产的成本以购买价款的现值为基础确定。实际支付的价款与购买价款的现值之间的差额，除按照《企业会计准则第 17 号——借款费用》应予资本化的以外，应当在信用期间内计入当期损益。

（2）自行建造固定资产的成本，由建造该项固定资产达到预定可使用状态前所发生的必要支出构成。

（3）投资者投入固定资产的成本，应当按照投资合同或协议约定的价值确定，但合同或协议约定价值非公允的除外。

（4）融资租入的固定资产的成本，《企业会计准则第 21 号——租赁》规定，承租人应当将租赁开始日租赁资产的公允价值与最低租赁付款额的现值两者中较低者作为租入资产的入账价值。承租人在租赁谈判和签订租赁合同过程中发生的，可归属于租赁项目的手续费、律师费、差旅费、印花税等初始直接费用，应当计入租入资产价值。

（5）在原有固定资产的基础上进行改建、扩建的，按原固定资产的账面价值，加上由于改建、扩建而使该项资产达到预定可使用状态前发生的支出，减去改建、扩建过程中发生的变价收入，作为入账价值。

（6）确定固定资产成本时，应当考虑预计弃置费用因素。盘盈的固定资产，按同类或类似固定资产的市场价格，减去按该项资产的新旧程度估计的价值损耗后的余额，作为入账价值。同类或类似固定资产不存在活跃市场的，按该项固定资产的预计未来现金流量现值，作为入账价值。

（7）其他方式取得的固定资产。如企业接受的债务人以非现金资产抵偿债务方式取得的固定资产、以非货币性交易换入的固定资产、企业合并取得的固定资产的成本，应当分别按照《企业会计准则第 12 号——债务重组》、《企业会计准则第 7 号——非货币性资产交换》、《企业会计准则第 20 号——企业合并》进行处理。

2. 按净值计价。固定资产净值也称折余价值，是指固定资产的原始价值或重置完全价值减去已提折旧额后的余额。这种计价方法主要用于计算盘盈、盘亏、毁损固定资产的净收益或净损失金额。

二、固定资产增加核算

（一）固定资产核算科目设置

为了反映固定资产的原始价值、已提折旧和净值的增减变动情况，商品流通企业应设置“固定资产”、“累计折旧”、“在建工程”等科目进行核算。

“固定资产”科目。本科目核算企业所有固定资产的原价。其借方登记购建、其他单位投资转入、盘盈以及其他原因增加的固定资产的原始价值，贷方登记出售、报废、盘亏以及其他原因减少的固定资产的原始价值，期末借方余额反映现有固定资产的原始价值。为了详细反映和监督每项固定资产的增减变动，企业还应按照固定资产的类别、品名分别设置“固定资产卡片”和“固定资产登记簿”进行固定资产的明细分类核算。

“累计折旧”科目。本科目是“固定资产”的备抵调整科目，是用来核算企业固定资产的累计折旧数额，其贷方登记计提折旧，借方登记出售、报废、盘亏、捐赠转出以及其他原因减少的固定资产折旧，期末贷方余额反映企业提取的固定资产折旧累计数。本科目只进行总分类核算。

“在建工程”科目。本科目核算企业进行基建工程、安装工程、技术改造工程、大修理工程等发生的实际支出，包括需要安装设备的价值。其借方登记基建工程、安装工程等发生的工程实际支出，包括需要安装设备的价值，贷方登记基建工程完工交付使用固定资产的成本，期末借方余额表示企业尚未完工的基建工程等发生的各项实际支出。本科目应按在建工程的项目名称设置明细科目进行明细核算。

（二）固定资产增加核算

企业固定资产增加，按其来源不同可分为：外购的固定资产、自行建造的固定资产、投资者投入的固定资产、租入的固定资产及盘盈的固定资产等，企业应分别不同来源进行账务处理。

1. 外购固定资产。一般纳税人企业购入的固定资产，按购买不含增值税价款、相关税费（进口关税、车辆购置税），使固定资产达到预定可使用状态前所发生的可归属于该项资产的运输费、装卸费、安装费和专业人员服务费等，作为购入固定资产原价入账。小规模纳税人企业则需要按照购买含增值税价款、相关税费（进口关税、车辆购置税），使固定资产达到预定可使用状态前所发生的可归属于该项资产的运输费、装卸费、安装费和专业人员服务费等，作为购入固定资产原价入账。

（1）购入不需要安装的固定资产。按上述成本直接借记“固定资产”科目和“应交税费——应交增值税（进项税额）”明细科目，同时贷记“银行存款”科目。

例题 5－8：北京京都工贸有限责任公司从广汽丰田五道口汽车销售服务店以转账支票结算方式销售经营用车一部，裸车价 136 752.14 元，增值税额 23 247.86 元；车辆购置税 8 000 元；保险费 4 575.48 元，增值税额 274.52 元。会计部门取得的原始凭证有机动车销售统一发票和保险发票、完税凭证、固定资产验收交接单等凭证如表 5－1 至表 5－4 所示。

表 5－1　　　　　　　　　**机动车销售统一发票**

发　票　联

发票代码 11100078060

发票号码 00789010

开票日期：2016－5－28

机打代码 机打号码 机器编号	11100078060 00789010 3401－5709441		税控码	1＜003＋1＜＋84362－2＊212＞加密版本：03 ＜777＜0884＋/0＊294＋＜－＜4100051170 78＞45＞－＊3/32＊26－844/00049615304 01－3018012＊435＊＞1＞＞8	
购货单位（人）	北京京都工贸有限责任公司		身份证号码/组织机构代码	110104×××××××××××××	
车辆类型	小轿车	厂牌型号	丰田 TV7180GLX－13	产　地	天津
合格证号	WAJ330001815877	进口证明书号		商检单号	
发动机号码	IZZA98399		车辆识别代码/车架号码	LTVBR23E240698788	
价税合计	壹拾陆万元整		小写	¥160 000.00	
销售单位名称	广汽丰田五道口汽车销售服务店			电　话	010－6750××××
纳税人识别号	110347742613304		账　号	0800005608880044776	
地　址	海淀区五道口汽贸配件城120店		开户银行	交通银行五道口支行	
增值税税率或征收率	17%	增值税税　额	¥23 247.86	主管税务机关及代码	北京市海淀区国税局 112033660
不含税税价（小写）	¥136 752.14	吨　位		限乘人数	5人

销售单位盖章　　　　开票人　项鸣　　　　备注：一本一票

广汽丰田五道口汽车销售服务店
110347742613304
发票专用章

表 5－2

中华人民共和国
税收通用完税证

20165 京国完电：NO 1160R33

注册类型：　　　　填发日期：2016年5月30日　　　　征收机关：海淀区国税局中关村征管分局

纳税人识别号	110347742613304			地址	北京市朝阳区金盏乡致富路甲78号	
纳税人名称	北京京都工贸有限责任公司			税款所属时期	2016年5月30日	
税　　种	品目名称	课税数量	计税金额或销售收入	税率或单位税额	已缴或扣除额	实缴金额
车辆购置税	车辆购置税	1	160 000.00	5%		¥8 000.00
金额合计（大写）	捌仟元整　　¥8 000.00					
税务机关（盖章）	委托代征单位（盖章）		填票人（章） 李楠	备注	丰田 TV7180GLX－13 票面价格 160 000.00	

北京市海淀区国家税务局
征管专用章

表 5－3 **北京增值税专用发票** No. 132936180 1100125403

1100125403 发票联 132936180

校验码 35786 90946 10140 0 开票日期：2016 年 5 月 30 日

购货单位	名　　称：北京京都工贸有限责任公司 纳税人识别号：110347742613304 地 址 、电 话：北京市朝阳区金盏乡致富路甲 78 号 开户行及账号：中信银行北京朝阳十里河支行 3670 0020 3456 778	密码区	3 <403 +1 < +76077 −2 ∗212 > −3 ∗ >9 // +44 <333 <0884 +/0 ∗294 + < − <975 >3 <85 00 >45 > − ∗3/32 ∗26 −811/0 / +88257 + −53 > 41 −3011012 ∗435 ∗ >1#8 >4 < −—6 ∗5

货物或应税劳务名称	规格型号	单位	数量	单价	金额	税率	税额
机动车辆保险			1	3 679. 25	3 679. 25	6%	220. 75
机动车交通事故责任强制保险			1	896. 23	896. 23	6%	53. 77
合　　计					¥4 575. 48	6%	¥274. 52
价税合计（大写）	×仟×佰×拾×万肆仟捌佰零拾零元零角零分				（小写） ¥4 800. 00		

销货单位	名　　称：中国平安保险股份有限责任公司五道口营业部 纳税人识别号：11070120007122 地 址 、电 话：海淀区五道口 108 号行家大厦一层 95512 开户行及账号：招商银行北京中关村支行　00970001241008	备注	中国平安保险股份有限公司 11070120007122 发票专用章

收款人：战公审　　复核：孟宪勇　　开票人：战公审　　销货单位：（章）

表 5－4 **固定资产验收交接单** No 20140005

2016 年 5 月 30 日　　单位：元

资产编号	资产名称	规格型号	计量单位	数量	设备价值	安装费用	附加费用	合　计
车－2－1104	丰田轿车	TV7180GLX13	辆	1	144 752. 14			144 752. 14
资产来源		购置	使用年限		10 年	主要附属设备		
制造厂商		广汽丰田	估计年限		10 年			
购置日期及其编号		车架 IZZA98399	基本折旧率		10%			
工程项目或使用部门		厂部	估计残值		2 000. 00			

单位负责人：夏冬煜　　会计：张　军　　复核：徐福达　　记账：

会计部门根据取得的机动车销售统一发票发票联和固定资产验收交接单、转账支票存根编制会计分录如下：

借：固定资产——非生产经营用固定资产（现代轿车）　　144 752. 14

　　应交税费——应交增值税（进项税额）　　23 522. 38

　　管理费用——车辆保险费　　4 575. 48

　　贷：银行存款　　172 850. 00

（2）购入需要安装的固定资产。将安装完毕前所发生的支出，包括需要安装设备的价值，应先记入“在建工程”科目的借方，待工程安装完毕后，再将有关金额从“在建工程”科目转入“固定资产”科目。

例题 5－9：北京翔宏商贸有限责任公司购入需要安装设备一套，取得的增值税专用发票上注明的价款为500 000元，增值税进项税额85 000元；支付运输费1 351.35元，增值税进项税额148.65元。款项已通过银行转账支付，投入安装后，支付安装费3 153.15元，增值税进项税额346.85元。安装完毕后交付使用。

支付设备价款、税款、运杂费合计586 500元。根据增值税专用发票及其网银付款凭证编制会计分录如下：

借：在建工程——设备安装工程　　501 351.35

　　应交税费——应交增值税（进项税额）　　85 148.65

　　贷：银行存款　　586 500.00

支付设备安装费3 500元。根据增值税专用发票及其网银付款凭证编制会计分录如下：

借：在建工程——设备安装工程　　3 153.15

　　应交税费——应交增值税（进项税额）　　346.85

　　贷：银行存款　　3 500.00

设备安装完毕交付使用，确定固定资产的入账价值504 504.50元。编制会计分录如下：

借：固定资产——生产经营用固定资产（设备）　　504 504.50

　　贷：在建工程——设备安装工程　　504 504.50

2. 自行建造的固定资产核算。企业自行建造的固定资产，是指商品流通企业为了新建、改建、扩建固定资产或者对固定资产进行技术改造或设备更新而由企业自行建造的固定资产。自行建造固定资产达到预定可使用状态前所发生的全部支出，均通过“在建工程”科目核算，待工程竣工交付使用后，再将工程发生的全部支出，转入“固定资产”科目。

企业自行建造固定资产包括自营建造和出包建造两种方式。其中，出包建造指企业将工程项目发包给施工企业，由施工企业组织施工的建筑工程和安装工程。这是目前较常见的方式。它又分为两种形式：包工不包料方式、包工包料方式。

（1）包工不包料方式。企业应按直接材料、直接人工、直接机械施工费等项支出确定其工程成本。当企业购入工程用物资时，按实际成本借记“工程物资”科目，贷记“银行存款”科目；当领用工程材料物资时，应按实际成本借记“在建工程”科目，贷记“工程物资”科目；如领用本企业材料物资时，应按原材料的实际成本加上不能抵扣的增值税额，借记“在建工程”科目，按原材料的实际成本，贷记“原材料”科目，按不能抵扣的增值税额，贷记“应交税费——应交增值税（进项税额转出）”科目。向承包公司预付工程款时，借记“在建工程”科目，贷记“银行存款”科目。基建工程应负担的其他费用，如临时设施费、监理费、可行性研究费、公证费等，借记“在建工程”科目，贷记“银行存款”科目。基建工程完工交付使用时，应借记“固定资产”科目，贷记“在建工程”科目。

例题 5－10：北京京都商贸有限责任公司出包建造一座仓库，经协商与承包公司签订了包工不包料的工程出包合同。仓库建造工程及其账务处理如下：

购入工程用物资一批，买价300 000元，增值税进项税额51 000元，物资验收入库，价款用银行存款支付。根据增值税专用发票、入库单及其网银付款凭证编制会计分录如下：

借：工程物资——××　　300 000.00

　　应交税费——应交增值税（进项税额）　　51 000.00

贷：银行存款　351 000.00

工程开工，领用工程物资300 000元。根据出库单编制会计分录如下：

借：在建工程——仓库工程　300 000.00

贷：工程物资——××　300 000.00

向承包公司预付工程款360 360.36元，增值税39 639.64元。根据增值税专用发票及网银付款凭证编制会计分录如下：

借：在建工程——仓库工程　360 360.36

应交税费——应交增值税（进项税额）　39 639.64

贷：银行存款　400 000.00

支付相关费用90 090.09元，增值税9 909.91元。根据增值税专用发票及其网银付款凭证编制会计分录如下：

借：在建工程——仓库工程　90 090.09

应交税费——应交增值税（进项税额）　9 909.91

贷：银行存款　100 000.00

工程完工交付使用，确定固定资产的入账价值750 450.45元。根据工程竣工交接单、固定资产造价明细表编制会计分录如下：

借：固定资产——经营用固定资产（仓库）　750 450.45

贷：在建工程——仓库工程　750 450.45

（2）包工包料方式。该方式工程核算主要包括支付工程价款和工程交付使用两项内容。支付工程价款时，借记"在建工程"科目，贷记"银行存款"科目，工程交付使用时，按照工程造价金额，借记"固定资产"科目，贷记"在建工程"科目。

例题5-11：北京京石商业有限责任公司将一仓库的工程出包给北京二建集团有限责任公司，工程的总价款为500 000元，按规定先预付工程款的60%，待工程完工，验收合格后再补付工程款的40%。

北京京石商业有限责任公司财会部门预付工程价款60%时。根据北京二建集团有限责任公司开具的增值税专用发票及其网银付款凭证编制会计分录如下：

借：在建工程——出包仓库工程　270 270.27

应交税费——应交增值税（进项税额）　29 729.73

贷：银行存款　300 000.00

4个月后，北京京石商业有限责任公司财会部门补付工程价款40%。根据北京二建集团有限责任公司开具的增值税专用发票及其网银付款凭证编制会计分录如下：

借：在建工程——出包仓库工程　180 180.18

应交税费——应交增值税（进项税额）　19 819.82

贷：银行存款　200 000.00

工程完工交付使用，确定固定资产的入账价值500 000元。财会部门根据固定资产建筑工程竣工交接单编制会计分录如下：

借：固定资产——生产经营用固定资产（仓库）　450 450.45

贷：在建工程——出包仓库工程　450 450.45

3. 投资转入固定资产的核算。投资者投入的固定资产，按投资合同或协议的价值作为入账价值。即借记“固定资产”科目，贷记“实收资本”科目。

例题 5－12：北京维嘉工贸有限责任公司收到北京京东方投资有限责任公司投入的专用设备一台，合同确认的价值为200 000元，增值税34 000元。根据投资合同及其投资方开具的增值税专用发票编制会计分录如下：

借：固定资产——生产经营用固定负资产（专用设备） 200 000.00
　　应交税费——应交增值税（进项税额） 34 000.00
　　贷：实收资本——北京京东方投资有限责任公司 234 000.00

4. 盘盈固定资产核算。盘盈的固定资产，按同类或类似固定资产的市场价格，减去按该项固定资产的新旧程度估计的价值损耗后的余额，借记“固定资产”科目，同时贷记“以前年度损益调整”科目。同时按照以前年度漏账补记的规定，调增以前年度的所得税费用，借记“以前年度损益调整”科目，贷记“应交税费——应交所得税”明细科目。补提的盈余公积，应借记“利润分配——未分配利润”明细科目，贷记“盈余公积”科目。同时，按照年终结转的规定，将“以前年度损益调整”科目的金额结转至“利润分配——未分配利润”明细科目。

例题 5－13：北京维嘉石油销售有限责任公司对固定资产进行盘点时发现有一台使用中的加油机未入账。该型号加油机七成新，且存在活跃市场，市场价格全新估值70 000元，按七成新估值49 000元（70 000×70%）。财会部门根据固定资产盘盈报告单编制会计分录如下：

借：固定资产——生产经营用固定资产（加油机） 49 000.00
　　贷：以前年度损益调整 49 000.00
借：以前年度损益调整 12 250.00
　　贷：应交税费——应交所得税 12 250.00
借：以前年度损益调整 36 750.00
　　贷：利润分配——未分配利润 36 750.00
借：利润分配——未分配利润 3 675.00
　　贷：盈余公积——法定盈余公积 3 675.00

三、固定资产折旧核算

固定资产折旧，是指在固定资产使用寿命内，按照确定的方法对应计折旧额进行系统分摊。应计折旧额，是指应当计提折旧的固定资产的原价扣除其预计净残值后的金额。已计提减值准备的固定资产，还应当扣除已计提的固定资产减值准备累计金额。预计净残值，是指假定固定资产预计使用寿命已满并处于使用寿命终了时的预期状态，企业目前从该项资产处置中获得的扣除预计处置费用后的金额。

（一）固定资产折旧计算

企业会计制度和《企业会计准则第4号——固定资产》规定：固定资产折旧方法可以采用年限平均法、工作量法、年数总和法、双倍余额递减法等。其中年限平均法、工作量法属于直线法，即每期或每一个工作量单位的折旧额相同；年数总和法和双倍余额递减法属于加速折旧法，每年折旧额呈递减趋势。

1. 年限平均法。年限平均法又称直线法，是将固定资产的折旧均衡地分摊到固定资产预计使用寿命内的一种方法。采用这种方法计算的每期折旧额均是等额的。其计算公式如下：

年折旧率 =（1 - 预计净残值率）÷预计使用年限

月折旧率 = 年折旧率 ÷12

月折旧额 = 固定资产原价 × 月折旧率

例题 5 - 14：北京京都工贸有限责任公司拥有一座库房，原价 300 000 元，预计可使用 20 年。按照有关规定，该库房报废时的净残值率为 3%。该库房的折旧率和折旧额计算如下：

年折旧率 =（1 - 3%）÷20 = 4.85%

月折旧率 = 4.85% ÷12 = 0.40416%

月折旧额 = 300 000 × 0.40416% = 1 212.48（元）

以上计算的折旧率是按个别固定资产单独计算的，称为个别折旧率。另外还有分类折旧率（即指将性质、结构和使用年限大体相同的固定资产归并为一类计算的折旧率）和综合折旧率（即指就整个企业的全部固定资产综合计算的折旧率）。采用分类折旧率计算折旧较采用个别折旧率而言，相对减少了计算的工作量；而与采用综合折旧率相比，计算结果又较准确得多。因此，分类折旧率在实务中使用较多。

2. 工作量法。工作量法是按照固定资产实际所完成的工作量来计提折旧额的一种方法。该种方法弥补年限平均法只重使用时间，不考虑使用强度的缺点。工作量法适用于一些专用设备，如专业车队的客、货运汽车，大型设备、大型建筑施工机械等。这类固定资产由于使用强度不同，各期折旧差异较大，不能按年限平均法来计算。工作量法的计算公式如下：

某项固定资产单位工作量应提折旧额 = 该项固定资产原价 ×（1 - 预计净残值率）÷该项固定资产预计总工作量

某项固定资产本月折旧额 = 该项固定资产当月工作量 × 单位工作量应提折旧额

例题 5 - 15：北京京都工贸有限责任公司的一辆运货卡车的原价是 60 000 元，预计总行驶里程 50 万公里，其报废时的净残值率预计 5%，本月行驶里程是 4 000 公里。该辆汽车的月折旧额计算如下：

单位里程折旧额 = 60 000 ×（1 - 5%）÷500 000 = 0.114（元/公里）

本月折旧额 = 4 000 × 0.114 = 456（元）

3. 双倍余额递减法。双倍余额递减法是指最初在不考虑固定资产净残值的情况下，根据每年年初固定资产账面净值乘以双倍直线法折旧率计算固定资产折旧的一种方法。其计算公式如下：

年折旧率 = 2 ÷ 折旧年限 × 100%

年折旧额 = 年初固定资产账面净值 × 年折旧率

月折旧额 = 年折旧额 ÷12

按照企业会计准则的规定，实行双倍余额递减法计提折旧的固定资产，应当在该固定资产折旧年限到期以前两年内，将固定资产净值扣除预计净残值后的价值平均摊销，即在最后两年改为直线法计提折旧。这样做的目的：一是保证固定资产在预计使用期内提足折旧；二是保证扣除固定资产累计折旧后的净残值恰好与预计净残值相等。

例题 5－16：北京京都工贸有限责任公司进口一项设备的原价是 1 000 000 元，预计使用年限为 5 年，预计净残值 50 000 元。按双倍余额递减法计算折旧，每年的折旧额计算如表 5－5 所示。

表 5－5　双倍余额递减法计算表　　单位：元

使用年限	年初账面折余价值	年折旧率	年折旧额	累计折旧额	年末账面折余价值
1	1 000 000	40%	400 000	400 000	600 000
2	600 000	40%	240 000	640 000	360 000
3	360 000	40%	144 000	784 000	216 000
4	216 000	—	83 000	867 000	133 000
5	133 000	—	83 000	950 000	50 000
合　计			950 000		

双倍直线折旧率＝2÷5×100%＝40%

第四年、第五年应提的年折旧额＝（216 000－50 000）÷2＝83 000（元）

4. 年数总和法。年数总和法又称合计年限法，是将固定资产的原值减去净残值后的净额乘以一个逐年递减的分数计算每年的折旧额。这个分数的分子代表固定资产尚可使用的年数，分母代表使用年数的逐年数字总和。其计算公式如下：

年折旧率＝尚可使用年数÷预计使用年限的年数总和

年折旧额＝（固定资产原值－预计净残值）×年折旧率

月折旧额＝年折旧率÷12

例题 5－17：资料同例题 5－16。若该设备采用年数总和法计提各年的折旧额。计算过程如表 5－6 所示。

表 5－6　年数总和法计算表

使用年限	固定折旧基数（元）	尚可使用年限（年）	年数总和（年）	年折旧率	年折旧额（元）	累计折旧额（元）	期末折余价值（元）
0							1 000 000
1	950 000	5	15	5/15	316 635	316 635	683 365
2	950 000	4	15	4/15	253 365	570 000	430 000
3	950 000	3	15	3/15	190 000	760 000	240 000
4	950 000	2	15	2/15	126 635	886 635	113 365
5	950 000	1	15	1/15	63 365	950 000	50 000
合　计					950 000		

双倍余额递减法与年数总和法都属于加速折旧法。采用加速折旧法，使固定资产在有效使用期的前期多提折旧，后期少提折旧，这与某些企业的商品生产经营特征是吻合的。即前

期需要商品研发大量的投入，但前期投放市场的商品可以卖到一个较高的价格；而进入产品后期，由于市场上同类产品的大量投放并加入价格竞争，该产品的价格和成本应该开始不断下降。因而前期多提折旧后期少提折旧，正与这些商品的成本不断降低的变化相适应。

需要注意的是，固定资产的使用寿命、预计净残值一经确定，不得随意变更；企业应当根据固定资产所含经济利益预期实现方式选择折旧方法，折旧方法一经确定，不得随意变更；企业至少应当于每年年度终了，对固定资产的使用寿命、预计净残值和折旧方法进行复核，如使用寿命预计数、预计净残值预计数与原先估计数有差异的，应当调整，与固定资产有关的经济利益预期实现方式有重大改变的，应当改变固定资产折旧方法，固定资产使用寿命、预计净残值和折旧方法的改变应当作为会计估计变更，并在财务报表附注中予以说明。

（二）固定资产折旧计提范围

1. 空间范围。《企业会计准则第 4 号——固定资产》规定，企业应当对所有固定资产计提折旧。但是，已提足折旧仍继续使用的固定资产和单独计价入账的土地除外。需要注意的是，以融资租赁方式租入的固定资产和以经营租赁方式租出的固定资产，应当计提折旧；以融资租赁方式租出的固定资产和以经营租赁方式租入的固定资产，不应当计提折旧。

2. 时间范围。企业在具体计提固定资产折旧时，一般应按月计提折旧，当月增加的固定资产，当月不提折旧，从下月起计提折旧；当月减少的固定资产，当月照提折旧，从下月起不提折旧。固定资产提足折旧后，不论能否继续使用，均不再提取折旧；提前报废的固定资产，也不再补提折旧。所谓提足折旧，是指已经提足该项固定资产应计的折旧总额。

（三）固定资产折旧核算

商品流通企业按月计提固定资产折旧时，对于经营用固定资产计提的折旧，借记“管理费用”科目，对于经营租出固定资产计提的折旧，借记“其他业务成本”科目，贷记“累计折旧”科目。累计折旧只进行总分类核算，不进行明细分类核算。需要查明该项固定资产的已提折旧，可以根据固定资产卡片上所记载的该项固定资产原值、折旧率和实际使用年数等资料进行计算。

例题 5－18：北京森吉工贸有限责任公司采用直线法计提固定资产折旧。2016 年 5 月的固定资产折旧计算表列示：经营用固定资产折旧 17 900 元，经营租出固定资产应提折旧 2 000 元。编制会计分录如下：

借：管理费用——折旧费	17 900.00	
其他业务成本	2 000.00	
贷：累计折旧		19 900.00

四、固定资产清理核算

企业进行固定资产清理，主要有以下三项内容：（1）因不需用或不适用而出售给其他单位的固定资产；（2）因磨损严重不能使用或由于技术进步等原因发生提前报废的固定资产；（3）因自然灾害或意外事故造成毁损而提前报废的固定资产。固定资产的清理，不论何种原因，都要按规定程序办理手续，取得或填制必要的凭证，才能进行账务处理。

企业在进行固定资产清理的总分类核算时，应设置“固定资产清理”科目，核算企业因出售、报废和毁损等原已转入清理的固定资产净值以及清理过程中所发生的清理费用和清理收入。其借方登记转入清理的固定资产净值、支付的清理费用，其贷方登记出售固定资产的收入、报废固定资产的残料变价收入及毁损固定资产应由保险公司及责任人赔偿的收入，本科目期末余额，反映尚未清理完毕固定资产的价值及清理净收入（清理收入－清理费用）。为了详细反映不同固定资产的清理情况，除进行总分类核算外，还应按清理的固定资产设置明细账进行明细核算。

固定资产清理的核算，一般可分为四个步骤进行：

（1）将固定资产转入清理。企业需要将出售、报废和毁损的固定资产转入清理时，应按转入清理的固定资产净值，借记“固定资产清理”科目，按已计提的折旧和资产减值准备，分别借记“累计折旧”、“固定资产减值准备”科目，按固定资产原值，贷记“固定资产”科目。

（2）核算清理费用。固定资产清理中发生的清理费用及应缴的税金等支出，应按实际数额借记“固定资产清理”科目，贷记“银行存款”或“应交税费”等科目。

（3）记录清理收入。企业在固定资产清理时发生的各项收入包括出售固定资产的价款、报废和毁损固定资产的残料、保险公司及过失人的赔款等，应按实际数额借记“银行存款”科目，贷记“固定资产清理”和“应交税费——应交增值税（销项税额）”科目。

（4）结转清理净损益。企业因出售、报废和毁损等，应当将清理收入扣除账面价值和相关税费后的金额计入当期损益，计入“营业外支出”或“营业外收入”科目。

例题 5－19：北京翔宏商贸有限责任公司一辆运输卡车在一次交通事故中报废，该卡车原价 200 000 元，已提折旧 60 000 元，在事故处理中明确过失人应赔偿 2 000 元；根据保险合同，保险公司应赔偿 70 000 元；企业未对该项固定资产计提减值准备。

（1）将卡车转入清理时，编制会计分录如下：

借：固定资产清理——卡车　　140 000.00
　　累计折旧　　60 000.00
　　贷：固定资产——生产经营用固定资产（卡车）　　200 000.00

（2）确认责任人和保险公司应赔偿的款项，编制会计分录如下：

借：其他应收款——某责任人　　2 000.00
　　　　　　　——保险公司　　80 000.00
　　贷：固定资产清理——卡车　　82 000.00

（3）结转固定资产清理净损失金额 58 000 元（140 000－82 000），编制会计分录如下：

借：营业外支出——非常损失　　68 000.00
　　贷：固定资产清理——卡车　　68 000.00

例题 5－20：北京翔宏商贸有限责任公司出售营业仓库一座，原价 400 000 元，已提折旧 200 000 元；发生清理费用 5 000 元用存款支付，取得价款 225 225.23 元，应缴营业税 24 774.77 元。该资产未提减值准备。

（1）将仓库转入清理时，根据固定资产账面价值记录编制会计分录如下：

借：固定资产清理——营业仓库　　200 000.00

累计折旧　　200 000.00

贷：固定资产——生产经营用固定资产（营业仓库）　　400 000.00

（2）支付清理费用时，根据对方开具的增值税专用发票及其转账支票存根编制会计分录如下：

借：固定资产清理——营业仓库　　4 504.50

应交税费——应交增值税（进项税额）　　495.50

贷：银行存款　　5 000.00

（3）收到转让价款时，根据增值税专用发票记账联及其银行进账单编制会计分录如下：

借：银行存款　　250 000.00

贷：固定资产清理——营业仓库　　225 225.23

应交税费——应交增值税（销项税额）　　24 774.77

（4）结转固定资产清理净损益时，编制会计分录如下：

固定资产清理净损益 = 225 225.23 - 200 000.00 - 4 504.50 = 20 720.73（元）

借：固定资产清理——营业仓库　　20 720.73

贷：营业外收入——处置固定资产净收益　　20 720.73

五、固定资产租赁核算

租赁是指在约定的期间内，出租人将资产的使用权让与承租人以获取租金的协议。租赁的主要特征是有偿转移资产的使用权。租赁按与租赁资产所有权有关的风险和报酬归属于出租人或承租人的程度不同可分为经营租赁和融资租赁。融资租赁是指在实质上转移了与资产所有权有关的主要风险和报酬的一种租赁，而经营租赁则是除融资租赁以外的租赁。

（一）经营租赁

经营租赁是企业为解决生产经营的季节性、临时性需要而采用的一种租赁方式。主要特点是：租赁期限短；租赁期满，承租人将资产退还给出租人；在这种方式下，与租赁资产相关的风险和报酬仍然归属于出租人。鉴于这些特点，作为承租人的企业，在会计核算上，不能将租入的固定资产作为自有固定资产进行核算和管理，只需按期确认应付租金的数额及其列支方向。而对于出租人，应将出租的固定资产作为自有资产进行管理，按期计提出租固定资产的折旧并确认出租业务的损益。

例题 5 - 21：北京翔宏商贸有限责任公司为满足季节性经营活动的需要，向北京百利贸易公司临时租入 4 辆载货汽车，租期为 3 个月，月租金 16 000 元；合同约定承租方按月支付租金，并一次性支付押金 400 000 元；北京百利贸易公司该项固定资产的账面原价为 800 000 元，每月计提折旧 9 000 元。

（1）承租方北京翔宏商贸有限责任公司财会部门的账务处理如下：

支付押金时，根据押金收据及其银行付款凭证编制会计分录如下：

借：其他应收款——北京百利贸易公司　　400 000.00

贷：银行存款　　400 000.00

按月支付租金时，根据对方开具的增值税专用发票及其银行付款凭证编制会计分录如下：

借：销售费用——租金　　13 675.21

　　应交税费——应交增值税（进项税额）　　2 324.79

　　贷：银行存款　　16 000.00

租赁期满，退回汽车，如数收回押金时，根据银行收款凭证编制会计分录如下：

借：银行存款　　400 000.00

　　贷：其他应收款——北京百利贸易公司　　400 000.00

（2）出租方北京百利贸易公司财会部门的账务处理如下：

租出汽车，收到押金时，根据银行收款凭证及其现金收据编制会计分录如下：

借：固定资产——出租固定资产（载货汽车）　　800 000.00

　　贷：固定资产——生产经营用固定资产（载货汽车）　　800 000.00

借：银行存款　　400 000.00

　　贷：其他应付款——北京翔宏商贸有限责任公司　　400 000.00

收到租金，按月确认收益时，根据增值税专用发票及其银行收款凭证编制会计分录如下：

借：银行存款　　16 000.00

　　贷：其他业务收入　　13 675.21

　　　　应交税费——应交增值税（销项税额）　　2 324.79

按月计提固定资产折旧时，根据固定资产折旧计算表编制会计分录如下：

借：其他业务成本　　9 000.00

　　贷：累计折旧　　9 000.00

租赁期满，收回完好汽车并如数退还押金时，根据银行付款凭证编制会计分录如下：

借：固定资产——生产经营用固定资产（载货汽车）　　800 000.00

　　贷：固定资产——出租固定资产（载货汽车）　　800 000.00

借：其他应付款——北京翔宏商贸有限责任公司　　400 000.00

　　贷：银行存款　　400 000.00

（二）融资租赁

融资租赁是企业处于融资方面的考虑而采纳的一种租赁方式。其主要特征是：（1）租赁期较长，融资租赁期占租赁资产使用寿命的大部分；（2）租赁开始日的最低租赁付款额（或最低租赁收款额）的现值，几乎相当于租赁开始日租赁资产的公允价值；（3）承租人有购买租赁资产的选择权，且在合同中订立的设备购买价款预计远低于行使选择权时租赁资产的公允价值；（4）租赁资产性质特殊，如不作较大改造，只有承租人才能使用。由此可见，在融资租赁方式下，尽管在租赁期内租赁资产的所有权仍然属于出租人，但承租人实质上获得了与该资产有关的风险。所以，承租企业租赁期应将融资租入资产视同自有资产进行核算和管理。

为区分融资租入固定资产和其他自有固定资产，企业应在“固定资产”总账科目下单独设置“融资租入固定资产”明细科目核算融资租入的固定资产。企业在租赁开始日，按租赁资产的公允价值与最低租赁付款额的现值中两者较低者，借记“固定资产——融资租入固定资产”科目，按最低付款额，贷记“长期应付款——应付租赁融资款”科目，按两者的差额，借记“未确认融资费用”科目。未确认融资费用应在租赁期内合理分摊，分摊时借记“财务费用”科目，贷记“未确认融资费用”科目。租赁期满，若设备的所有权转归承租企业，承租企业还应将该固定资产从“融资租入固定资产”明细科目转入相关明细科目。

例题 5－22：北京翔宏商贸有限责任公司于2016年1月1日融资租入运输设备2台，租赁资产的公允价值为2 700 000元，租期3年，交付使用后每年末支付租赁费1 000 000元，租赁期满，该运输设备归承租方所有。合同规定的利率为8%。

最低租赁付款额＝1 000 000×3＋0＝3 000 000（元）

每年租金的现值之和＝1 000 000×（P/A，3，8%）＝1 000 000×2.5771＝2 577 100（元）

每年租金的现值之和小于租赁资产公允价值2 700 000元，根据孰低原则，租赁资产的入账价值应是2 577 100元，含增值税额374 450.43元。

（1）租入设备时，根据对方开具的增值税专用发票及其应付租赁融资款计算表编制会计分录如下：

借：固定资产——融资租入固定资产　　2 202 649.57

　　应交税费——应交增值税（进项税额）　　374 450.43

　　未确认融资费用　　422 900.00

　　贷：长期应付款——应付租赁融资款　　3 000 000.00

（2）每年支付融资租赁费时，根据未确认融资费用分摊表（如表5－7所示）及其银行付款凭证编制会计分录如下：

借：长期应付款——应付租赁融资款　　1 000 000.00

　　贷：银行存款　　1 000 000.00

表 5－7　　未确认融资费用分摊表　　单位：元

日期	租金	确认的融资费用	应付本金减少	应付本金余额
	（1）	（2）＝期初（4）×8%	（3）＝（1）－（2）	期末（4）＝期初（4）－（3）
2016.1.1				2 577 100.00
2016.12.31	1 000 000	206 168.00	793 832.00	1 783 268.00
2017.12.31	1 000 000	142 661.44	857 338.56	925 929.44
2018.12.31	1 000 000	74 070.56	925 929.44	0.00
合计	3 000 000	422 900.00	2 577 100.00	

（3）摊销未确认融资费用时，根据未确认融资费用分摊表编制会计分录如下：

2016年每月摊销未确认融资费用额＝206 168÷12＝17 180.67（元）

借：财务费用　　17 180.67

　　贷：未确认融资费用　　17 180.67

2017年每月摊销未确认融资费用额＝142 661.44÷12＝11 888.45（元）

借：财务费用　　11 888.45

　　贷：未确认融资费用　　11 888.45

2018 年每月摊销未确认融资费用额 = 74 070.56 ÷ 12 = 6 172.55（元）

借：财务费用　　6 172.55

　　贷：未确认融资费用　　6 172.55

（4）每月计提折旧时，根据固定资产折旧计算表编制会计分录如下（假设该项资产预计净残值率为 5%，采用年限平均法）：

月折旧额 = 2 202 649.57 ×（1 - 5%）÷ 36 = 58 125.47（元）

借：管理费用——折旧费　　58 125.47

　　贷：累计折旧　　58 125.47

（5）租赁期满付清全部租赁费时，编制会计分录如下：

借：固定资产——运输设备　　650 000.00

　　贷：固定资产——融资租入固定资产　　650 000.00

六、固定资产后续支出核算

固定资产后续支出，是指企业的固定资产投入使用后，为了适应新技术发展的需要，或者为维护固定资产的使用效能等所发生的支出。包括企业对固定资产进行维护、改建、扩建或改良等所发生的支出。

《企业会计准则第 4 号——固定资产》规定：与固定资产有关的后续支出，符合固定资产确认条件的，应当计入固定资产成本；不符合固定资产确认条件的，应当在发生时计入当期损益。

例题 5 - 23：2016 年 1 月 1 日，某商场决定将 2013 年 12 月建成的中央空调全部更新。原有中央空调的建造成本为 500 万元，采用年限平均法计提折旧，已提折旧 190 万元，预计净残值率为 5%，预计使用 5 年。拆除原中央空调取得变价收入 20 万元存入银行，改良工程新发生支出 1 000 万元，全部以银行存款支付；2016 年 4 月 30 日该改良工程达到预定可使用状态，预计使用年限为 10 年，预计净残值率为 5%。

（1）2016 年 1 月 1 日，将中央空调账面成本 3 100 000 元（5 000 000 - 1 900 000）转入改良工程，编制会计分录如下：

借：在建工程——改良工程（中央空调）　　3 100 000.00

　　累计折旧　　1 900 000.00

　　贷：固定资产——生产经营用固定资产（中央空调）　　5 000 000.00

（2）将拆除设备变价收入存入银行时，根据增值税专用发票记账联及其银行收款凭证编制会计分录如下：

借：银行存款　　200 000.00

　　贷：在建工程——改良工程（中央空调）　　170 940.17

　　　　应交税费——应交增值税（销项税额）　　29 059.83

（3）发生改良支出时，根据对方开具的增值税专用发票及其银行付款凭证编制会计分录如下：

借：在建工程——改良工程（中央空调） 9 009 009.01
　　应交税费——应交增值税（进项税额） 990 990.99
　　贷：银行存款 10 000 000.00

（4）2016 年 4 月 30 日，改良工程达到预定可使用状态时，固定资产的入账价值 11 938 068.84 元（3 100 000 − 170 940.17 + 9 009 009.01），根据改良工程竣工决算及其固定资产入账价值计算表，编制会计分录如下：

借：固定资产——生产经营用固定资产（中央空调） 11 938 068.84
　　贷：在建工程——改良工程（中央空调） 11 938 068.84

例题 5－24：北京北辰红星建材城对现有的营业用电梯进行日常修理，为保证电梯的正常使用。修理过程中以转账支票支付修理费 45 045.05 元，增值税 4 954.95 元。

本例中，这项后续支出是为了保证电梯的正常使用，并不会使可能流入企业的经济利益超过原先的估计。因此，应将该项固定资产的后续支出确认为发生当期的费用。该公司财会部门根据对方开具的增值税专用发票及其银行付款凭证进行账务处理如下：

借：管理费用——修理费 45 045.05
　　应交税费——应交增值税（进项税额） 4 954.95
　　贷：银行存款 50 000.00

七、固定资产盘亏核算和期末计价

（一）固定资产盘亏核算

为保证企业固定资产的安全完整，确保固定资产核算的真实性。企业应定期对固定资产进行盘点清查。在固定资产的清查过程中，应认真核对账务与实物数量及其价值，如果发现盘亏的固定资产，应填制固定资产盘亏报告表，在报经批准处理前借记“待处理财产损溢——待处理固定资产损溢”科目，同时按已提折旧和减值准备金额，借记“累计折旧”科目和“固定资产减值准备”科目，按其账面原值，贷记“固定资产”科目；盘亏固定资产经批准转作营业外支出时，借记“营业外支出”科目，贷记“待处理财产损溢——待处理固定资产损溢”科目。

例题 5－25：北京金源燕莎友谊商厦 2016 年 6 月 22 日进行财产物资盘点时，发现丢失货架一组，账面原价 800 元，已提折旧 400 元。原因待查。根据固定资产盘亏报告表编制会计分录如下：

借：待处理财产损溢——待处理固定资产损溢 400.00
　　累计折旧 400.00
　　贷：固定资产——生产经营用固定资产（货架） 800.00

3 日后，领导对盘亏固定资产批准作营业外支出处理，根据固定资产盘亏报告表编制会计分录如下：

借：营业外支出——固定资产盘亏 400.00
　　贷：待处理财产损溢——待处理固定资产损溢 400.00

（二）固定资产期末计价

固定资产发生损坏，或因技术陈旧长期闲置及其他经济原因，导致其可收回金额低于其账面价值，这种情况被称为固定资产减值。对于已经发生的资产减值如果不予确认，必将虚夸企业资产价值，这有悖于会计核算的真实性和稳健性原则。因此，企业应当在期末至少在每年年度终了，对固定资产逐项进行检查，对于因各种原因导致的固定资产减值的，应逐项计提减值准备。

商品流通企业发生的固定资产减值业务，应通过“固定资产减值准备”科目核算。该科目既是资产类科目，同时还是“固定资产”的备抵科目。其贷方登记计提的固定资产减值准备金额，借方登记出售、报废、盘亏、捐赠转出以及其他原因减少的固定资产减值准备金额，期末贷方余额反映企业提取的固定资产减值准备累计数。企业计提固定资产减值准备时，应以实际减值额为依据，借记“资产减值损失”科目，贷记“固定资产减值准备”科目。资产减值损失一经确认，在以后会计期间不得转回。

例题 5－26：北京翔宏商贸有限责任公司 2016 年年末对固定资产进行核查时，发现本公司 2014 年年末开始使用的专利技术设备在市场上开始出现大量类似产品，致使该技术设备可能发生减值。如果现在出售其公允价值 2 200 000 元；如果继续使用则其后 5 年使用期内每年的现金流量及其未来现金流量现值计算结果如表 5－8 所示。该技术设备 2014 年年末购入时原始价值 3 000 000 元，已提折旧 500 000 元，累计计提资产减值准备 200 000 元。该技术设备 2016 年年末应计提减值准备 16 439 元（2 300 000－2 283 561），经批准编制会计分录如下：

借：资产减值损失　　16 439.00

　　贷：固定资产减值准备　　16 439.00

可收回金额应当根据资产的公允价值减去处置费用后的净额与资产预计未来现金流量的现值两者之间较高者确定。处置费用包括与资产处置有关的法律费用、相关税费、搬运费以及为使资产达到可销售状态所发生的直接费用等。

表 5－8　　预计未来现金流量现值计算表

年　份	预计未来现金流量（元）	折现率	折现系数	现金流量现值（元）
2016	500 000	5%	0.9524	476 190
2017	480 000	5%	0.9070	435 374
2018	460 000	5%	0.8638	397 365
2019	440 000	5%	0.8227	361 989
2020	420 000	5%	0.7835	329 081
2021	380 000	5%	0.7462	283 562
合　计				2 283 561

八、固定资产明细分类核算

为了加强固定资产管理，及时反映各项固定资产增减变动和使用分布情况，并为计算折旧提供必要资料，必须设置固定资产明细账，进行明细分类核算。商品流通企业的固定资产明细账，按固定资产项目，连同附属设备，分户设置。其主要形式有采用数量金额式的明细账形式（如表 5－9 所示）或采用固定资产卡片的形式（如表 5－10 所示）。固定资产明细账也可与固定资产折旧明细账结合起来，设置联合式账页。固定资产卡片一般一式两份，一份由使用部门登记保管，另一份由财会部门保管。同时，财会部门为了分类反映固定资产的使用、保管和增减变动情况，并控制固定资产卡片或固定资产明细分类账，还应设置“固定资产登记簿”，即固定资产的大类账（二级账），并按固定资产类别开设账页（如表 5－11 所示）。

表 5－9　固定资产明细分类账　　第　页共　页

类别：　名称：　规格：　使用年限：　预计单位残值：

分类编号：　品种编号：　单位：　年折旧率：

年		凭证编号	摘　要	增　加		减　少		余　额	
月	日			数量	金额	数量	金额	数量	金额

表 5－10　固定资产卡片

单位名称：　分类编号：

保管部门：　品种编号：

使用部门：　卡片编号：

名　称		购建年月		原　值		安装费	
用　途		开始使用年月		预计残值		年折旧率	
规格型号		预计使用年月		预计清理费用		技术特征	
附属设备	名称：			型号：		原值：	
修理、改造、事故等变更情况				转移记录		报废清理	
开工日期				年　月		清理日期	
完工日期				摘　要		清理原因	
摘　要				接受单位		清理费用	
发生费用						清理收入	

表 5－11　固定资产登记簿　　第　页共　页

类别：

年		凭证编号	财产编码	摘　要	增　加	减　少	余　额
月	日						

续表

增加									减少					
合计	购置	自建	接受投资	融资租入	接受捐赠	盘盈	改建扩建	其他	合计	出售	盘亏	投资转出	毁损	其他

第三节　无形资产核算

一、无形资产的定义和确认

（一）无形资产特征

无形资产，是指企业拥有或控制的没有实物形态、可辨认的非货币性资产。它包括专利权、非专利技术、商标权、土地使用权、特许权等。

无形资产具有以下特征：第一，它不具有实物形态。无形资产通常表现为某种权利、技术，如专利权、非专利技术、商标权等。第二，它具有可辨认性。第三，它属于非货币性长期资产。

（二）无形资产的相关权益

1. 专利权。专利权是国家专利主管机关依法授予发明创造专利申请人对其发明创造在法定期限内所享有的专有权利。

2. 非专利技术。非专利技术是指不为外界所知、在生产经营活动中已采用了的、不享有法律保护的技术和经验。

3. 商标权。商标是用来辨认特定的商品或劳务的标记。商标权指专门在某类指定的商品或产品上使用特定的名称或图案的权利。

4. 土地使用权。土地使用权，指国家准许某企业在一定期间内对国有土地享有开发、利用、经营的权利。根据我国土地管理法的规定，我国土地实行公有制，任何单位和个人不得侵占、买卖或者以其他形式非法转让。企业取得土地使用权的方式大致有以下几种：外购取得、投资者投入取得等。

5. 特许权。特许权又称经营特许权、专营权，指企业在某一地区经营或销售某种特定商品的权利或是一家企业准许另一家企业使用其商标、商号、技术秘密等的权利。前者一般是由政府机构授权，准许企业使用或在一定地区享有经营某种业务的特权，如水、电、邮电通讯等专营权、烟草专卖权等；后者指企业间依照签订的合同，有限期或无限期使用另一家企业的某些权利，如连锁店分店使用总店的名称等。

（三）无形资产确认

企业的某一项资产，如果要作为无形资产加以确认，首先需要符合无形资产的定义；其次还需要同时满足无形资产的下列确认条件：（1）与该无形资产有关的经济利益很可能流入企业；（2）该无形资产的成本能够可靠地计量。如果某一项资产不能同时符合上述确认要求，就不能确认为无形资产。

企业自创商誉以及内部产生的品牌报刊名等不应确认为无形资产。

二、无形资产计价

根据《企业会计准则第 6 号——无形资产》规定，无形资产应当按照成本进行初始计量。由于取得的途径不同，其初始成本的构成内容也不同。

1. 外购无形资产的成本，包括购买价款、相关税费以及直接归属于使该项资产达到预定用途所发生的其他支出。购买无形资产的价款超过正常信用条件延期支付，但实质上具有融资性质的，无形资产的成本以购买价款的现值为基础确定。实际支付的价款与购买价款的现值之间的差额，除按照《企业会计准则第 17 号——借款费用》应予资本化的以外，均应当在信用期间内计入当期损益。

2. 投资者投入无形资产的成本，应当按照投资合同或协议约定的价值确定，但合同或协议约定价值不公允的除外。

3. 自行开发的无形资产的成本，包括自满足无形资产确认条件后至达到预定用途前所发生的支出总额，但是对于以前期间已经费用化的支出不再调整（研究阶段的支出应于发生时计入当期损益）。

4. 其他方式，如非货币性资产交换、债务重组、政府补助和企业合并取得的无形资产的成本，应当分别按照《企业会计准则第 7 号——非货币性资产交换》、《企业会计准则第 12 号——债务重组》、《企业会计准则第 16 号——政府补助》、《企业会计准则第 20 号——企业合并》确定。

三、无形资产核算

为反映和监督无形资产成本的增减变动情况，商品流通企业应设置“无形资产”科目。该科目属于资产类科目，其借方登记取得无形资产的成本，贷方登记无形资产的出售、转出成本，期末借方余额，反映企业所拥有的无形资产成本。无形资产应按其类别设置明细科目，进行明细核算。

为核算企业对使用寿命有限的无形资产计提的累计摊销，商品流通企业还应设置“累计摊销”科目。该科目既属于资产类科目，又是“无形资产”备抵科目。企业按月计提无形资产摊销时计入该科目贷方，无形资产使用期满、出售或对外投资转出累计摊销时计入该科目借方。本科目期末应为贷方余额，反映企业无形资产累计摊销额。该科目进行总分类核算，不设置明细科目。

（一）无形资产取得核算

企业的无形资产由于取得的途径不同，其账务处理也不同。无论何种途径取得的无形资产，均计入“无形资产”科目的借方。

例题 5-27：西安碑林商业有限责任公司 2016 年 3 月支付 100 万元有偿取得某商号品牌 10 年期的有偿使用权。假定不考虑其他相关税费。根据增值税专用发票及其银行付款凭证编制会计分录如下：

借：无形资产——商标使用权	943 396.23	
应交税费——应交增值税（进项税额）	56 603.77	
贷：银行存款		1 000 000.00

（二）无形资产摊销核算

无形资产计价入账后，使用寿命有限的无形资产，应当自无形资产可供使用时起，将其应摊销金额在使用寿命内系统合理摊销；使用寿命不确定的无形资产不应摊销。无形资产的摊销金额一般应当计入当期管理费用。无形资产应摊销金额为其成本扣除预计残值后的金额。已计提减值准备的无形资产，还应扣除已计提的无形资产减值准备累计金额。使用寿命有限的无形资产，其残值应当视为零。

企业选择无形资产摊销方法，应当反映与该项无形资产有关的经济利益的预期实现方式。无法可靠确定预期实现方式的，应当采用直线法摊销。

例题 5-28：西安碑林商业有限责任公司购买一项专利权，入账价值为 1 140 000 元，预计使用年限 10 年，采用直线法摊销。月摊销额 9 500 元［1 140 000 ÷（10 × 12）］，根据无形资产摊销计算表编制会计分录如下：

借：管理费用——无形资产摊销	9 500.00	
贷：累计摊销		9 500.00

（三）无形资产减值的核算

资产减值，是指资产的可收回金额低于其账面价值。无形资产也会因企业经营所处的经济、技术或者法律等环境在近期发生重大变化，从而对企业产生不利影响及其他经济原因，导致其可收回金额低于其账面价值，这种情况被称为无形资产减值。对于已经发生的资产减值如果不予确认，必将虚夸企业资产价值，这有悖于会计核算的真实性和稳健性原则。因此，企业应当在资产负债表日（即每年至少一次），对无形资产逐项进行减值测试，对于因各种原因导致无形资产减值的，应逐项计提减值准备。

商品流通企业发生的无形资产减值业务，应通过“无形资产减值准备”科目核算。该科目既属于资产类科目，又是“无形资产”的备抵科目。其贷方登记计提的无形资产减值准备，借方登记出售、报废及其他原因减少的固定资产已提的减值准备，期末贷方余额反映企业提取的固定资产减值准备累计值。本科目只进行总分类核算，不设置明细科目。

计提无形资产减值准备，应以其实际减值额为依据，借记“资产减值损失”科目，贷记“无形资产减值准备”科目。资产减值损失一经确认，在以后会计期间不得转回。

例题 5-29：西安碑林商业有限责任公司于 2014 年 1 月 1 日购入一项无形资产，其原始成本为 100 000 元，预计使用年限为 5 年。年摊销额为 20 000 元。2016 年 12 月 10 日，企业发生了与该无形资产有关的侵权诉讼案，致使该无形资产发生减值，2016 年 12 月 31 日预计其可收回金额为10 000元。无形资产减值额为30 000元（100 000－60 000－10 000）。根据无形资产减值计算表作会计分录如下：

借：资产减值损失　　30 000.00
　贷：无形资产减值准备　　30 000.00

（四）无形资产转让核算

企业拥有的无形资产可以依法转让。无形资产的转让方式有两种：一是转让所有权，即无形资产出售；二是转让使用权，即无形资产出租。

1. 无形资产出售。企业将无形资产出售，表明企业放弃无形资产所有权。《企业会计准则第6号——无形资产》规定，企业出售无形资产，应当将取得的价款与该无形资产账面价值的差额计入当期损益。即按实际取得的转让收入，借记“银行存款”等科目，按照已提累计摊销金额和已提减值准备金额，借记“累计摊销”和“无形资产减值准备”科目，按无形资产的账面原价，贷记“无形资产”科目，按应支付的相关税费，贷记“应交税费——应交增值税（销项税额）”明细科目，按上述科目其借贷方差额，贷记“营业外收入——出售无形资产收益”科目或借记“营业外支出——出售无形资产损失”科目。

例题5－30：北京翔宏商贸有限责任公司拥有的一项专有技术进行出售。该项专有技术的账面原价600 000元，累计摊销100 000元，出售专有技术价款377 358.49元，增值税额22 641.51元。假定不考虑无形资产价值准备，则出售无形资产净额122 641.51元（600 000＋22 641.51－100 000－400 000）确认为当期损失，记入“营业外支出”科目。编制会计分录如下：

借：银行存款　　400 000.00
　　累计摊销　　100 000.00
　　营业外支出——出售无形资产损失　　122 641.51
　贷：无形资产——非专利技术　　600 000.00
　　　应交税费——应交增值税（销项税额）　　22 641.51

2. 无形资产出租。无形资产出租是指企业将拥有的无形资产使用权让渡给他人，并收取租金。根据《企业会计准则第14号——收入》的规定，这类交易属于企业让渡资产使用权收入，因而相关所得应作为收入核算，即计入“其他业务收入”科目。

企业出租无形资产取得的现金收入，借记“银行存款”等科目，贷记“其他业务收入”科目和“应交税费——应交增值税（销项税额）”明细科目；结转无形资产的相关费用时，借记“其他业务成本”科目和“应交税费——应交增值税（进项税额）”明细科目，贷记“无形资产”科目。

例题5－31：北京京石商业有限责任公司将商号的使用权转让给北京琪琳贸易有限责任公司有偿使用5年，取得转让收入94 339.62元，增值税额5 660.38元，所得款项100 000元已经存入银行。同时以银行存款支付咨询服务费用开支7 075.47元，增值税额424.53元。根据增值税专用发票记账联和发票联、银行收款和付款凭证，编制会计分录如下：

借：银行存款　　100 000.00
　贷：其他业务收入　　94 339.62

应交税费——应交增值税（销项税额） 5 660. 38

借：其他业务成本 7 075. 47

应交税费——应交增值税（进项税额） 424. 53

贷：银行存款 7 500. 00

（五）无形资产转销核算

无形资产使用期满按规定转销时，应按已提摊销额借记“累计摊销”科目，按无形资产账面原价贷记“无形资产”科目。

例题 5－32：北京京石商业有限责任公司将一项使用期满的专利权进行转销处理。专利权账面成本 300 000 元，已提满摊销额。编制会计分录如下：

借：累计摊销 300 000. 00

贷：无形资产——专利权 300 000. 00

第六章

期间费用和营业税费的核算

商品流通企业的期间费用是指商品流通企业在组织商品买卖活动中所发生的、直接从营业收入中扣除的各项费用支出。主要有销售费用、管理费用和财务费用。营业税费是指商品流通企业在经营过程中必须缴纳的、与企业盈亏无直接关系的各项税款及政府性基金支出。主要有增值税、消费税、城市维护建设税、教育费附加和地方教育费附加支出。期间费用和营业税费开支是商品流通企业正常经营必不可少的支出。

第一节 期间费用核算

一、期间费用主要内容

费用作为一项会计要素是指企业在日常活动中发生的、会导致所有者权益减少的、与向所有者分配利润无关的经济利益的总流出。在商品流通企业中它包括能够对象化的商品采购成本和不能对象化的期间费用。期间费用是指商品流通企业在组织商品购、销、存业务过程中必须发生的各项费用开支。包括有销售费用、管理费用和财务费用。期间费用不能加入商品采购成本，而只能从当期营业收入中直接进行扣除和补偿。

（一）销售费用

销售费用是指商品流通企业在整个商品经营环节所发生的各种费用开支。通常包括以下主要内容：

运输费指企业在购入或销售商品的过程中，使用各种运输工具花费的运费、运输过程中发生的搬运费以及支付与商品运输有关的各种杂费，如调车费、站台费、码头租用费、港口建设费。

装卸费指在车站、码头、仓库、货场发生的付给装卸单位的费用。

整理费指商品在挑选、整理、分类、分等过程中支付的费用以及所需要的材料、工具消耗费用等。

包装费指企业发生的包装用品费、包装物折损费、包装物修理费（不包括出租包装物）、包装物租用费以及不能列入包装物进价的购入包装物运杂费等。

保险费指企业自愿向保险公司对所经营的商品及固定资产投保支付的保险费用。

展览费指企业参加或举办各种商品展览、展销会支出的费用。

保管费指商品在储存保管过程中支付的各种费用，包括商品倒库、晾晒、冷餐保暖、护仓、照明、保管用品、委托保管等费用。

检验费指委托商检部门进行商品检验所支付的费用及企业进口商品签证费。

修理费指企业发生的周转材料修理费用和与专设销售机构相关的固定资产修理费用。

劳务手续费指委托其他单位代购、代销、代储、代运商品、代办业务事项以及其他单位为本企业提供劳务时，按有关规定支付的费用。

劳动保护费指确因工作需要为雇员配备或提供工作服、手套、安全保护用品、防暑降温用品等所发生的支出，是企业按照国家有关劳动保护规定支付的费用。

职工社会保险费和住房公积金，指企业按照规定比例提取并列入销售费用开支的企业销售部门员工的医疗保险费、养老保险费、失业保险费、工伤保险费、生育保险费和住房公积金。

预计商品质量保证损失，是指企业对已售出商品或已提供劳务的质量提供的保证，对购买其商品的用户承诺如果发生质量问题，企业将无偿提供修理服务，从而发生的费用，根据《企业会计准则第 13 号——或有事项》的规定，商品质量保证属于或有事项，企业应在期末将其确认为一项负债，金额应按可能发生商品质量保证费用的数额和发生的概率计算确定。

广告和业务宣传费，指企业为扩大商品购销业务而支付的各项广告费用和宣传费用。企业发生的符合条件的广告费和业务宣传费支出，不超过当年销售（营业）收入 15% 的部分，准予扣除；超过部分，准予在以后纳税年度结转扣除。

商品损耗，指商品在运输、保管（含代保管）、销售过程中所发生的自然损耗。

职工薪酬，指支付给企业商品经营人员的工资和以工资形式支付的各种补贴以及按经营人员工资总额的一定比例提取的福利费用。按财务制度规定在销售费用中列支的其他工资除外，如支付给搬运、保管、包装、修理等环节人员及其他业务人员的工资。企业发生的职工福利费开支，不超过工资薪金总额 14% 的部分，准予扣除。

进出口商品累计佣金，指企业从事商品进出口业务中支付给中介人、代理商的佣金。

其他费用指不属于以上项目内容的其他销售费用。

（二）管理费用

管理费用是指在企业行政管理部门为组织和管理商品经营活动所发生的各项行政管理费用和综合管理费用开支。包括以下主要内容：

公司经费指在企业行政管理部门（包括企业总部）发生的行政管理人员的工资、职工福利费、修理费、物料消耗、低值易耗品摊销、办公费、差旅费以及其他公司经费。

工会经费指按企业职工工资总额的一定比例提取，提交工会掌握和使用的活动经费。企业拨缴的工会经费，不超过工资薪金总额 2.5% 的部分，准予扣除。

职工教育经费，指按企业职工工资总额的一定比例计提，用于职工学习先进技术和提高科学文化及业务水平等职工教育活动的开支。企业发生的职工教育经费支出，不超过工资薪金总额 2.5% 的部分，准予扣除；超过部分，准予在以后纳税年度结转扣除。

职工社会保险费和住房公积金，指企业按照规定比例提取并列入管理费用开支的行政管理部门员工的医疗保险费、养老保险费、失业保险费、工伤保险费、生育保险费和住房公积金。

差旅费指企业按规定支付给因业务或工作需要的出差人员的住宿费、交通费、伙食费及市内交通补助等费用。

董事会费指企业最高权力机构及其成员为履行职能而发生的各项费用，包括成员津贴、差旅费、会议费等。

咨询费指向有关咨询机构进行科学技术、经营管理咨询所支付的费用，包括聘请经济技术顾问、法律顾问等支付的费用。

聘请中介机构费指企业聘请会计师事务所进行查账、验资、资产评估、清账等发生的费用。

职工薪酬指支付给企业行政管理人员的工资和以工资形式支付的各种补贴，以及按行政管理人员工资总额的一定比例提取的福利费用。

诉讼费指企业因经济纠纷而起诉或应诉所发生的各项费用。

费用性税金指企业按规定交纳的房产税、土地使用税、车船使用税和印花税等费用性税金。由于费用性税金支付数额较小，且不经常发生，因而在核算上实行简易核算办法，支付后直接列作管理费用开支。

排污费指企业根据环保部门的规定缴纳的排污费用。

绿化费指企业内部进行植树绿化等发生的支出。

技术转让费，指企业使用非本企业的非专利技术而支付的费用。

无形资产摊销，指专利权、商标权、著作权、土地使用权、非专利技术、经营权等无形资产的摊销的价值。

业务招待费，指企业根据当地财政和主管部门核准的比例或限额，用于必要业务交际的费用。业务招待费在营业收入的一定比例限额内掌握使用，据实列支，不能预提。企业发生的与生产经营活动有关的业务招待费支出，按照发生额的 60% 扣除，但最高不得超过当年销售（营业）收入的 5‰。

租赁费指企业租赁办公用房、营业用房、仓库、场地、低值易耗品等所发生的租赁费用。

涉外费指企业按国家有关规定开支的涉外业务所需涉外费用，包括人员出国费用、接待外宾费用和驻外机构办公费用等开支。

公证费指企业对有关经济事项进行公证而发生的各项费用。

折旧费指企业按规定提取的固定资产折旧费。

修理费指企业行政管理机构固定资产和低值易耗品等财产的修理费。

存货盘亏和盘盈，指企业存货盘点的盘亏、盘盈净额（不包括应计入营业外支出的存货损失）。

其他管理费用，指不包括在以上项目之内又应列入管理费用的费用。

（三）财务费用

财务费用是指企业为筹集和使用业务经营所需资金等而发生的各项费用。一般包括以下主要内容：

利息支出指企业短期借款利息、长期借款利息、应付票据利息、票据贴现利息、应付债券利息、长期应付引进国外设备款利息等利息支出（资本化的利息除外）减去应收存款利息收入后的净额。

手续费指企业支付给银行的结算手续费、调剂外汇手续费等。

汇兑差额指企业发生的汇兑损失与汇兑收益的差额。

其他费用指不属于以上项目的其他财务费用。如企业发行债券的印刷费、手续费等。

二、期间费用支付核算

商品流通企业的费用是通过设置“销售费用”、“管理费用”、“财务费用”损益类科目进行核算的。根据权责发生制等费用核算原则，凡已支出，应当由本期和以后各期负担的费用，应作为预付费用分期摊入“销售费用”、“管理费用”、“财务费用”科目的借方；凡应由本期负担而尚未支付的费用，应作为预提费用计入本期“销售费用”、“管理费用”、“财务费用”科目的借方。企业冲减费用以及期末将各类费用发生额分别转入“本年利润”科目时，贷记相应的“销售费用”、“管理费用”、“财务费用”科目。期末结转后，各费用科目应无余额。企业应按照具体费用项目名称设置“销售费用”、“管理费用”、“财务费用”科目下属的明细科目，进行明细核算。

（一）职工薪酬核算

职工薪酬是指商品流通企业为了获得职工提供的劳务而给予的各种形式的报酬以及其他相关支出，是为企业职工在职期间和离职后提供的全部货币性薪酬和非货币性福利，包括提供给职工本人的薪酬以及提供给职工配偶、子女或者其他被赡养人的福利。职工薪酬中的“职工”是指与企业订立劳动合同的所有人员，含全职、兼职和临时职工，还有虽未与企业订立正式的劳动合同或者企业未正式任命，但为企业提供与职工类似服务的人员，如劳务用工合同人员。按照《企业会计准则第 9 号——职工薪酬》的规定，职工薪酬应该包括以下几个方面的内容：

1. 职工工资、奖金、津贴和补贴。企业在一定时期内支付给全部职工的计时工资和计件工资、支付给职工的超额劳动报酬和增收节支的劳动报酬，为了补偿职工特殊或者额外的劳动消耗和因其他特殊原则支付给职工的津贴以及为了保证职工工资水平不受物价影响支付给职工的物价补贴，均包括在内。企业按照规定支付给职工的加班加点工资以及按照国家法律、法规和政策的规定，企业在职工因病假、产假、工伤假、计划生育假、婚丧假、事假、探亲假、定期休假或停工学习、执行国家或社会义务特殊情况下，按照计时工资、计件工资标准的一定比例支付的工资也包括在内。

2. 职工福利费。企业为职工集体提供的福利。主要开支范围有：职工医药费、职工家属医药费、职工生活困难补助、职工因公负伤赴外地就医的路费、企业福利部门人员的工资薪酬、医务室购买药品的经费、职工食堂炊事用具购置及其修理费用。

3. 医疗保险费、养老保险费、失业保险费、工伤保险费、生育保险费和住房公积金。

4. 工会经费和职工教育经费。企业根据国家规定的基准和比例，从成本费用中提取的，主要是用于开展工会活动和职工教育及职业技能培训的费用开支。

5. 非货币性福利。企业以自己的产品或其他有形资产发放给职工作为福利、企业向职工提供无偿使用自己拥有的资产、企业为职工无偿提供商品或者类似的医疗保健服务等等。

6. 其他职工薪酬。主要有因解除与职工的劳动关系而给予的补偿，又称作辞退福利。

按照劳动工资制度的规定，企业应根据考勤记录、工时记录、工资标准等编制“工资单”计算各种工资。财会部门应按“工资单”进行汇总，编制“工资结算汇总表”，按规定手续向银行提取现金。

为了反映和监督应付职工薪酬的形成支付及分配，企业应设置“应付职工薪酬”科目进行总分类核算，并应当按照“工资”、“职工福利”、“社会保险费”、“住房公积金”、“工会经费”、“职工教育经费”、“解除职工劳动关系补偿”等应付职工薪酬项目进行明细核算。凡属于工资总额的各种工资、奖金津贴等，不论是否当月支付，都应通过“应付职工薪酬——工资”明细科目核算。该明细科目借方记录实际支付的职工工资额，贷方登记月底分配本月应付的工资额。本明细科目期末一般应无余额，如果企业本月实发工资是按上月考勤记录计算的，实发工资与按本月考勤记录计算的应付工资的差额，即为本明细科目期末余额。如果不是由于上述原因引起的应付工资大于实发工资，期末贷方余额反映为工资结余。

企业财会部门按实发职工薪酬金额向银行提取现金备发职工薪酬时，借记“库存现金”科目，贷记“银行存款”科目。支付职工薪酬时，借记“应付职工薪酬”科目，贷记“库存现金”或者“银行存款”科目。

企业在发放职工薪酬时，如有代扣个人所得税、工会经费等款项，应借记“应付职工薪酬——工资”、“应付职工薪酬——工会经费”相应明细科目，贷记“应交税费——应交个人所得税”、“其他应付款——工会会费”等科目。

企业按规定缴纳住房公积金及社会保险费，借记“应付职工薪酬——住房公积金”、“应付职工薪酬——社会保险费”科目，贷记“银行存款”科目。住房公积金缴存比例均不得低于职工上一年度月平均工资的5%—20%。

对于商品流通企业发生的工资及其提取的福利费用，应该按其用途进行归集和分配。直接从事商品购销业务的职工的工资及其福利费，应计入销售费用；管理部门人员的工资及其福利费，应计入管理费用；福利部门人员的工资计入应付职工薪酬，而其福利费计入管理费用。

职工福利费是按照职工工资总额的14%提取并用于职工福利的专项资金来源。主要用于以下方面的开支：职工及其家属医药费；职工生活困难补助；职工因工负伤赴外埠就医的路费；企业福利部门人员的工资；医务室购买药品的经费；职工食堂购买炊事用具及其修理费的开支。

例题 6－1：北京朝阳福清原商厦月末根据工资及其福利费分配表的相关数据进行工资费用分配，根据工资结算汇总表进行工资转账。其中，应付职工工资薪酬＝计时工资＋计件工资＋奖金＋津贴和补贴；实发职工工资薪酬＝应付职工工资薪酬－代扣款项数额（代扣款项是指从应付职工薪酬中代扣的应由职工个人支付的个人所得税、各种社会保险及住房公积金、工会会费和职工教育经费）。财会部门根据工资及其福利费分配表、工资结算汇总表、工会经费和职工教育经费计提表、社会保险费和住房公积金计提汇总表（如表 6－1、表 6－2、表 6－3 和表 6－4 所示）编制会计分录如下：

借：销售费用——职工薪酬　　525 562.99
　　管理费用——职工薪酬　　509 378.85
　　贷：应付职工薪酬——工资　　696 610.48
　　　　　　——福利费　　97 525.46
　　　　　　——工会经费　　13 932.20
　　　　　　——职工教育经费　　10 449.17
　　　　　　——医疗保险费　　65 338.20
　　　　　　——社会保险费　　134 189.33
　　　　　　——住房公积金　　16 897.00

以转账支票结算职工薪酬时，根据转账支票存根编制会计分录如下：

借：应付职工薪酬　　615 759.52
　　贷：银行存款　　615 759.52

结转代缴个人所得税款项时，根据工资结算汇总表编制会计分录如下：

借：应付职工薪酬　　1 968.17
　　贷：应交税费——应交个人所得税　　1 968.17

表 6－1　　**工资费用分配汇总表**

2016 年 12 月 30 日　　单位：元

职能部门	应发工资总额	扣税工资基数	扣职工个人缴失业保险数额	扣职工个人缴养老保险数额	扣职工缴基本医疗保险数额
一层营业厅	220 403.07	201 370.40	56.59	13 740.16	3 963.92
二层营业厅	22 116.81	19 838.10	10.87	1 408.08	459.76
三层营业厅	83 352.72	73 888.65	68.35	5 996.32	1 751.40
采购部门	13 196.35	10 841.08	18.87	1 167.68	348.72
总务部门	24 755.20	20 339.76	34.34	1 834.32	486.78
福利部门	14 327.10	12 722.50	18.24	926.64	265.72
行政办公室	318 459.23	278 727.20	384.21	22 674.48	6 370.34
合　计	696 610.48	617 727.69	591.47	47 747.68	13 646.64

续表

职能部门	扣职工个人住房公积金数额	社会保险及住房公积金合计	企业代扣缴个人所得税数额	扣款金额合计	实发工资总额
一层营业厅	1 272.00	19 032.67	1 089.54	20 122.21	200 280.86
二层营业厅	400.00	2 278.71	13.63	2 292.34	19 824.47
三层营业厅	1 648.00	9 464.07	138.46	9 602.53	73 750.19
采购部门	820.00	2 355.27	0.00	2 355.27	10 841.08
总务部门	2 060.00	4 415.44	29.88	4 445.32	20 309.88
福利部门	394.00	1 604.60	2.04	1 606.64	12 720.46
行政办公室	10 303.00	39 732.03	694.62	40 426.65	278 032.58
合　计	16 897.00	78 882.79	1 968.17	80 850.96	615 759.52

财务主管：徐福达　　人力资源部经理：王芳　　审核：王佳蕾　　制表：张军

表 6－2

工资结算表

2016 年 12 月 30 日　　单位：元

职工及所在部门	应发工资数额						代扣工资数额				实发工资
	基本工资	加班工资	奖励工资	午餐补贴	通讯补贴	应发工资合计	扣住房公积金	扣社会保险费	扣个人所得税	代扣款项合计	
李静	2 000	500	580	100	50	3 230	360	306	0	666	2 564
王大和	2 000	650	580	100	50	3 380	360	306	0	666	2 714
张杨	2 500	500	100	100	50	3 250	360	306	0	666	2 584
王青	2 700	500		100	50	3 350	360	310	0	670	2 680
…	…	…	…	…	…	…	…	…	…	…	…
一层营业厅小计	…	…	…	…	…	220 403.07	1 272	17 760.67	1 089.54	20 122.21	200 280.86
张鑫	3 000	400	100	100	50	3 650	360	306	0	666	2 984
张夔	2 900	400	105	100	50	3 555	360	301	0	661	2 894
…	…	…	…	…	…	…	…	…	…	…	…
二层营业厅小计	…	…	…	…	…	22 116.81	400	1 878.71	13.63	2 292.34	19 824.47
林峰	3 000	400	80	100	50	3 630	360	1 304	0	664	2 986
石超	3 500	300	50	100	50	4 000	480	408	0	888	3 112
刘富	3 500	100	50	100	50	3 800	480	408	0	888	2 912
…	…	…	…	…	…	…	…	…	…	…	…
三层营业厅小计	…	…	…	…	…	83 352.72	1 648	8 116.07	138.46	9 902.53	73 450.19
王洪志	3 000	1 000	500	200	100	4 800	600	510	5.70	1 115.70	3 684.30
孙春莲	3 100	1 000	500	200	100	4 900	600	510	5.70	1 115.70	3 784.30
…	…	…	…	…	…	…	…	…	…	…	…
采购部门小计	…	…	…	…	…	13 196.35	820	1 535.27	0	2 355.27	10 841.08
赵东	2 000	500	580	100	50	3 230	360	306	0	666	2 564
丛珊	2 000	500	580	100	50	3 230	360	306	0	666	2 564

续表

职工及所在部门	应发工资数额						代扣工资数额				实发工资
	基本工资	加班工资	奖励工资	午餐补贴	通讯补贴	应发工资合计	扣住房公积金	扣社会保险费	扣个人所得税	代扣款项合计	
…	…	…	…	…	…	…	…	…	…	…	…
行政办公室小计	…	…	…	…	…	318 459.23	10 303	29 429.03	694.62	40 426.65	278 032.58
徐福达	2 000	500	580	100	50	3 230	360	306	0	666	2 564
王佳蕾	1 800	491	400	100	50	2 841	217	270	0	487	2 354
…	…	…	…	…	…	…	…	…	…	…	…
福利部门小计	…	…	…	…	…	14 327.10	394	1 210.60	2.04	1 606.64	12 720.46
王芳	3 000	1 000	500	200	100	4 800	600	510	5.70	1 115.70	3 684.30
张硕	2 800	1 050	500	200	100	4 650	600	510	5.10	1 115.10	3 534.90
…	…	…	…	…	…	…	…	…	…	…	…
总务部门小计	…	…	…	…	…	24 755.20	2 060	2 355.44	29.88	4 445.32	20 309.88
总计	…	…	…	…	…	696 610.48	16 897	61 985.79	1 968.17	80 850.96	615 759.52

财务主管：徐福达　　人力资源部经理：王芳　　审核：王佳蕾

表 6－3　　职工福利费、工会经费及职工教育经费计提分配表

2016 年 12 月 30 日　　单位：元

部门名称	应付工资额	福利费计提（计提率 14%）	工会经费计提（计提率 2%）	职工教育经费计提（计提率 1.5%）
一层营业厅	220 403.07	30 856.43	4 408.06	3 306.05
二层营业厅	22 116.81	3 096.35	442.34	331.75
三层营业厅	83 352.72	11 669.38	1 667.05	1 250.29
采购部门	13 196.35	1 847.49	263.93	197.95
总务部门	24 755.20	3 465.73	495.10	371.33
福利部门	14 327.10	2 005.79	286.54	214.91
行政办公室	318 459.23	44 584.29	6 369.18	4 776.89
合　计	696 610.48	97 525.46	13 932.20	10 449.17

财务主管：徐福达　　审核：王佳蕾　　制表人：张军

表 6－4　　2016 年 12 月社会保险费和住房公积金计提汇总表

2016 年 12 月 30 日　　单位：元

缴费项目	单位缴纳数额	应借销售费用	应借管理费用	个人缴纳数额	金额合计
基本养老保险	120 119.20	71 470.17	48 649.03	47 747.68	167 866.88
基本医疗保险	65 338.20	39 101.17	26 237.03	13 646.64	78 984.84
失业保险	2 957.35	2 001.10	956.25	591.47	3 548.82
工伤保险	6 173.77	4 011.19	2 162.58		6 173.77
生育保险	4 939.01	2 773.43	2 165.58		4 939.01
住房公积金	16 897.00	7 799.91	9 097.09	16 897.00	33 794.00
合　计	216 424.53	127 156.97	89 267.56	78 882.79	295 307.32

会计主管：徐福达　　审核：张军　　制表：王彦佳

12月30日，财会部门通过开户银行办理单位和代扣个人社会保险费和住房公积金缴存手续，根据委托收款凭证付款通知联（如表6－5社保费、表6－6基本医疗保险）和特种转账凭证回单联（如表6－7住房公积金）编制会计分录如下：

借：应付职工薪酬——医疗保险费　　78 984.84
　　贷：银行存款　　78 984.84
借：应付职工薪酬——社会保险费　　182 828.48
　　贷：银行存款　　182 828.48
借：应付职工薪酬——住房公积金　　33 794.00
　　贷：银行存款　　33 794.00

表6－5　　中信银行　同城特约委托收款凭证（付款通知）　　2

委托日期：贰零壹陆年壹拾贰月叁拾日　　委托号码：第30237号

<table>
<tr><td rowspan="3">付款人</td><td>全　称</td><td colspan="3">北京朝阳福清原商厦</td><td rowspan="3">收款人</td><td>全　称</td><td colspan="3">北京市社会保险基金管理中心朝阳营业部</td></tr>
<tr><td>账　号</td><td colspan="3">367000203456778</td><td>账　号</td><td colspan="3">102100000345</td></tr>
<tr><td>开户银行</td><td>中信银行北京朝阳青年路支行</td><td>交换号</td><td>356</td><td>开户银行</td><td>中国工商银行北京朝阳支行营业部</td><td>交换号</td><td>34</td></tr>
<tr><td>委托金额</td><td>人民币（大写）</td><td colspan="4">壹拾捌万贰仟伍佰贰拾捌元肆角捌分</td><td colspan="4">千 百 十 万 千 百 十 元 角 分
¥ 1 8 2 5 2 8 4 8</td></tr>
<tr><td colspan="3">款项内容</td><td colspan="3">合同号</td><td colspan="2">收款人联系电话</td><td colspan="2">010－8582××××</td></tr>
<tr><td colspan="3">组织机构代码：58766411
养老：201612　167 866.88
失业：201612　3 548.82
工伤：201612　6 173.77
生育：201612　4 939.01</td><td colspan="2">社会保险费申报表收款</td><td>北京市社会保险基金管理中心朝阳营业部
业务专用章
213
收款人签章</td><td colspan="4">中信银行北京朝阳青年路支行
2016.12.30
转讫
胡广慧
付款人开户银行签章</td></tr>
</table>

表6－6　　中信银行　同城特约委托收款凭证（付款通知）　　2

委托日期：贰零壹陆年壹拾贰月叁拾日　　委托号码：第30237号

<table>
<tr><td rowspan="3">付款人</td><td>全　称</td><td colspan="3">北京朝阳福清原商厦</td><td rowspan="3">收款人</td><td>全　称</td><td colspan="3">北京市社会保险基金管理中心朝阳营业部</td></tr>
<tr><td>账　号</td><td colspan="3">367000203456778</td><td>账　号</td><td colspan="3">102100000345</td></tr>
<tr><td>开户银行</td><td>中信银行北京朝阳青年路支行</td><td>交换号</td><td>356</td><td>开户银行</td><td>中国工商银行北京朝阳支行营业部</td><td>交换号</td><td>34</td></tr>
<tr><td>委托金额</td><td>人民币（大写）</td><td colspan="4">柒万捌仟玖佰捌拾肆元捌角肆分</td><td colspan="4">千 百 十 万 千 百 十 元 角 分
¥ 7 8 9 8 4 8 4</td></tr>
<tr><td colspan="3">款项内容</td><td colspan="3">合　同　号</td><td colspan="2">收款人联系电话</td><td colspan="2">010－8582××××</td></tr>
<tr><td colspan="3">2016年12月医保费
基本统筹：58 804.38
大额互助：6 533.82
市属公疗补充：0.00</td><td colspan="2">备注：110105142156
个人缴纳：13 067.64
大额个人：579.00
区属公疗补充：0.00</td><td>北京市社会保险基金管理中心朝阳营业部
收款人签章
业务专用章
213</td><td colspan="4">中信银行北京朝阳青年路支行
2016.12.30
转讫
胡广慧
付款人开户银行签章</td></tr>
</table>

表 6－7　　　　中信银行　特种转账凭证（回单）

网点号：04601　　　　交易日期：2016 年 12 月 29 日　　　　记账流水：532175

付款单位			收款单位		
付款单位	全　称	北京朝阳福清原商厦	收款单位	全　称	北京市住房公积金管理中心朝阳营业部
	账　号	367000203456778		账　号	313100000345
	银行网点	中信银行北京朝阳青年路支行		银行网点	北京银行东大桥支行
人民币（大写）叁万叁仟柒佰玖拾肆元整				人民币（小写）¥33 794.00	
用途：住房公积金	银行盖章	复核员　徐奉智	记账员：刘文林	中信银行北京朝阳青年路支行 2016.12.30 转讫	
备注　单位应缴　16 897.00 个人应缴　16 897.00 合　计　33 794.00					

（二）商品质量保证的核算

商品质量保证是指商品流通企业在销售商品或者提供劳务后，对客户提供服务的一种承诺。在约定期限内或终身保修期内，若商品或者劳务在正常使用过程中出现质量或者与之相关的其他属于正常范围的问题，企业负有更换商品、免费或只收取成本价进行修理等责任。按照权责发生制的要求，上述相关支出符合确认条件就应在收入实现时确认相关或有负债。应该讲，商品流通企业对商品提供售后担保，承诺在商品发生质量问题时由企业无偿提供修理服务，从而会发生一些费用。至于这笔费用是否会发生以及发生金额是多少，取决于未来是否发生修理请求以及修理工作量的大小。按照权责发生制的要求，企业不能等到客户提出修理请求时，才确认因提供商品质量保证而发生的义务，而应当在资产负债表日对这一不确定事项作出判断，以决定是否在当期确认可能承担的修理义务。会计上将这种不确定义务称作或有负债。确认为或有负债进行确认和计量应当同时符合以下三个条件：（1）该义务是企业承担的现实义务；（2）履行该义务很可能导致经济利益流出企业；（3）该义务的金额能够可靠地计量。

例题 6－2：北京恒大道路机械销售有限责任公司在销售商品后对购买其商品的消费者作出承诺：商品出售后三年内如果出现质量问题，北京恒大道路机械销售有限责任公司负责保修（含零部件更换）。2016 年四个季度分别完成的销售量是 400 台、600 台、800 台和 700 台。每台不含税售价 50 000 元。根据以往经验，商品保修费开支一般在商品销售额的 1%—1.5% 之间。北京恒大道路机械销售有限责任公司 2016 年四个季度实际发生的维修费分别是 40 000 元、400 000 元、360 000 元和 700 000 元，且其一半的开支属于原材料消耗开支，另一半开支属于直接人工消耗。

（1）企业第一季度发生的商品保修费用开支，于分摊时根据商品质量保证分摊表编制会计分录如下：

借：预计负债——商品质量保证　　　　40 000.00

　　贷：应付职工薪酬——工资　　　　20 000.00

　　　　原材料——××　　　　20 000.00

企业第一季度应计提商品质量保证 400×50 000×（1%＋1.5%）÷2＝250 000（元）。

根据商品质量保证计提表编制会计分录如下：

借：销售费用——商品质量保证 250 000.00

贷：预计负债——商品质量保证 250 000.00

（2）企业第二季度发生的商品保修费用开支，于分摊时根据商品质量保证分摊表编制会计分录如下：

借：预计负债——商品质量保证 400 000.00

贷：应付职工薪酬——工资 200 000.00

原材料——×× 200 000.00

企业第二季度应计提商品质量保证 600×50 000×（1%+1.5%）÷2=375 000（元）。根据商品质量保证计提表编制会计分录如下：

借：销售费用——商品质量保证 375 000.00

贷：预计负债——商品质量保证 375 000.00

（3）企业第三季度发生的商品保修费用开支，于分摊时根据商品质量保证分摊表编制会计分录如下：

借：预计负债——商品质量保证 360 000.00

贷：应付职工薪酬——工资 180 000.00

原材料——×× 180 000.00

企业第三季度应计提商品质量保证 800×50 000×（1%+1.5%）÷2=500 000（元）。根据商品质量保证计提表编制会计分录如下：

借：销售费用——商品质量保证 500 000.00

贷：预计负债——商品质量保证 500 000.00

（4）企业第四季度发生的商品保修费用开支，于分摊时根据商品质量保证分摊表编制会计分录如下：

借：预计负债——商品质量保证 700 000.00

贷：应付职工薪酬——工资 350 000.00

原材料——×× 350 000.00

企业第四季度应计提商品质量保证 700×50 000×（1%+1.5%）÷2=437 500（元）。根据商品质量保证计提表编制会计分录如下：

借：销售费用——商品质量保证 437 500.00

贷：预计负债——商品质量保证 437 500.00

（三）财产保险费核算

企业财产保险是工商、建筑、交通运输、饮食服务行业、国家机关、社会团体等，对因火灾及保险单中列明的各种自然灾害和意外事故引起的保险标的的直接损失、从属或后果损失和与之相关联的费用损失提供经济补偿的财产保险。按照财产保险合同的规定，投保的企业应根据保险合同向保险人支付相应的保险费。保险人对于保险合同中约定的可能发生的事故因其发生，给被保险人造成的损失，予以承担赔偿责任。需要说明的是，企业下列财产不在保险财产范围之内：（1）土地、矿藏、矿井、矿坑、森林、水产资源以及未经收割或收割后尚未入库的农作物；（2）货币、票证、有价证券、文件、账册、图表、技术资料以及无法鉴定价值的财产；违章建筑、危险建筑、非法占用的财产；在运输过程中的物资。

由于企业财产保险费用一般发生数额较大，年初支付时当期一次列作费用，会影响本期的费用水平和经营成果。因此，在其支付时应借记“预付账款”科目，贷记“银行存款”科目；按月平均分摊所缴纳的财产保险费时，借记“销售费用”科目，贷记“预付账款”科目。

例题 6－3：某商场于 2016 年 1 月 10 日以转账支票预付当年财产保险费 24 000 元，增值税 1 440 元，并确定在年内按月摊销。

（1）预付保险费时，根据财产保险综合险缴费发票及其转账支票存根编制会计分录如下：

借：预付账款——财产保险费	24 000. 00	
应交税费——应交增值税（进项税额）	1 440. 00	
贷：银行存款		25 440. 00

（2）企业财会部门分月摊销费用时，根据财产保险费分摊表编制会计分录如下：

借：销售费用——保险费	2 000. 00	
贷：预付账款——财产保险费		2 000. 00

（四）利息核算

利息费用是指商品流通企业为筹集和使用业务经营所需资金而发生的费用开支。主要是商品流通企业短期借款利息、长期借款利息、应付票据利息、票据贴现利息、应付债券利息、长期应付引进国外设备款利息（资本化的利息除外）减去存款利息收入后的净额。

企业开支的利息费用通过设置“财务费用”科目进行核算。该科目属于损益类科目。根据权责发生制核算基础的要求，凡应由本期负担而尚未支付的财务费用，应作为应付费用计入本期费用。企业直接支付、计提应付费用时，应按费用数额借记“财务费用”科目；冲减费用以及期末将财务费用发生额分别转入“本年收益”科目时，贷记“财务费用”科目。期末结转后，本科目应无余额。本科目按照财务费用开支的具体项目名称设置明细分类科目，进行明细分类核算。

例题 6－4：北京甘家口商厦 2016 年 1 月 1 日向中国银行北京十里河支行借入周转用借款 1 000 000 元，期限 3 个月，年利率 6%，按季度付息，到期还本。

（1）按月预提利息时，根据利息计算表编制会计分录如下：

1 月和 2 月各月应预提的借款利息：$1\ 000\ 000 \times 6\% \div 12 = 5\ 000$（元）

借：财务费用——利息	5 000. 00	
贷：应付利息——中国银行北京十里河支行		5 000. 00

（2）3 月实际支付本季度利息时，根据银行划账通知单编制会计分录如下：

借：应付利息——中国银行北京十里河支行	10 000. 00	
财务费用——利息	5 000. 00	
贷：银行存款		15 000. 00

企业的银行活期和定期存款的存取特点有所不同。活期存款由于随时存取，其存款账户

余额总是在变动之中，基本没有什么规律可言；而定期存款的存款额则比较固定，因而银行对活期存款和定期存款的计息方法并不一样。活期存款多采取定期结息办法，而定期存款多采取逐笔结息办法。

对于企业的活期存款，银行采用定期结息的办法。同时，银行为了减轻月末的工作压力，对客户活期存款通常按季结息，规定每季度第三个月的20日为结息日，计息期为上季度末第三个月的21日开始至本季度第三个月的20日结束。但是，若在结息日前申请销户，则应截至销户当日计算利息。企业应得的存款利息一般只能转账收入，不得支取现金。其活期存款利息的计算通常采用积数法。在计算时具体分为两种情况：一种是每日存款余额变动频繁，另一种是每隔一定时期存款余额发生变动。

需要说明的是，由于权责发生制的要求，企业每月都需要对属于本期应得的活期存款利息进行计提，并作出相应的账务处理，因而其计算的起止时间应是上月21日开始至本月20日为止的时间。

对于第一种情况，会计人员在每日营业终了根据各存款账户当日余额抄列余额表。各户各日余额相加之和就是计息积数。每到结息日，按照余额表上的累计计息积数乘以规定利率，可算出本月应得利息。存款利息计算公式如下：

$$本月应得存款利息 = 存款累计计息积数 \times \frac{月利率}{30}$$

例题6－5： 北京荣耀商业贸易有限责任公司2016年12月活期存款余额情况如表6－8所示。

表6－8　　活期存款利息计算表

存款利率：3‰　共×页第×页　　2016年12月　　单位：元

日　期	每日余额	日　期	每日余额
1	96 000.00	11	78 000.00
2	84 000.00	12	70 000.00
3	79 000.00	13	75 000.00
4	120 000.00	14	91 000.00
5	95 000.00	15	101 000.00
6	87 000.00	16	95 000.00
7	139 000.00	17	132 000.00
8	140 000.00	18	88 000.00
9	160 000.00	19	89 000.00
10	100 000.00	20	82 000.00
小　计	1 100 000.00	小　计	2 001 000.00
		上月21日至上月末应计息积数	2 000 000.00
		本月累计应计息积数	4 001 000.00
		利　息	1 000.00

$$本月应得存款利息 = 4\ 001\ 000 \times \frac{3‰}{30} = 400.10（元）$$

对于第二种情况，会计人员在每次发生活期存款存取业务后，按上次最后余额乘以该余额的实存日数计算出积数，并记入利息计算表的“积数”栏。实存日数按“算头不算尾”的方法确定，记入利息计算表的“日数”栏内。到结息日时，应先根据上一次记账日期和存款余额计算出截至结息日为止的日数和积数后，再加计所有积数，求出本月计息总积数，然后以积数乘以日利率求出本月应得利息数。活期存款余额变动不是很频繁则采用这种方法最为合适。

例题 6－6：北京园林自然美花卉商店在招商银行十里河支行活期存款 12 月应得利息计算如表 6－9 所示。

表 6－9　　活期存款利息计算表

账号：506050001003037　　利率：3‰　　单位：元

2016 年		借　方	贷　方	借或贷	余　额	日　数	积　数
月	日						
11	21			借	350 000.00	9	3 150 000.00
	30			借	350 000.00	1	350 000.00
12	1			借	350 000.00	2	700 000.00
	3	800.00		借	350 800.00	1	350 800.00
	4		750.00	借	350 050.00	2	700 100.00
	6		600.00	借	349 450.00	6	2 096 700.00
	12	1 470.00		借	350 920.00	7	2 456 440.00
	19		1 000.00	借	349 920.00	1	349 920.00
	20	4 800.00		借	354 720.00	1	10 504 580.00

本月应得活期存款利息 $=10\ 504\ 580\times\dfrac{3‰}{30}=1\ 050.46$（元）

例题 6－7：北京宣和水生植物商店第二季度 4 月份按上述方法计提活期存款利息 907.09 元，会计人员根据利息计算表编制计提本月应得利息收入会计分录如下：

借：应收利息——招商银行十里河支行　　907.09
　　贷：财务费用——利息　　907.09

5 月份仍按上述方法计提应得利息收入 1 476 元，根据利息计算表编制会计分录如下：

借：应收利息——招商银行十里河支行　　1 476.00
　　贷：财务费用——利息　　1 476.00

6 月 20 日，接到开户银行转来活期存款利息清单第二联（客户回单）（如表 6－10 所示），本季度应得活期存款利息 1 307 元，款已划入企业银行存款账户，会计人员编制会计分录如下：

借：银行存款——招商银行十里河支行　　2 965.07
　　贷：应收利息——招商银行十里河支行　　2 383.09
　　　　财务费用——利息　　581.98

表 6-10 活期存款利息清单 交易号 711191910103

交易码 5211 日期 2016 年 6 月 21 日

户　名：	北京宣和水生植物商店		
收款账号 71114101-809-00044975		付息科目	
利　率	正常利率 0.3600000%	正常积数	9 200 000
	协定利率 1.1700000%	协定积数	88 402 196
	透支利率 0.3600000%	透支积数	0
计息日期 2016/03/21—2016/06/20		利息	2 965.07
备注	招商银行十里河支行 正常利息 .00 协定利息 .00 透支利息 .00		

第二联 客户回单

上述利息已经划入您的结算账户，敬请查收。 复核 张红丽 柜员 李丽

定期存款的计息，一般采用“利随本清”的办法。其基本计算公式如下：存款利息＝存款本金×存期×利率

例题 6-8：北京宣和水生植物商店 2016 年 4 月 20 日存入中国银行十里河支行 1 年期定期存款 500 000 元，存款年利率 2.17%，1 年期满后，其应得定期存款利息 $=500\ 000\times1\times2.17\%=10\ 850$（元）；4 月份应得存款利息 $=\frac{10\ 850}{12}\times\frac{1}{3}=301.39$（元）。财会人员根据利息计算单编制会计分录如下：

借：应收利息——中国银行十里河支行 301.39

　　贷：财务费用——利息 301.39

三、费用明细分类核算

为了检查各项费用的实际支出情况和提供费用分析所需的详细资料，除对费用设置“销售费用”、“管理费用”、“财务费用”科目进行总分类核算，反映各类费用支出的总括情况外，还应对费用进行明细分类核算。费用的明细分类核算可采用“借方”多栏式账页，将借方按各类费用的明细项目序时逐笔登记发生数；费用的明细分类核算也可采用“借方”、“贷方”、“余额”三栏式明细账页，分别按各类费用的明细项目开设账户，序时逐笔登记各项费用的发生数；期末结转到“本年利润”账户后，各费用明细账均无余额。

第二节　营业税费核算

一、企业应纳营业税费种类

营业税费是商品流通企业按照税收法律的规定，以货币形式向国家征税机关缴纳的各种税款及其政府性基金的统称。商品流通企业应纳税款及其政府性基金发生的环节不同，其性质及对企业的影响也自然不同。其中，在经营环节应缴营业税费主要包括增值税、消费税、

城市维护建设税、关税及其教育费附加、地方教育费附加款项；在管理环节应纳税款主要包括房产税、城镇土地使用税、车船使用税和印花税；由工程成本负担的税款主要是耕地占用税；按企业经营所得计算缴纳的税款主要是企业所得税。

二、增值税核算

增值税是对销售货物或者提供加工、修理修配劳务以及进口货物的单位和个人就其实现的增值额征收的一个税种，或者说增值税是以商品（含应税劳务）在流转过程中产生的增值额作为计税依据而征收的一种流转税。从计税原理上说，增值税是对商品生产、流通、劳务服务中多个环节的新增价值或商品的附加值征收的一种流转税。其中的增值额，指的是从销售额中扣除当期购进商品与劳务的价值差额后余下的价值量，即企业或个人在生产经营过程中所创造的那部分价值。增值税实行价外税，产品价格中不应含有增值税。

现行增值税法将增值税纳税人分为一般纳税人和小规模纳税人两种身份进行征收管理。其中的一般纳税人标准是：生产货物或者提供应税劳务的纳税人以及以生产货物或者提供应税劳务为主（即纳税人的货物生产或者提供应税劳务的年销售额占应税销售额的比重在50%以上）并兼营货物批发或者零售业务的纳税人，年应税销售额超过人民币50万元的；从事货物批发或者零售经营，年应税销售额超过人民币80万元的。一般纳税人必须使用增值税专用发票。其应纳税额计算公式如下：

应纳税额 = 当期销项税额 - 当期进项税额

公式中，销项税额是指纳税人提供应税服务按照销售额和增值税税率计算的增值税税额；进项税额是指纳税人购进货物或者接受加工修理修配劳务和应税服务，支付或者负担的增值税税额。

销项税额 = 不含税销售额 × 税率

其中，不含税销售额 = 含税销售额 ÷ （1 + 税率）

小规模纳税人的标准是：从事货物生产或者提供应税劳务的纳税人以及从事货物生产或者提供应税劳务为主（即纳税人的货物生产或者提供劳务的年销售额占年应税销售额的比重在50%以上）并兼营货物批发或者零售的纳税人，年应征增值税销售额（简称应税销售额）在人民币50万元以下（含本数）的。除上述规定以外的纳税人，年应税销售额在人民币80万元以下（含本数）。小规模纳税人只能使用普通发票。其应纳税额计算公式如下：

应纳税额 = 不含税销售额 × 征收率

公式中，不含税销售额 = 含税销售额 ÷ （1 + 征收率）

企业将本月应交的增值税在次月月初上交时，借记“应交税费——应交增值税（已交税金）”明细科目，贷记“银行存款”科目。增值税税目税率表如表6-11所示。

表6-11　　增值税税率表

税率名称	税　目	具体税率
基本税率	销售或进口货物。税法另有规定除外	17%
	提供应税劳务（加工、修理修配等）	
	有形动产租赁业务	

续表

税率名称	税　　目	具体税率
低税率	粮食、使用植物油	13%
	自来水、暖气、冷气、热水、煤气、石油液化气、天然气、沼气、居民用煤炭制品	
	图书、报纸、杂志	
	饲料、化肥、农药、农机、农膜	
	农产品（不包括淀粉）	
	音像制品	
	电子出版物	
	二甲醚	
	交通运输业服务、邮政服务、基础电信业务	11%
	建筑安装业	6%
	增值电信业务、现代服务业服务	
零税率	纳税人报关出口的货物。国务院另有规定的除外	0
	境内的单位和个人提供的“国际运输服务、向境外单位提供的研发服务和设计服务”及财政部、国家税务总局规定的其他应税服务	
征收率	小规模纳税人发生的应税行为	3%
	县级及县级以下小型水利发电单位生产的电力	
	建筑用和生产建筑材料所用的砂、土、石料（不含粘土实心砖、瓦）	
	用微生物、微生物代谢产物、动物毒素、人或动物的血液或组织制成的生物制品	
	自来水	
	商品混凝土（仅限于以水泥为原料生产的水泥混凝土）	
	寄售商店代销寄售物品（包括居民个人寄售的物品在内）	
	典当行销售“死当”物品	
征收率	一般纳税人销售自己使用过的固定资产（符合简易办法征收的）	依照3%减按2%征收
	小规模纳税人（除其他个人外）销售自己使用过的固定资产	
	纳税人销售旧货	
一般纳税人销售自产的上述货物，可选择按照简易办法依照3%征收率计算缴纳增值税，不能抵扣进项税额。		

例题 6－9： 北京现代汽车燕盛隆销售有限责任公司 2016 年 3 月销售整车和提供维修服务的销项税额合计为 166 600 元，购进整车和配件的增值税专用发票中注明可以抵扣的进项税额合计为 102 000 元，计算本期应纳增值税额如下：

应纳税额＝166 600－102 000＝64 600（元）

4 月 7 日，北京现代汽车燕盛隆销售有限责任公司缴纳上月应缴增值税额，财会部门根据增值税缴纳凭证编制会计分录如下：

借：应交税费——应交增值税（已交税金）　　　　64 600. 00

　　贷：银行存款　　　　64 600. 00

企业购进货物发生非正常损失的，其进项税额应相应转出有关科目，借记“待处理财产损溢”科目，贷记“应交税费——应交增值税（进项税额转出）”及“库存商品”科目等。其中，转作待处理财产损失的进项税额转出数额，应与遭受非正常损失的购进货物成本一并处理。

例题6－10：北京现代汽车燕盛隆销售有限责任公司2016年4月末盘点，发现甲配件短少10件，每件进价80元，进项税额总计136元，原因是管理不善造成，经批准作为管理费用入账。财会部门根据库存配件盘点表和库存配件溢余短缺报告单编制会计分录如下：

借：待处理财产损溢——待处理流动资产损溢	936.00	
贷：库存商品——配件		800.00
应交税费——应交增值税（进项税额转出）		136.00
借：管理费用——存货盘亏	936.00	
贷：待处理财产损溢——待处理流动资产损溢		936.00

按照增值税法规定，商品流通企业以外购的商品作为非货币性福利提供给职工的，应该视同企业商品销售业务处理。在会计核算上，应该按照该商品的公允价值和相关税费确定职工薪酬的金额，并计入当期损益或相关资产成本。相关收入的确认、销售成本的结转以及相关税费的处理，与商品流通企业正常商品销售的会计处理相同。

例题6－11：北京朝阳百脑汇电脑商厦（一般纳税人身份）将2 000台联想X280笔记本电脑作为春节福利发放给所有职工。每台笔记本电脑不含税售价14 000元，采购成本10 000元。商厦2 000名在册职工中，1 700名属于营销人员，300名属于管理人员。财会部门根据增值税专用发票记账联及其非货币性福利发放审批表编制会计分录如下：

借：销售费用——非货币性福利	27 846 000.00	
管理费用——非货币性福利	4 914 000.00	
贷：应付职工薪酬——非货币性福利		32 760 000.00
借：应付职工薪酬——非货币性福利	32 760 000.00	
贷：主营业务收入		28 000 000.00
应交税费——应交增值税（销项税额）		4 760 000.00
借：主营业务成本	20 000 000.00	
贷：库存商品——笔记本电脑（联想X280笔记本电脑）		20 000 000.00

三、消费税核算

消费税是指对在我国境内从事生产、委托加工及进口应交税消费品的单位和个人以及经营金银首饰的零售企业征收的一种流转税。消费税实行价内征收；征收范围和税率选择具有灵活性，征收环节具有单一性。作为特殊调节税种，纳税人若交纳消费税，同时也必须交纳增值税。现行消费税的税目和税率规定如表6－12所示。

消费税的税率有从价定率和从量定额两种。由于缴纳消费税的纳税人同时还是增值税的纳税人，因而为了计算税款方便，消费税应纳税额计算也采用不含税销售额进行。在从价定率计算办法下的计算公式如下：

应交消费税税额＝不含税销售额（或组成计税价格）×适用税率

表 6－12 消费税税目税率表

税　目	税　率
一、烟	
1. 卷烟	
（1）甲类卷烟［调拨价 70 元（不含增值税）/条以上（含 70 元）］	56% 加 0.003 元/支（生产环节）
（2）乙类卷烟［调拨价 70 元（不含增值税）/条以下］	36% 加 0.003 元/支（生产环节）
（3）商业批发	11%（批发环节）
2. 雪茄烟	36%（生产环节）
3. 烟丝	30%（生产环节）
二、酒及酒精	
1. 白酒	20% 加 0.5 元/500 克（或者 500 毫升）
2. 黄酒	240 元/吨
3. 啤酒	
（1）甲类啤酒	250 元/吨
（2）乙类啤酒	220 元/吨
4. 其他酒	10%
5. 酒精	5%
三、化妆品	30%
四、贵重首饰及珠宝玉石	
1. 金银首饰、铂金首饰、钻石及钻石饰品	5%
2. 其他贵重首饰和珠宝玉石	10%
五、鞭炮、焰火	15%
六、成品油	
1. 汽油	
（1）含铅汽油	1.52 元/升
（2）无铅汽油	1.52 元/升
2. 柴油	1.20 元/升
3. 航空煤油	1.20 元/升
4. 石脑油	1.52 元/升
5. 溶剂油	1.52 元/升
6. 润滑油	1.52 元/升
7. 燃料油	1.20 元/升
七、摩托车	
1. 气缸容量（排气量，下同）在 250 毫升（含 250 毫升）以下的	3%
2. 气缸容量在 250 毫升以上的	10%
八、小汽车	
1. 乘用车	

续表

税　　目	税　　率
（1）气缸容量（排气量，下同）在1.0升（含1.0升）以下的	1%
（2）气缸容量在1.0升以上至1.5升（含1.5升）的	3%
（3）气缸容量在1.5升以上至2.0升（含2.0升）的	5%
（4）气缸容量在2.0升以上至2.5升（含2.5升）的	9%
（5）气缸容量在2.5升以上至3.0升（含3.0升）的	12%
（6）气缸容量在3.0升以上至4.0升（含4.0升）的	25%
（7）气缸容量在4.0升以上的	40%
2. 中轻型商用客车	5%
九、高尔夫球及球具	10%
十、高档手表	20%
十一、游艇	10%
十二、木制一次性筷子	5%
十三、实木地板	5%
十四、铅蓄电池	4%
无汞原电池、金属氢化物镍蓄电池、锂原电池、锂离子蓄电池、太阳能电池、燃料电池和全钒液流电池	免征
十五、涂料	4%

其中，组成计税价格 =（成本 + 利润）÷（1 - 消费税税率）；对进口应税消费品而言，其组成计税价格 =（关税完税价格 + 关税）÷（1 - 消费税税率）

从量定额计算办法下的计算公式如下：

应交消费税税额 = 销售数量 × 单位税额

企业销售计提需要交纳消费税的物资应交消费税额时，借记“营业税金及附加”等科目，贷记“应交税费——应交消费税”明细科目。退税时做相反会计分录。

例题 6 - 12：北京新富黄金百货商场属于一般纳税人身份，经营金银首饰零售业务，本月实现金银首饰含税销售额为93 600元，按5%的消费税税率计算其应纳消费税额。根据消费税计算表编制会计分录如下：

应交纳的消费税额 = 93 600 ÷（1 + 17%）× 5% = 4 000（元）

借：营业税金及附加　　4 000.00

　　贷：应交税费——应交消费税　　4 000.00

次月缴纳时，根据消费税缴税凭证编制会计分录如下：

借：应交税费——应交消费税　　4 000.00

　　贷：银行存款　　4 000.00

四、城市维护建设税核算

城市维护建设税以纳税人实际交纳的增值税、消费税的税额为计税依据，根据适用税率计算交纳。其计算公式如下：

应纳城市维护建设税 = 纳税人交纳的增值税、消费税的税额 × 适用税率

企业按规定计算应交纳城建税时，借记“营业税金及附加”、“其他业务成本”等科目，贷记“应交税费——应交城市维护建设税”科目。

例题 6 – 13：北京祥云商贸有限责任公司本月主营业务缴纳的增值税税额 3 600 元，消费税额 4 600 元，城市维护建设税税率为 7%。则其本月应交纳城市维护建设税 = （3 600 + 4 600） × 7% = 574（元），根据城市维护建设税计算表编制会计分录如下：

借：营业税金及附加　　574.00

　　贷：应交税费——应交城市维护建设税　　574.00

五、教育费附加和地方教育附加核算

教育费附加是国家为扶持教育事业发展，计征用于教育的政府性基金；是国家征税机关对缴纳增值税、消费税的单位和个人征收的一种附加费。其作用是发展地方性教育事业，扩大地方教育经费的资金来源。教育费附加征费范围同增值税、消费税的征收范围相同。教育费附加的征收率为 3%，以纳税人实际缴纳的增值税、消费税的税额为计费依据。其计算公式如下：

应纳教育费附加 = 纳税人实际缴纳的增值税、消费税税额 × 3%

地方教育附加是指根据国家有关规定，为实施“科教兴省”战略，增加地方教育的资金投入，促进各省、自治区、直辖市教育事业发展，开征的一项地方政府性基金。该收入主要用于各地方的教育经费的投入补充。按照地方教育附加使用管理规定，在各省、直辖市的行政区域内，凡缴纳增值税、消费税的单位和个人，都应按规定缴纳地方教育附加。征费范围同增值税、消费税的征收范围相同。地方教育附加的征税率是 2%，但也有部分地区地方教育附加的征收率是 1%。地方教育附加以纳税人实际缴纳的增值税、消费税的税额为计费依据。其应纳费额计算公式如下：

应交地方教育附加 = 纳税人实际缴纳的增值税、消费税的税额 × 2%

例题 6 – 14：仍用例题 6 – 13 资料。北京祥云商贸有限责任公司本月主营业务交纳的增值税额 3 600 元，消费税税额 4 600 元，教育费附加征收率为 3%，地方教育附加征收率为 2%。则其本月应交纳教育费附加 = （3 600 + 4 600） × 3% = 246（元），本月应交纳地方教育附加 = （3 600 + 4 600） × 2% = 164（元），根据城市维护建设税计算表编制会计分录如下：

借：营业税金及附加　　410.00

　　贷：应交税费——应交教育费附加　　246.00

　　　　　　　　——应交地方教育附加　　164.00

六、费用性税金核算

费用性税金是指应纳税额较小且发生的次数不是比较频繁的税种，为了管理和核算上的便利而列入管理费用开支。主要有印花税、车船使用税、土地使用税、房产税四个税种。其中，印花税是对经济活动和经济交往中书立、领受具有法律效力的凭证的行为所征收的一种

税。因采用在应税凭证上粘贴印花税票作为完税的标志而得名。在中国境内书立、领受应税凭证的单位和个人，都是印花税的纳税义务人。具体有：立合同人、立据人、立账簿人、领受人、使用人。现行印花税条例列举的应税凭证具体有：购销、加工承揽、建设工程勘查设计、建设工程承包、财产租赁、货物运输、仓储保管、借款、财产保险、技术合同或者具有合同性质的凭证、产权转移书据、营业账簿、房屋产权证、工商营业执照、商标注册证、专利证、土地使用证、许可证照、经财政部确定征税的其他凭证。印花税的税率有两种形式，即比例税率和定额税率。印花税税目税率表如表6－13所示。

表6－13　　　　印花税税目税率表

税　目	范　围	税　率	纳 税 人	说　明
1. 购销合同	包括供应、预购、采购、购销结合及协作、调剂、补偿、易货等合同	按购销金额的0.3‰贴花	立合同人	
2. 加工承揽合同	包括加工、定做、修缮、修理、印刷、广告、测绘、测试等合同	按加工或承揽收入的0.5‰贴花	立合同人	
3. 建设工程勘察设计合同	包括勘察、设计合同	按收取费用的0.5‰贴花	立合同人	
4. 建筑安装工程承包合同	包括建筑、安装工程承包合同	按承包金额的0.3‰贴花	立合同人	
5. 财产租赁合同	包括租赁房屋、船舶、飞机、机动车辆、机械、器具、设备等	按租赁金额的1‰贴花。税额不足1元的按1元贴花	立合同人	
6. 货物运输合同	包括民用航空、铁路运输、海上运输、内河运输、公路运输和联运合同	按运输收取费用的0.5‰贴花	立合同人	单据作为合同使用的，按合同贴花
7. 仓储保管合同	包括仓储、保管合同	按仓储收取保管费用的1‰贴花	立合同人	仓单或栈单作为合同使用的，按合同贴花
8. 借款合同	银行及其他金融组织和借款人（不包括银行同业拆借）所签订的借款合同	按借款金额的0.05‰贴花	立合同人	单据作为合同使用的，按合同贴花
9. 财产保险合同	包括财产、责任、保证、信用等保险合同	按保险费收入的1‰贴花	立合同人	单据作为合同使用的，按合同贴花
10. 技术合同	包括技术开发、转让、咨询、服务等合同	按所载金额的0.3‰贴花	立合同人	
11. 产权转移书据	包括财产所有权和版权、商标专用权、专利权、专有技术使用权等转移书据	按所载金额的0.5‰贴花	立据人	

续表

税　目	范　围	税　率	纳 税 人	说　明
12. 营业账簿	生产经营用账册	记载资金的账簿，按实收资本和资本公积合计金额的 0.5‰贴花。其他账簿按件贴花 5 元	立账簿人	
13. 权利、许可证照	包括政府部门发给的房屋产权证、工商营业执照、商标注册证、专利证、土地使用证	按件贴花 5 元	领受人	

例题 6－15：2016 年年初开始营业的北京天翼通讯设备销售有限责任公司年初开立营业性账簿两本，每本贴花 5 元；另有记载资本公积和实收资本账户内容的账簿上面记载资本数额共计 3 000 000 元，按照规定应缴纳印花税 1 500 元（3 000 000 ×0.5‰）。财会人员根据印花税缴税凭证编制会计分录如下：

借：管理费用——税金　　1 510.00

　　贷：库存现金　　1 510.00

房产税是以房屋为征税对象，按房屋的计税余值或租金收入为计税依据，向产权所有人征收的一种财产税。从价计征的，其计税依据为房产原值一次减去 10%—30% 后的余值；从租计征的，以房产租金收入为计税依据。从价计征 10%—30% 的具体减除幅度由各省、自治区、直辖市人民政府确定。房产税税率采用比例税率，按照房产余值计征的，年税率为 1.2%，按房产租金收入计征的，年税率为 12%。房产税应纳税额的计算分为以下两种情况：

以房产原值为计税依据的，应纳税额 = 房产原值 ×（1 －10%—30% 扣除率）×1.2%

以房产租金收入为计税依据的，应纳税额 = 房产租金收入 ×12%。

车船税是指以车船为课征对象，向车辆、船舶（以下简称车船）的所有人或者管理人征收的一种税。此处所称车船是指依法应当在车船管理部门登记的车船。具体的车船税税目税率由各省、自治区、直辖市政府确定。其中，北京市车船税税目税额表如表 6－14 所示。

表 6－14　　北京市车船税税目税额表

税　目		计税单位	每年税额	备　注
载客汽车	大型客车	每辆	600 元	包括：电车
	中型客车	每辆	540 元	
	小型客车	每辆	480 元	
	微型客车	每辆	300 元	
载货汽车		按自重每吨	96 元	包括：半挂牵引车、挂车

续表

税目		计税单位	每年税额	备注
专项作业车 轮式专用机械车		按自重每吨	96 元	
三轮汽车 低速货车		按自重每吨	60 元	
摩托车		每辆	120 元	
船舶	净吨位小于或者等于 200 吨	每吨	3 元	拖船和非机动驳船分别按船舶税额的 50% 计算
	净吨位大于 200 吨小于等于 2 000 吨	每吨	4 元	
	净吨位大于 2 000 吨小于等于 10 000 吨	每吨	5 元	
	净吨位在 10 000 吨以上	每吨	6 元	

土地使用税，是指在城市、县城、建制镇、工矿区范围内使用土地的单位和个人，以实际占用的土地面积为计税依据，依照规定由土地所在地的税务机关征收的一种税赋。由于土地使用税只在县城以上城市征收，因此也称作城镇土地使用税。城镇土地使用税根据实际使用土地的面积，按税法规定的单位税额交纳。其计算公式如下：

应纳城镇土地使用税额 = 应税土地的实际占用面积 × 适用单位税额

一般规定每平方米的年税额，大城市 1.5—30 元；中等城市 1.2—24 元；小城市 0.9—18 元；县城、建制镇、工矿区 0.6—12 元。土地使用税按年缴纳。

例题 6 - 16：北京天翼通讯设备销售有限责任公司计算本年度应交房产税 2 000 元，车船税 3 000 元，土地使用税 1 800 元。根据房产税、车船税、土地使用税计提表编制会计分录如下：

借：管理费用——税金　　6 800.00

　　贷：应交税费——应交房产税　　2 000.00

　　　　　　　　——应交车船使用税　　3 000.00

　　　　　　　　——应交土地使用税　　1 800.00

第七章

利润形成及其分配的核算

第一节　利润形成核算

一、利润构成内容

利润是指商品流通企业从事商品购销或提供劳务活动所取得的经营成果，是商品流通企业在一定期间内全部收入抵减全部支出后的余额（若为负数则为亏损）。它是评价商品流通企业经济效益的重要财务指标。利润包括营业利润、利润总额、净利润、其他综合收益的税后净额和综合收益总额。利润的多寡与企业经营管理水平有直接的联系，因而它是衡量企业经营管理水平的重要综合指标。

（一）营业利润

营业利润是企业的营业收入扣除营业成本、营业税金及附加和期间费用，扣除资产减值损失，加上公允价值变动及投资净收益之后的余额。

营业利润 = 营业收入 - 营业成本 - 营业税金及附加 - 销售费用 - 管理费用 - 财务费用 - 资产减值损失 + 公允价值变动净收益 + 投资收益

营业收入包括主营业务收入和其他业务收入；营业成本包括主营业务成本和其他业务成本。

主营业务收入是指商品流通企业从事商品销售或提供劳务所获得的收入；主营业务成本是指商品销售成本或劳务成本。

其他业务收入，指商品流通企业在主营业务以外取得的其他销售收入，如包装物销售、无形资产转让、固定资产出租、包装物出租、废旧物资出售等收入。

其他业务成本，指商品流通企业在主营业务以外发生的应由相应其他业务收入负担的各项支出，包括包装物的销售成本、出租包装物的摊销价值、出租包装物的修理费、其他业务人员工资以及其他业务应缴纳的税金及附加等。

销售费用是指商品流通企业在商品销售过程中发生的费用开支。商品流通企业在购买商品过程中所发生的进货费用若金额较小的也列作销售费用。管理费用是指商品流通企业行政管理部门为组织和管理生产经营活动发生的各项费用。财务费用是指商品流通企业为了筹集和使用资金而发生的各项费用。

资产减值损失是指资产可收回金额低于其账面价值的差额。主要是坏账损失、存货跌价损失、固定资产减值损失、无形资产减值损失和长期股权投资减值损失。

公允价值变动净收益是指商品流通企业的金融资产或金融负债（包括交易性金融资产或金融负债和直接指定为以公允价值计量且其变动计入当期损益的金融资产或金融负债）以及采用公允价值模式计量的投资性房地产、衍生工具、套期业务中公允价值变动形成的利得或损失。

投资收益，是指商品流通企业对外投资所取得的收入减去发生的投资损失和计提的投资减值准备后的净额。

（二）利润总额

利润总额又称税前利润，是商品流通企业一定时期内的营业利润加上营业外收入，减去营业外支出后的余额。

利润总额 = 营业利润 + 营业外收入 - 营业外支出

营业外收入，指商品流通企业发生的与企业经营业务无直接关系的各项收入，主要有处置固定资产净收益、处置无形资产净收益、政府补助利得、非货币性交易收益、罚没收入。

营业外支出，指商品流通企业发生的与企业经营业务无直接关系，但应从当期实现利润总额中扣除的各项支出，主要有固定资产盘亏、处置固定资产净损失、处置无形资产净损失、债务重组损失、非常损失、罚款支出、捐赠支出。

（三）净利润

净利润又称税后利润，是指商品流通企业一定时期内完成缴纳企业所得税后的利润。其中，所得税费用是企业依照国家税法的规定，对企业某一经营年度的所得，按照规定的税率计算并交纳的税款。

净利润 = 利润总额 - 所得税费用

（四）其他综合收益的税后净额

其他综合收益是指商品流通企业根据企业会计准则规定未在损益中确认的各项利得和损失扣除所得税影响后的净额。企业在计算其他综合收益时，应当剔除所得税费用影响因素。其他综合收益的税后净额，主要由以后不能重分类进损益的其他综合收益和以后将重分类进损益的其他综合收益构成。

不能重分类进损益的其他综合收益主要是重新计量设定受益计划净负债或净资产导致的变动的税后净额项目。按照权益法核算的在被投资单位以后会计期间不能重分类进损益的其他综合收益中所享有份额的税后净额项目。

以后将重分类进损益的其他综合收益主要是按照权益法核算的在被投资单位以后会计期

间满足规定条件时将重分类进损益的其他综合收益中所享有份额的税后净额”项目；可供出售金融资产公允价值变动形成利得（损失以“-”号填列）的税后净额；持有至到期投资重分类为可供出售金融资产形成的利得（损失以“-”号填列）的税后净额；现金流量套期工具产生的利得或损失中属于有效套期的部分（损失以“-”号填列）的税后净额；外币财务报表折算差额。

其他综合收益=以后不能重分类进损益的其他综合收益+以后将重分类进损益的其他综合收益

（五）综合收益总额

综合收益总额，反映商品流通企业净利润与其他综合收益的合计金额。商品流通企业的综合收益，包括其他综合收益和综合收益总额。其中，其他综合收益反映企业根据企业会计准则规定未在损益中确认的各项利得和损失扣除所得税影响后的净额；综合收益总额是企业净利润与其他综合收益的合计金额。

综合收益总额=净利润+其他综合收益

二、营业外收支核算

（一）营业外收入核算

为反映企业与经营无直接关系的各项收入，应设置“营业外收入”科目。该科目为损益类科目，企业发生现金长款、清理固定资产净收益、罚款净收入等时，借记“库存现金”、“银行存款”、“固定资产清理”等科目，贷记“营业外收入”科目；期末，应将该科目的余额结转入“本年利润”科目；结转时，借记“营业外收入”科目，贷记“本年利润”科目；结转后该科目无余额。本科目按收入项目设置明细科目，进行明细分类核算。

例题7-1：北京荣昌商贸有限责任公司在月末盘点中发现库存现金长款80元，经领导批示将其结转营业外收入。财会部门根据现金长短款报告单编制会计分录如下：

借：待处理财产损溢——待处理流动资产损溢　　80.00
　　贷：营业外收入——现金长款　　80.00

例题7-2：北京荣昌商贸有限责任公司在商品销售活动中，由于对方违约，收到对方单位支付违约金10 000元。财会部门根据银行收款凭证编制会计分录如下：

借：银行存款　　10 000.00
　　贷：营业外收入——赔偿金收入　　10 000.00

例题7-3：北京荣昌商贸有限责任公司收到政府补助款300 000元，已存入银行。根据财政支付命令及其银行收款凭证编制会计分录如下：

借：银行存款　　300 000.00
　　贷：营业外收入——政府补助利得　　300 000.00

（二）营业外支出核算

为反映企业与经营无直接关系的各项支出，应设置“营业外支出”科目。该科目为损益类科目，企业发生固定资产盘亏、清理固定资产净损失、捐赠支出、罚款支出等时，借记

"营业外支出"科目，贷记"待处理财产损溢"、"固定资产清理"、"银行存款"等科目；期末，应将该科目的余额结转入"本年利润"科目，结转时，借记"本年利润"科目，贷记"营业外支出"科目，结转后该科目无余额。本科目按支出项目设置明细账，进行明细分类核算。

例题 7－4：北京芥园商厦因延期纳税，需要支付征税机关税收滞纳金 217.05 元。根据税务机关开具的滞纳金缴款凭证及其银行付款凭证编制会计分录如下：

借：营业外支出——滞纳金支出　　217.05

　　贷：银行存款　　217.05

例题 7－5：北京芥园商厦向北京红十字会捐款 50 000 元，用于青海玉树某希望小学校舍建设。款已转账付出。根据公益捐款收据及其银行付款凭证编制会计分录如下：

借：营业外支出——捐赠支出　　50 000.00

　　贷：银行存款　　50 000.00

三、利润形成的核算

为反映企业利润的形成或亏损的发生，应设置"本年利润"科目。该科目为所有者权益类科目，贷方记录期末转入的各项收入，借方记录期末转入的各项成本、费用；贷方余额表示企业本期实现的利润数额，借方余额表示企业本期发生的亏损数额；年度终了，应将该科目的余额转入"利润分配——未分配利润"科目，结转后该科目无余额。

例题 7－6：北京芥园商厦 2016 年 5 月末有关损益类科目余额资料如表 7－1 所示。

表 7－1　　**2016 年 5 月末损益类科目结转前余额**　　单位：元

科目名称	本期余额	科目名称	本期余额
主营业务收入	1 950 000	管理费用	180 000
主营业务成本	720 000	财务费用	5 000
营业税金及附加	80 000	投资收益	60 000
其他业务收入	110 000	营业外收入	6 000
其他业务成本	90 000	营业外支出	17 000
销售费用	154 000		

（1）结转收入类科目贷方余额时，编制会计分录如下：

借：主营业务收入　　1 950 000.00

　　其他业务收入　　110 000.00

　　投资收益　　60 000.00

　　营业外收入　　6 000.00

　　贷：本年利润　　2 126 000.00

（2）结转支出类科目借方余额时，编制会计分录如下：

借：本年利润　　1 246 000.00

　　贷：主营业务成本　　720 000.00

　　　　其他业务成本　　90 000.00

营业税金及附加	80 000.00
销售费用	154 000.00
管理费用	180 000.00
财务费用	5 000.00
营业外支出	17 000.00

通过以上会计处理后，形成本期利润总额为880 000元（2 126 000－1 246 000）。

第二节 所得税费用核算

商品流通企业实现利润后，应按税法的规定计算缴纳企业所得税。所得税是指国家对在我国境内从事生产、经营所得和其他所得依法征收的一种税。所得税的纳税人为在我国境内实行独立核算的企业或经济组织。

一、暂时性差异

暂时性差异，是指资产或负债的账面价值与其计税基础之间的差额。未作为资产和负债确认的项目，按照税法规定可以确定其计税基础的，该计税基础与其账面价值之间的差额也属于暂时性差异。按照暂时性差异对未来期间应税金额的影响，暂时性差异分为应纳税暂时性差异和可抵扣暂时性差异。

应纳税暂时性差异，是指在确定未来收回资产或清偿负债期间的应纳税所得额时，将导致产生应税金额的暂时性差异。资产的账面价值大于其计税基础或者负债的账面价值小于其计税基础，产生应纳税暂时性差异。

可抵扣暂时性差异，是指在确定未来收回资产或清偿负债期间的应纳税所得额时，将导致产生可抵扣金额的暂时性差异。资产的账面价值小于其计税基础或者负债的账面价值大于其计税基础，产生可抵扣暂时性差异。

资产的计税基础，是指企业收回资产账面价值过程中，计算应纳税所得额时按照税法规定可以自应税经济利益中抵扣的金额。例如，企业期末持有一批存货，成本为220万元，按照存货准则规定，估计其可变现净值为200万元，对于可变现净值低于成本的差额，应当计提存货跌价准备20万元，由于税法规定资产的减值损失在发生实质性损失前不允许税前扣除，该批存货的计税基础仍为220万元，和账面价值之间的差额20万元即为可抵扣暂时性差异。再如，企业自行开发的无形资产在满足资本化条件后发生的支出60万元已经按会计准则规定确认为无形资产成本；但依照税法规定，企业的研发开支应在发生当期税前利润扣除，该项无形资产的计税基础为0元，由此产生的和账面价值之间的差额60万元即为应纳税暂时性差异。

负债的计税基础，是指负债的账面价值减去未来期间计算应纳税所得额时按照税法规定可予抵扣的金额。例如，企业因或有事项按照最佳估计数确认预计负债10万元并计入当期损益；而按照税法规定，与预计负债相关的费用多在实际发生时税前利润扣除，该类负债的计税基础为0元，形成会计上的账面价值与计税基础之间的可抵减暂时性差异。

二、所得税费用的核算

《企业会计准则第18号——所得税》规定，存在应纳税暂时性差异或可抵扣暂时性差异的，应当确认递延所得税负债或递延所得税资产。为了核算由于暂时性差异产生的递延所得税资产和递延所得税负债，企业应设置"所得税费用"、"递延所得税资产"和"递延所得税负债"科目。

"所得税费用"科目核算企业确认的应从当期利润总额中扣除的所得税费用。该科目属损益类科目。企业按照税法确定的当期应交所得税金额，以及资产负债表日应予确认的递延所得税资产小于"递延所得税资产"科目余额的差额，借记本科目；确认相关资产、负债时，应予确认的递延所得税资产以及资产负债表日应予确认的递延所得税资产大于"递延所得税资产"科目余额的差额，贷记本科目（递延所得税负债则相反）。期末，应将本科目的余额转入"本年利润"科目，结转后本科目无余额。本科目应按照"当期所得税费用"、"递延所得税费用"进行明细核算。

"递延所得税资产"科目核算企业确认的可抵扣暂时性差异产生的所得税资产。该科目属资产类科目。企业在确认相关资产、负债时，应予确认的递延所得税资产以及资产负债表日，企业应予确认的递延所得税资产大于本科目余额的差额，借记本科目；资产负债表日应予确认的递延所得税资产小于本科目余额的差额以及预计未来期间很可能无法获得足够的应纳税所得额用以抵扣可抵扣暂时性差异的，贷记本科目。本科目期末借方余额，反映企业已确认的递延所得税资产余额。本科目应按可抵扣暂时性差异项目进行明细核算。

"递延所得税负债"科目核算企业确认的应纳税暂时性差异产生的所得税负债。该科目属负债类科目。企业在确认相关资产、负债时，应予确认的递延所得税负债以及资产负债表日，企业应予确认的递延所得税负债大于本科目余额的差额，贷记本科目；资产负债表日应予确认的递延所得税负债小于本科目余额的差额，借记本科目。本科目期末贷方余额，反映企业已确认的递延所得税负债余额。本科目应按应纳税暂时性差异项目进行明细核算。

例题7－7：北京正太橡胶制品销售有限责任公司2016年12月31日资产负债表中有关项目金额及其计税基础如表7－2所示。

表7－2　　2016年12月31日资产负债表中有关项目

单位：北京正太橡胶制品销售有限责任公司　　单位：万元

项　目	账面价值	计税基础	应纳税暂时性差异	可抵减暂时性差异
存　货	200	220		20
无形资产	60	0	60	
预计负债	10	0		10
合　计			60	30

除上述项目外，该商业企业其他资产、负债的账面价值与其计税基础不存在差异，且递延所得税资产和递延所得税负债不存在期初余额，适用的所得税税率为25%。假定当期按照税法规定计算确定的应交所得税费用为60万元。该企业预计在未来期间能够产生足够的应纳税所得额用来抵扣可抵扣暂时性差异。该企业计算确认的递延所得税负债、递延所得税

资产、递延所得税费用以及所得税费用如下：

递延所得税负债 = 600 000 × 25% = 150 000（元）

递延所得税资产 = 300 000 × 25% = 75 000（元）

递延所得税费用 = 150 000 − 75 000 = 75 000（元）

所得税费用 = 600 000 + 75 000 = 675 000（元）

编制会计分录如下：

借：所得税费用——当期所得税费用　　600 000.00

　　　　　　　——递延所得税费用　　75 000.00

　　递延所得税资产　　75 000.00

　　贷：递延所得税负债　　150 000.00

　　　　应交税费——应交所得税　　600 000.00

结转本年利润时，编制会计分录如下：

借：本年利润　　675 000.00

　　贷：所得税费用　　675 000.00

企业利润表中的所得税费用，是当期的所得税费用和递延所得税费用之和，即：

所得税费用 = 当期所得税费用 + 递延所得税费用（或减递延所得税收益）

第三节　利润分配核算

一、利润分配项目和程序

（一）利润分配项目

按照有关法律、法规的规定，企业当年实现的利润总额，按照国家有关规定作相应调整并依法缴纳所得税后，应按下列项目进行分配。

1. 弥补以前年度亏损。商品流通企业在经营过程中发生的亏损应当进行弥补。弥补亏损可以划为两种不同的情况：税前弥补和税后弥补。按照我国财务和税务制度的规定，企业年度亏损，可以由下一年度的税前利润（利润总额）弥补，下一年度税前利润尚不足以弥补的，可以用以后年度的利润继续弥补，但用税前利润弥补以前年度亏损的连续期限最长不得超过5年。税前利润未能弥补的亏损，只能由企业的税后利润（净利润）弥补。税后利润弥补亏损的资金主要是未分配利润，如果企业的亏损数额较大，用未分配利润尚不足以弥补时，可以用企业提存的盈余公积金弥补亏损。但在企业未清算前，注册资本和资本公积金不能用于弥补亏损。

2. 提取盈余公积金。盈余公积金是从企业税后利润中提取的积累资金，是企业用于防范和抵御风险，补充资本的重要资金来源，也是维护企业稳定经营和长期发展的必要措施和手段。利润分配中提取的盈余公积金包括法定盈余公积金和任意盈余公积金。

法定盈余公积金是指按国家法律规定的比例提取的公积金。企业的税后利润应当先弥补被没收财物损失、支付各种税收的滞纳金和罚款、弥补以前年度亏损，其剩余金额才可以用来计提盈余公积金。法定盈余公积金按照税后利润作上述扣除以后的10%计提。当法定盈余公积金已达到注册资本的50%时，可不再提取。任意盈余公积金是按照公司章程规定或股东大会决议，由企业自行提取的公积金。其目的是为了控制向投资者分配利润的水平以及调整各年度利润分配的波动，通过这种方法对投资者分利加以限制和调节。

法定盈余公积金和任意盈余公积金可用于弥补亏损、转增资本金，也可用于分配股利。但企业用盈余公积金转增资本金后，法定盈余公积金的余额不得低于注册资本的25%。

3. 分配给投资者的利润。分配给投资者的利润，是投资者从企业获得的投资回报。向投资者分配利润应遵循纳税优先、企业积累优先、无盈余就不分利的原则，其分配顺序在利润分配的最终阶段，这充分体现了投资者对企业的权利、义务以及投资者承担的风险。企业在提取盈余公积金和法定公益金之前，不得向投资者分配利润，如企业当年无利润，一般也不得向投资者分配利润。其中，股份有限责任公司当年无利润时，原则上不得分配股利，但在用盈余公积金弥补亏损后，经股东大会特别决议，可按不超过股票面值6%的比率用盈余公积金分配股利，在分配股利后，企业法定盈余公积金不得低于注册资本的25%。

（二）利润分配程序

企业当期实现的净利润，加上年初未分配利润（或减去年初未弥补亏损）和其他转入后的余额，为可供分配的利润。可供分配的利润按下列顺序分配：

提取法定盈余公积。

可供分配的利润减去提取的法定盈余公积后，为可供投资者分配的利润。可供投资者分配的利润，按下列顺序分配：

一是应付优先股股利，是指企业按照利润分配方案分配给优先股股东的现金股利。

二是提取任意盈余公积，是指企业按规定提取的任意盈余公积。

三是应付普通股股利，是指企业按照利润分配方案分配给普通股股东的现金股利。

四是转作资本（或股本）的普通股股利，是指企业按照利润分配方案，以分派股票股利的形式转作的资本（或股本）。

可供投资者分配的利润，经过上述分配后，为未分配利润（或未弥补亏损）。未分配利润可留待以后年度进行分配。

企业在经营的过程中发生年度亏损，可以用下一年度实现的利润在计算缴纳所得税前弥补；下一年度利润不足以弥补的，可在5年内延续弥补（5年内不论是盈利还是亏损，都作为实际弥补年限计算）。但5年内仍不足以弥补的，不再允许用税前利润弥补，而应该用税后利润弥补。

二、利润分配核算

为了使“本年利润”科目能够完整反映企业全年累计实现的净利润（或亏损），便于检查企业利润计划的执行情况，利润的分配不直接冲减“本年利润”科目数额，另外配套设置“利润分配”科目反映利润分配的情况。“利润分配”属于所有者权益类科目，贷方记录已取得的亏损弥补数及年终利润的转入数，借方记录已分配的利润及年终亏损的转入数。其余额在贷方表示未分配利润，其余额在借方表示未弥补亏损。该科目应设置“提取法定盈余公积”、“提取任意盈余公积”、“应付现金股利或利润”、“盈余公积补亏”、“未分配利润”等明细科目。

（一）提取法定盈余公积金及任意盈余公积金核算

提取法定盈余公积金及任意盈余公积金，都是从企业净利润中按规定的基数和比例计算提取的，两者均通过“盈余公积”科目核算。

例题7-8：北京正华贸易进出口公司本年度累计实现净利润606 430元，按10%的比例提取法定盈余公积金，按5%的比例提取任意盈余公积金。

应提取法定盈余公积金 = 606 430 × 10% = 60 643（元）

应提取任意盈余公积金 = 606 430 × 5% = 30 321.50（元）

根据计算结果，作如下分录：

借：利润分配——提取法定盈余公积	60 643.00	
——提取任意盈余公积	30 321.50	
贷：盈余公积——法定盈余公积		60 643.00
——任意盈余公积		30 321.50

例题7-9：例题7-8中的正华贸易进出口公司截至本年年初若存在未弥补亏损78 000元，则：

应提取法定盈余公积 = （606 430 - 78 000） × 10% = 52 843（元）

应提取任意盈余公积 = （606 430 - 78 000） × 5% = 26 421.50（元）

根据计算结果，作如下分录：

借：利润分配——提取法定盈余公积	52 843.00	
——提取任意盈余公积	26 421.50	
贷：盈余公积——法定盈余公积		52 843.00
——任意盈余公积		26 421.50

（二）应付股利核算

企业当年实现的可供分配的利润，在提取法定盈余公积和任意盈余公积之后，应根据企业接受投资的份额，按照规定或协商的比例，向投资者分配普通股股利或利润。企业按规定向投资者分配的股利或利润，通过“应付股利”科目核算。该科目是负债类科目，计算出应分配给投资者的现金股利或利润时，贷记“应付股利”科目，实际支付利润或现金股利时，借记“应付股利”科目；该科目期末余额一般在贷方，表示尚未支付的现金股利或利润。

例题7-10：续例题7-8。该贸易公司决定向投资者分配利润150 000元，根据国家、企业职工个人的投资比例75%、25%进行分配。编制会计分录如下：

借：利润分配——应付现金股利或利润	150 000.00	
贷：应付股利——国家投资		112 500.00
——企业职工		37 500.00

三、利润和利润分配年终结转

每年年度终了，企业应将本年收支相抵后得到的本年净利润或本年发生亏损从“本年利润”科目转入“利润分配——未分配利润”科目。如为净利润的结转，则应借记“本年利润”科目，贷记“利润分配——未分配利润”科目。如为发生亏损的结转，则作相反的会计分录。

例题 7-11：续例题 7-9。该贸易公司将“本年利润”科目的贷方余额 606 430 元，转入“利润分配——未分配利润”科目，编制会计分录如下：

借：本年利润	606 430.00	
贷：利润分配——未分配利润		606 430.00

企业本年度发生亏损，可在以后 5 年内延续弥补，5 年后如尚未弥补完，则只能用盈余公积或税后利润弥补。以税前利润或税后利润弥补亏损时，不需专门进行账务处理，而是通过将净利润从“本年利润”科目转入“利润分配——未分配利润”科目，就可达到亏损弥补的目的。

如用盈余公积弥补本年度亏损时，作会计分录如下：

借：盈余公积——法定（任意）盈余公积

贷：利润分配——盈余公积补亏

为便于反映企业未分配利润或未弥补亏损的数额，在年度终了，企业还应将“利润分配”科目中其他各明细科目的余额转入“利润分配——未分配利润”明细科目。结转后，如“利润分配——未分配利润”科目为借方余额，则表示为企业累计未弥补的亏损；如为贷方余额，则表示为企业累计未分配的利润。

例题 7-12：依据前例题 7-9、例题 7-10 资料，将“利润分配”科目中除“未分配利润”以外的其他各明细科目的余额转入“利润分配——未分配利润”明细科目。编制会计分录如下：

借：利润分配——未分配利润	240 964.50	
贷：利润分配——提取法定盈余公积		60 643.00
——提取任意盈余公积		30 321.50
——应付现金股利或利润		150 000.00

如有盈余公积补亏的，也应转入“利润分配——未分配利润”科目并作会计分录如下：

借：利润分配——盈余公积补亏

贷：利润分配——未分配利润

通过上述账务处理，可知本年度累计未分配利润为 365 465.50（606 430 - 240 964.50）元。

四、以前年度损益调整

企业在资产负债表日后至财务报表批准报出日之前，若发现经审查后的年度决算报表涉及以前年度损益的会计事项的账务处理不符合会计制度规定，须更正，并在“以前年度损益调整”科目核算。

“以前年度损益调整”科目，属于损益类科目。核算企业本年度发生的调整以前年度损益的事项。企业在年度资产负债表至财务会计报告批准报出日之间发生的需要调整报告年度损益的事项，即以本年度发生的以前年度重大会计差错的调整，也在本科目核算。本科目为损益类科目，贷记登记企业调整增加以前年度利润或调整减少以前年度亏损，借方登记企业调整减少以前年度利润或调整增加以前年度亏损，调整结束后，应将本科目余额转入“利润分配——未分配利润”科目，结转后，本科目无余额。

（一）调增以前年度利润或调减以前年度亏损

调增以前年度利润或调减以前年度亏损，借记有关科目，贷记“以前年度损益调整”科目。同时应当计算出企业少计增加利润和多计减少亏损而相应增加的所得税，借记“以前年度损益调整”科目，贷记“应交税费——应交所得税”科目。

例题 7－13：某公司年度决算报表经审批后，发现因错算商品进价，多计商品销售成本 6 000 元。现按审批意见予以调整。编制会计分录如下：

借：库存商品　　6 000.00

　　贷：以前年度损益调整　　6 000.00

由于调整增加了以前年度利润还需相应调整增加的所得税 1 980（6 000×33%）元。编制会计分录如下：

借：以前年度损益调整　　1 980.00

　　贷：应交税费——应交所得税　　1 980.00

期末结转“以前年度损益调整”科目贷方余额 4 020（6 000－1 980）元。编制会计分录如下：

借：以前年度损益调整　　4 020.00

　　贷：利润分配——未分配利润　　4 020.00

（二）调减以前年度利润或调增以前年度亏损

例题 7－14：某公司年度决算报表经审批后，发现上年度漏提某项资产的折旧，企业补提上年度固定资产折旧 12 000 元。编制会计分录如下：

借：以前年度损益调整　　12 000.00

　　贷：累计折旧　　12 000.00

由于调整减少了以前年度利润，致使相应调整减少所得税 3 000（12 000×25%）元。编制会计分录如下：

借：应交税金——应交所得税　　3 000.00

　　贷：以前年度损益调整　　3 000.00

期末结转“以前年度损益调整”科目借方余额 9 000（12 000－3 000）元。编制会计分录如下：

借：利润分配——未分配利润　　9 000.00

　　贷：以前年度损益调整　　9 000.00

第八章

财务报表编制

第一节 财务报表基础

财务报表是对企业财务状况、经营成果和现金流量的结构性表述。财务报表是商品流通企业会计核算工作的最终产品，也是商品流通企业会计核算工作结果的总括反映。财务报表至少应当包括下列组成部分：资产负债表、利润表、现金流量表、所有者权益（或股东权益）变动表、附注。其中，资产负债表、利润表、现金流量表和所有者权益变动表是财务报表的主要组成部分，它向企业外部的投资者、政府管理部门和企业内部的管理者提供决策信息。附注是财务报表必要的组成部分，主要包括：报表中列示项目的文字描述或明细资料、对未能在这些报表中列示项目的说明。应当看到，随着企业经营环境的复杂化和经济业务的多样化，财务报表附注所提供的信息必将受到越来越多的关注和重视。

一、财务报表作用

众所周知，企业会计核算工作是由会计凭证、会计账簿和财务报表这样一个循环过程组成的。其中，会计凭证、会计账簿和财务报表都是会计信息的载体，但是，它们存在的意义却有着很大的不同。企业在日常会计核算中，首先要把所发生的经济业务通过复式记账、填制审核凭证、登记账簿等会计方法，连续、系统、完整地进行记录，以反映企业一定时期的财务状况和经营成果。然而，日常核算资料所能提供的信息是比较分散的，很难概括反映企业特定会计期间的经营活动及收支状况。因此，必须对这些零散的会计资料进行整理、分类、计算、汇总，按照一定的格式编制财务报表，为各有关方面提供总括性的财务会计信息。

从上述会计循环过程来看，财务报表发挥的作用实际上是由财务会计的目标所决定的。因为财务报表是会计循环的最终环节，也是企业财务会计工作的最终产品，它能否发挥作用、在多大程度上发挥作用，直接决定了财务会计目标的实现与否及实现的程度。总体来说，企业提供财务报表，对于投资者的经营决策、政府部门的宏观控制、经营者的内部管理等都有着十分重要的作用。

（一）为投资者提供有用的投资决策信息

商品流通企业的投资者包括现在和潜在的所有者（或股东）和债权人，财务报表所提供的经济信息是他们进行投资决策的重要依据。众所周知，企业的所有者和债权人向企业投资或投放贷款是为了获得经济收益。然而，作为企业的外部关系人，他们难以从企业的生产现场获得需要的信息，他们所需要据以做出决策的信息只能通过企业对外报送的财务报表来获得。值得注意的是，从企业会计信息需求者的角度来看，财务报表在满足他们需求时也有一个层次问题，那种指望用一套财务报表来满足所有信息使用者需求的设想，往往只是人们的一厢情愿。在市场经济条件下，我们必须充分的认识到，企业投资者对会计信息的需求始终是财务报表发挥作用的主导方面。换言之，满足投资者对会计信息的需求是财务报表要实现的主要目标。

（二）为政府部门提供有用的宏观管理信息

政府部门作为社会经济的管理者，在制定经济政策、进行宏观调控、配置社会资源的过程中，也需要从总体上掌握企业的资产负债结构、损益状况和现金流量情况，以便从宏观上把握国民经济运行的状况和发展变化的趋势。而各个单位提供的财务报表资料，通过逐级汇总，提供给政府及其有关部门之后，政府及其有关部门就可以据此了解企业各方面的经营及财务信息，分析国民经济运行的总体情况，发现问题及时调整，从而保证整个国民经济高速健康地发展。此外，各个单位提供的会计信息还是政府部门进行税收征管、财经纪律监督、国有企业领导者经济责任履行情况检查和业绩评价的重要依据。

（三）为经营者提供有用的内部管理信息

企业经营管理者水平的高低直接影响着企业的经济效益、经营风格、竞争能力和发展前景，在一定程度上决定着企业的发展前途和命运。而要提高企业的经营管理水平就离不开真实、准确的会计信息。企业的经营者通过财务报表提供的财务状况、经营成果和现金流量变动等方面的信息，可以全面系统地了解企业的生产经营情况，并在此基础上预测和分析企业未来的发展前景；可以发现企业过去经营活动中存在的问题，找出存在的差距和问题的症结并提出改进的措施；可以通过预算的分解和落实，建立起内部经济责任制，从而做到目标明确、责任清晰、考核严格、赏罚分明。

总之，财务报表通过提供会计信息，揭示企业的权益结构，反映企业的经营成果，为处理企业与各方面的关系、考核企业管理人员的经营业绩、落实企业内部的经营管理责任奠定了基础，也有助于发挥会计信息在加强企业经营管理、提高经济效益方面的积极作用。值得一提的是，为了满足企业内部经营管理对会计信息的需要，现代会计已经形成了管理会计这样一个新的分支，相对于财务会计以满足投资者的需要为主导而言，管理会计则以满足企业内部经营管理的需求为主导，两者在服务对象、遵循的原则、采用的方法等方面均存在明显的不同。经营者在企业管理的实践中，应该在财务报表所提供信息平台的基础上，积极利用管理会计的先进理念和科学方法，切实发挥会计在企业管理中的作用，提高企业内部的经营管理水平。

二、财务报表的使用者及其所提供信息

（一）财务报表使用者

明确编制财务报表主要为谁服务，也就是要明确财务报表的使用者是谁。具体来说，财务报表的使用者主要包括：

1. 企业的所有者。企业所有者是企业资本的持有者，他们需要利用财务报表的全部信息做出分析，以决定是继续持有或增加对企业的所有权份额，还是转让对企业的所有权份额。在市场经济条件下，所有者是企业财务报表的主要使用者。

2. 企业的债权人。债权人是企业债务资金的提供者，他们关心的是贷给企业的钱是否能按时足额的收回本金和利息，因此，债权人需要了解影响企业偿债能力方面的有关信息，诸如企业的流动比率、资产负债率。

3. 政府管理部门。政府管理部门对财务报表的使用主要是为了保证国家的税收来源、加强对企业的监督管理，并据此了解国家宏观经济运行的总体情况。

4. 企业的经营者。企业经营者通过财务报表可以了解本企业的财务状况和经营成果，并据此做出科学的筹资和投资决策，不断加强企业的内部管理和运行效率。

5. 潜在的投资者和债权人。潜在的投资者（所有者）和债权人主要是想通过财务报表了解企业的经营情况，据以作出是否向企业投资和贷款、投多少资、贷多少款以及以什么样的条件投资和贷款等方面的决策。

（二）财务报表提供的信息

财务报表提供的信息是由企业会计信息使用者决定的，因为提供会计信息就是为了满足使用者决策的需要。财务报表所应提供的信息主要包括：

1. 企业财务状况方面的信息，特别是企业资产结构、负债结构及其所有者权益结构的信息；
2. 企业利润的取得及其分配的信息；
3. 企业现金流量的变动过程及其结果的信息；
4. 企业所有者权益变动的信息。

三、财务报表分类

了解财务报表的种类有助于我们从总体上把握财务报表，财务报表可以按照不同的标准进行分类。

（一）按照编报的对象可分为内部报表和外部报表

内部报表是为了适应企业的内部经营管理需要而编制的，这种报表不对外公开，只为企业内部管理人员使用，其编报的时间、格式比较灵活，只要能够满足内部管理人员的需要即可。外部报表是向外部有关方面提供的报表，由于其对外公开，主要为不能直接从企业获得信息的利害关系人所使用，所以要严格按照有关的法规编报。资产负债表、利润表和利润分

配表、现金流量表、所有者权益变动表都是对外编报的财务报表。

（二）按照反映的内容可分为静态报表和动态报表

静态报表是综合反映企业某一时点的资产、负债和所有者权益情况的报表，如资产负债表；动态报表是综合反映企业某一时期内经营业绩和财务状况变化情况及变化原因的报表，如利润表和现金流量表。

（三）按照编报的时间可分为中期报表和年度报表

中期报表是指编报时间短于一年的报表，包括月份报表、季度报表、半年度报表和年度报表。月份报表是反映企业每个月份经营成果与财务状况的报表，要求是简明、扼要、及时。季度报表是反映企业每个季度的经营成果与财务状况的报表。半年度报表是反映企业半年的经营成果与财务状况的报表，每个会计年度的前 6 个月结束后编报一次。年度报表是反映企业会计年度的财务状况、经营成果和现金流量等方面情况的报表，其要求是反映全面，揭示完整。

（四）按反映的会计主体可分为个别财务报表和合并财务报表

个别财务报表只反映企业本身的财务状况、经营成果及其现金流量等方面的信息。合并财务报表是由母公司编制的，以整个企业集团为会计主体，反映包括子公司和母公司在内的整个企业集团财务状况、经营成果和现金流量等方面信息的报表。

四、财务报表编制要求

企业必须按照一定的要求和程序编制财务报表，以保证会计信息的质量。这些要求主要包括以下几个方面。

（一）内容完整

财务报表的编制必需按照国家规定的统一格式，该编报的所有报表要全部编报，不能漏报，而且每张报表中该编报的项目也要编报完整，不能漏报。同时，为了保证财务报表提供信息的完整性，对于那些不能编入财务报表，但对于企业有重要影响的信息资料，也要放在财务报表附注，例如会计方法的变更等。只有编报完整的财务报表，才能反映企业经营活动的全貌。

（二）真实可靠

财务报表的编报主要是为了向企业的利害关系人提供对其决策有用的信息。为了对决策有用，会计信息必须要真实可靠，不能用估计的数字代替实际数据，甚至是弄虚作假、伪造数据。因为数据的不真实、不可靠，只能误导决策者，并导致决策结果的失效。为此，在编制财务报表之前，必须核对会计账目，进行财产清查，有错误及时纠正，避免平时的错误带入财务报表，造成财务报表的不真实。

（三）便于理解

对于那些受过一定会计训练、具有一定阅读财务报表能力的使用者来说，财务报表所提供的会计信息必须是可以理解的。否则，财务报表的编报也就失去了实际意义。

（四）相关可比

相关是指财务报表所提供的信息必须与报表使用者的决策用途有关系，否则，这些利害关系人就不会使用财务报表；可比是指会计指标应达到口径一致，不得随意变更。财务报表的使用者有时需要对企业各个时期的经营及财务情况作纵向比较，有时需要把不同企业同一时期的经营情况作横向比较，进而在此基础上做出决策，这就要求会计方法最好不要随意变化。如果客观条件要求企业必须改变会计方法，也要说明改变方法的原因、方法变更对财务报表数据造成的影响，以便于财务报表使用者自己做出调整和判断。

（五）编报及时

会计信息是具有一定时效性的经济产品，这种时效性在市场经济瞬息万变的今天表现得更加突出。信息编报不及时，其对报表使用者的应有作用会大打折扣。我国的相关法规也对财务报表的及时性做出了具体规定：月度财务会计报告应于月份终了后6天内（节假日顺延，下同）报出；季度财务会计报告应于季度终了后15日内报出；年度财务会计报告应于年度终了后4个月内报出。

第二节　资产负债表

一、资产负债表的作用

资产负债表是反映企业在某一特定日期财务状况的财务报表。它是根据“资产＝负债＋所有者权益”这一会计等式，按照一定标准和顺序对资产、负债和所有者权益进行分类、排列，以反映企业在某一特定时点财务状况的报表。资产负债表的作用主要体现在以下几个方面：

1. 利用该报表的信息，报表使用者可以了解企业拥有或控制的经济资源及其分布情况，并据以分析企业的财务实力；

2. 利用该报表的信息，报表使用者可以了解企业的负债及其结构情况，结合企业的资产及其结构、所有者权益的状况，可以进一步分析企业的偿债能力及其财务风险；

3. 利用该报表的信息，报表使用者可以分析企业财务状况的变化趋势，据此预测企业财务状况的未来走向。

二、资产负债表的格式

资产负债表的格式主要有报告式和账户式两种。报告式资产负债表采用的是将资产、负债和所有者权益项目自上而下垂直排列的格式。账户式资产负债表是把资产负债表分成左右两部分，左方列示资产，右方列示负债和所有者权益的资产负债表。

商品流通企业资产负债表的格式采用账户式，具体如表 8－4 所示。

三、资产负债表的编制方法

资产负债表多数项目的数据是根据有关总账科目余额直接填列的。此外，有些项目还需要根据有关总账科目余额计算填列，或根据明细科目的余额计算填列，或根据总账科目和明细科目余额分析计算填列，或根据总账科目余额减去备抵总账科目余额后的净额填列。其填列方法具体如下：

1. 本表“年初数”栏内各项数字应根据上年末资产负债表“期末数”栏内所列数字填列。如果本年度资产负债表规定的各个项目的名称和内容同上年度不一致，应对上年年末资产负债表各项目的名称和数字按照本年度的规定进行调整，填入本表“年初数”栏内。

2. 本表“期末数”各项目的填列方法如下。

（1）“货币资金”项目反映企业库存现金、银行结算存款、外埠存款账户、银行汇票存款、银行本票存款、信用卡存款、信用保证金存款等的合计数。本项目应根据“库存现金”、“银行存款”、“其他货币资金”总账科目的期末余额合计填列。

（2）“交易性金融资产”项目反映企业持有的以公允价值计量且其变动计入当期损益的金融资产，包括为交易目的所持有的债券投资、股票投资、基金投资、权证投资等和直接指定为以公允价值计量且其变动计入当期损益的金融资产。本项目应根据“交易性金融资产”总账科目的期末余额填列。

（3）“应收票据”项目反映企业收到的未到期的、并且未向银行贴现的应收票据，包括商业承兑汇票和银行承兑汇票。本项目根据“应收票据”总账科目的期末借方余额减去“坏账准备”科目相应应收票据坏账准备贷方余额后的金额填列。已向银行贴现和已背书转让的应收票据不包括在本项目内，其中已贴现的商业承兑汇票应在财务报表附注单独披露。

（4）“应收账款”项目，反映企业因销售商品、产品和提供劳务等而向购买单位收取的各种款项，减去已计提的坏账准备后的净额。本项目应根据“应收账款”科目所属各明细科目的期末借方余额合计减去“坏账准备”科目中有关应收账款计提的坏账准备余额后的金额填列。如果“应收账款”科目所属明细科目期末有贷方余额，应在本表“预收账款”项目填列。

（5）“预付账款”项目反映企业预付给供应单位的款项。本项目应根据“预付账款”科目所属各明细科目的期末借方余额合计减去“坏账准备”科目期末预付账款坏账准备贷方余额后的金额填列。如果“预付账款”科目所属有关明细科目的期末余额在贷方的，应在本表“应付账款”项目内填列。同样，若“应付账款”科目所属明细科目有借方余额的，也应包括在本项目内。

（6）“应收股利”和“应收利息”项目分别反映企业分配的现金股利或利润；企业按照合同约定应支付的利息，包括吸收存款、分期付息到期还本的长期借款、企业债券等应支付的利息。本项目应根据“应收股利”和“应收利息”总账科目的期末余额分别减去“坏账准备”科目期末应收股利和应收利息坏账准备贷方余额后的金额填列。

（7）“其他应收款”项目反映企业对其他单位和个人的应收和暂付的款项减去已计提的坏账准备后的净额。本项目应根据“其他应收款”总账科目的期末余额，减去“坏账准备”科目中有关其他应收款计提的坏账准备期末贷方余额后的金额填列。

（8）“存货”项目反映企业期末在库、在途和在加工中的各项存货的可变现净值，包括库存商品、在途物资、周转材料、未完维修劳务工程。本项目应根据“在途物资”、“周转材料”、“库存商品”、“发出商品”、“受托代销商品”、“委托加工物资”、“劳务成本”总账科目的期末余额合计减去“受托代销商品款”、“存货跌价准备”总账科目期末余额后的金额填列。

（9）“一年内到期的非流动资产”项目反映企业将于1年内（不含1年）到期的非流动资产项目金额。本项目应根据有关账户的期末余额填列。

（10）“其他流动资产”项目反映除以上流动资产项目以外的其他流动资产。本项目应根据有关总账科目的期末余额填列。如其他流动资产价值较大的，应在财务报表附注中披露其内容和金额。

（11）“可供出售的金融资产”项目反映企业持有的可供出售金融资产的公允价值。本科目应根据“可供出售金融资产”总账科目期末余额填列。

（12）“持有至到期投资”项目反映企业持有至到期投资的价值。长期债权投资中，将于一年内到期的持有至到期投资应在流动资产类下“一年内到期的非流动资产”项目单独反映。本项目应根据“持有至到期投资”总账科目的期末余额减去“持有至到期投资减值准备”总账科目中有关债权投资减值准备期末余额和一年内到期的长期债权投资后的金额填列。

（13）“长期应收款”项目反映融资租赁产生的应收款项和采用递延方式分期收款、实质上具有融资性质的销售商品和提供劳务等经营活动产生的应收款项。本项目应根据“长期应收款”总账科目的期末余额，减去“未实现融资费用”和“坏账准备”总账科目期末余额后的金额填列。

（14）“长期股权投资”项目反映企业不准备在1年内（含1年）变现的各种股权性投资的可收回金额。本项目应根据“长期股权投资”总账科目的期末余额，减去“长期投资减值准备”总账科目中有关股权投资减值准备期末余额后的金额填列。

（15）“固定资产”项目反映企业的各种固定资产账面价值。融资租入的固定资产，其原价及已提折旧也包括在内。融资租入固定资产原价还应在财务报表附注另行反映。该项目应根据“固定资产”总账科目余额减“累计折旧”、“固定资产减值准备”总账科目的期末余额填列。

（16）“在建工程”项目反映企业期末各项未完工程的实际支出，包括支付安装的设备价值，未完建筑安装工程已经耗用的材料、工资和费用支出，预付出包工程的价款，已经建筑安装完毕但尚未交付使用的建筑安装工程的可收回金额。本项目应根据“在建工程”总账科目的期末余额填列。

（17）“工程物资”项目反映企业各项工程尚未使用的工程物资的实际成本。本项目应根据“工程物资”总账科目的期末余额填列。

（18）“固定资产清理”项目反映企业因出售、毁损、报废等原因转入清理但尚未清理完毕的固定资产净值以及固定资产清理过程中所发生的清理费用和变价收入等各项金额的差额。本项目应根据“固定资产清理”总账科目的期末借方余额填列。如“固定资产清理”总账科目期末为贷方余额，以“-”号填列。

(19)“无形资产”项目反映企业无形资产的期末可收回金额。本项目应根据“无形资产”总账科目的期末余额减去“累计摊销”、“无形资产减值准备”总账科目期末余额后的金额填列。

(20)“开发支出”项目反映企业开发无形资产过程中发生的、尚未形成无形资产成本的支出。该项目应根据“开发支出——资本化支出”明细科目的期末余额填列。

(21)“商誉”项目反映非同一控制下企业合并中取得的商誉价值。该项目应根据“商誉”总账科目的期末余额填列。

(22)“长期待摊费用”项目反映企业尚未摊销的摊销期限在1年以上（不含1年）的各种费用。如租入固定资产的改良支出、大修理支出以及摊销期限在1年以上（不含1年）的其他待摊费用。长期待摊费用中在1年内（含1年）摊销的部分应在本表“待摊费用”项目填列。本项目应根据“长期待摊费用”总账科目的期末余额减去1年内（含1年）摊销数额后的金额填列。

(23)“递延所得税资产”项目反映企业确认的可抵扣暂时性差异产生的所得税资产。本项目应根据“递延所得税资产”总账科目的借方余额填列。

(24)“其他非流动资产”项目反映企业除以上资产以外的其他非流动资产。本项目应根据有关总账科目的期末余额填列。如其他长期资产价值较大的，应在财务报表附注披露其内容和金额。

(25)“短期借款”项目反映企业借入尚未归还的1年期以下（含1年）的借款。本项目应根据“短期借款”总账科目的期末余额填列。

(26)“交易性金融负债”项目反映企业持有的以公允价值计量且其变动计入当期损益的金融负债和直接指定为以公允价值计量且其变动计入当期损益的金融负债。本项目应根据“交易性金融负债”总账科目的期末余额填列。

(27)“应付票据”项目反映企业为了抵付货款等而开出并承兑的尚未到期付款的商业汇票，包括银行承兑汇票和商业承兑汇票。本项目应根据“应付票据”总账科目期末余额填列。

(28)“应付账款”项目反映企业购买商品和接受劳务供应等而应付给供应单位的款项。本项目应根据“应付账款”科目所属各明细科目期末贷方余额合计填列；若“应付账款”所属各明细科目期末有借方余额，应在本表“预付账款”项目填列。

(29)“预收账款”项目反映企业预收购买单位的账款。本项目应根据“预收账款”科目所属各有关明细科目的期末贷方余额合计填列。若“预收账款”科目所属有关明细科目有借方余额的，应在本表“应收账款”项目内填列；若“应收账款”科目所属明细科目有贷方余额的，也应包括在本项目内。

(30)“应付职工薪酬”项目反映企业应付未付的职工薪酬。本项目应根据“应付职工薪酬”总账科目期末贷方余额填列。若“应付职工薪酬”总账科目期末为借方余额，以“-”号填列。

(31)“应交税费”项目反映企业期末未交、多交或未抵扣的各种税费。本项目应根据“应交税费”总账科目的期末贷方余额填列；如果“应交税费”总账科目期末为借方余额，以“-”号填列。

(32)“应付股利”和“应付利息”项目分别反映企业尚未支付的现金股利和利息。本项目应根据“应付股利”和“应付利息”总账科目的期末余额填列。

(33)“其他应付款”项目反映企业所有应付和暂收其他单位和个人的款项。本项目应根据“其他应付款”总账科目的期末余额填列。

(34)“一年内到期的非流动负债”项目反映企业各种非流动负债在1年之内（不含1年）的到期金额，包括1年以内（不含1年）到期的长期借款、长期应付款和应付债券。本项目应根据“长期借款”、“长期应付款”和“应付债券”科目的期末贷方余额分析计算后填列。

(35)“其他流动负债”项目反映企业除以上流动负债以外的其他流动负债。本项目应根据有关总账科目的期末余额填列。如果流动负债价值较大，应在财务报表附注披露其内容及金额。

(36)“长期借款”项目反映企业借入尚未归还的1年期以上（不含1年）的借款本金及其利息。本项目应根据“长期借款”总账科目的期末余额减去1年内到期部分的金额填列。

(37)“应付债券”项目反映企业发行的尚未偿还的各种长期债券的本息。本项目应根据“应付债券”总账科目的期末余额减去1年内到期部分的金额填列。

(38)“长期应付款”项目反映企业除长期借款和应付债券以外的其他各种长期应付款。本项目应根据“长期应付款”总账科目的期末余额减去“未确认融资费用”总账科目期末余额后的金额和一年内到期部分的金额填列。

(39)“专项应付款”项目反映企业各种专项应付款的期末余额。本项目应根据“专项应付款”总账科目的期末余额填列。

(40)“预计负债”项目反映企业预计负债的期末余额。本项目应根据“预计负债”总账科目的期末余额填列。

(41)“递延所得税负债”项目反映企业确认的应纳税暂时性差异产生的所得税负债。本项目应根据“递延所得税负债”总账科目的借方余额填列。

(42)“其他非流动负债”项目反映企业除以上非流动负债项目以外的其他非流动负债。本项目应根据有关总账科目的期末余额填列。如果其他非流动负债价值较大的，应在财务报表附注披露其内容和金额。

(43)“实收资本”项目反映企业各投资者实际投入的资本总额。本项目应根据“实收资本”总账科目的期末余额填列。

(44)“资本公积”项目反映企业资本公积的期末余额。本项目应根据“资本公积”总账科目的期末余额填列。

(45)“盈余公积”项目反映企业盈余公积的期末余额。本项目应根据“盈余公积”总账科目的期末余额填列。

(46)“其他综合收益”项目反映企业其他综合收益的期末余额。本项目应根据“其他综合收益”总账科目的期末余额填列。

（47）“未分配利润”项目反映企业尚未分配的利润。本项目应根据“本年利润”总账科目和“利润分配”明细科目的期末余额计算填列。未弥补的亏损，在本项目内以“－”号反映。

例题 8－1： 天津蓝星商贸有限责任公司2016年12月31日有关总账科目和明细科目的余额资料如表8－1和表8－2所示。

表 8－1　　天津蓝星商贸有限责任公司总账科目及其余额表

2016年12月31日　　单位：元

总账科目	期末借方余额	总账科目	期末贷方余额
库存现金	17 400 000	短期借款	194 185 104
银行存款	709 258 130	应付账款	81 554 390
其他货币资金	20 000 000	预收账款	27 001 214
交易性金融资产	1 054 515	坏账准备	1 284 385
应收票据	7 635 546	累计折旧	204 386 927
应收账款	114 879 591	累计摊销	10 015 300
其他应收款	78 964 396	应付职工薪酬	207 708
预付账款	56 282 202	应付股利	80 865 540
在途物资	100 000 000	应交税费	33 824 777
库存商品	210 000 000	其他应付款	46 626 743
受托代销商品	9 500 000	长期借款	120 855 895
发出商品	27 416 093	其中：一年内到期的长期借款	（54 939 000）
周转材料	2 009	长期应付款	147 734 392
长期股权投资	32 508 689	实收资本	900 000 000
固定资产	1 113 984 104	其他综合收益	10 010
工程物资	62 430 240	资本公积	896 282 314
在建工程	113 691 438	盈余公积	59 183 490
无形资产	200 941 659	利润分配	101 001 502
长期待摊费用	29 071 079		
合　计	2 905 019 691	合　计	2 905 019 691

表 8－2　　天津蓝星商贸有限责任公司部分明细科目及其余额表

2016年12月31日　　单位：元

<table>
<tr><th>总账科目</th><th>明细科目</th><th>期末余额</th><th>总账科目</th><th>明细科目</th><th>期末余额</th></tr>
<tr><td rowspan="2">应收账款</td><td>上海红心电器有限责任公司</td><td>115 079 591
（借方）</td><td rowspan="2">应付账款</td><td>北京宏大贸易有限责任公司</td><td>81 654 390
（贷方）</td></tr>
<tr><td>浙江民生家具有限责任公司</td><td>200 000
（贷方）</td><td>天津宝洁化妆品有限责任公司</td><td>100 000
（借方）</td></tr>
<tr><td>预付账款</td><td>天津依利食品有限责任公司</td><td>56 282 202
（借方）</td><td rowspan="2">预收账款</td><td>南京盛霖贸易有限责任公司</td><td>150 000
（借方）</td></tr>
<tr><td></td><td></td><td></td><td>长春红庄制衣有限责任公司</td><td>27 151 214
（贷方）</td></tr>
</table>

表 8-3　　天津蓝星商贸有限责任公司坏账准备科目年末贷方余额分析

2016 年 12 月 31 日　　单位：元

总分类科目	明细项目	期末贷方余额
坏账准备	应收账款	573 530
	预付账款	280 010
	应收票据	37 988
	其他应收款	392 857
合　计		1 284 385

根据表 8-1、表 8-2、表 8-3 中有关总账科目和明细科目余额的数据资料，编制资产负债表如表 8-4 所示。

表 8-4　　资产负债表　　会企 01 表

编制单位：天津蓝星商贸有限责任公司　　2016 年 12 月 31 日　　单位：元

资　产	年　初　数	期　末　数	负债和所有者权益	年　初　数	期　末　数
流动资产：			流动负债：		
货币资金	715 996 915	746 658 130	短期借款	26 400 000	194 185 104
交易性金融资产		1 054 515	交易性金融负债		
应收票据	97 558	7 597 558	应付票据		
应收账款	155 280 168	114 306 061	应付账款	53 248 385	81 554 390
预付账款	98 053 187	56 002 192	预收账款	51 652 521	27 001 214
应收股利			应付职工薪酬	3 903 343	207 708
应收利息			应交税费	32 755 790	33 824 777
其他应收款	72 918 357	78 571 539	应付利息		
存货	208 027 876	346 918 102	应付股利	150 202 758	80 865 540
一年内到期的非流动资产			其他应付款	29 587 305	46 626 743
其他流动资产	174 654 624		预计负债		
流动资产合计	1 425 028 685	1 351 108 097	一年内到期的非流动负债	253 062 438	54 939 000
			其他流动负债		
非流动资产：			流动负债合计	600 812 540	519 204 476
可供出售金融资产			非流动负债：		
持有至到期投资			长期借款	134 953 098	65 916 895
投资性房地产			应付债券		
长期股权投资	17 428 565	32 508 689	长期应付款		147 734 392
长期应收款			专项应付款		
固定资产	702 339 780	909 597 177	递延所得税负债		

续表

资　　产	年 初 数	期 末 数	负债和所有者权益	年 初 数	期 末 数
在建工程	207 002 110	113 691 438	其他非流动负债		
工程物资	40 015 113	62 430 240	非流动负债合计	134 953 098	213 651 287
固定资产清理			负债合计	735 765 638	732 855 763
无形资产	180 326 000	190 926 359	所有者权益：		
开发支出			实收资本	900 000 000	900 000 000
商誉			其他综合收益		10 010
长期待摊费用	31 032 871	29 071 079	资本公积	891 979 092	896 282 314
递延所得税资产			盈余公积	37 550 690	59 183 490
其他非流动资产			未分配利润	37 877 704	101 001 502
非流动资产合计	1 178 144 439	1 338 224 982	所有者权益合计	1 867 407 486	1 956 477 316
资产总计	2 603 173 124	2 689 333 079	负债和所有者权益总计	2 603 173 124	2 689 333 079

第三节　利润表

一、利润表作用

利润表是反映企业在一定期间生产经营成果的财务报表，又称损益表。利润表通过一定期间内收入和费用的对比，从而计算出净利润，进而反映企业在该会计期间的经营成果，并为财务报表使用者评价企业的经营成果和经营效率、判断资本是否保值增值提供依据。通过前后多期利润表的比较，财务报表的使用者还可以分析企业经营成果及其构成的发展变化趋势，并据此判断企业在未来期间的盈利能力和发展潜力。

二、利润表格式

利润表的格式主要有单步式和多步式两种。单步式利润表是将当期所有的收入累计起来，再将所有的成本费用累计起来，用累计收入减去累计成本费用，一次计算出当期净利润。单步式利润表可以向资产负债表那样，进一步分为收入和成本费用左右对照的账户式与收入和成本费用上下排列的报告式两种。多步式利润表分为五步计算综合收益总额：第一，用营业收入减去营业成本、营业税金及附加、销售费用、管理费用、财务费用、资产减值损失，加上公允价值变动净收益和投资收益后，计算出营业利润；第二，用营业利润加上营业外收入，再减去营业外支出后，计算出利润总额；第三，用利润总额减去所得税费用后，计算出净利润；第四，用以后不能重分类进损益的其他综合收益加上以后将重分类进损益的其他综合收益，计算出其他综合收益的税后净额；第五，用净利润额加上其他综合收益的税后净额，计算出综合收益总额。

与单步式利润表相比，多步式利润表能提供很多中间指标，如营业利润、利润总额、净利润，因而更有利于报表使用者进行财务分析和投资决策。在会计实践中，商品流通企业利润表采用多步式格式，具体格式如表 8-6 所示。

三、利润表的编制方法

利润表的编制方法如下。

1. 表 8-5 中“本月数”栏反映各项的本月实际发生数。在编报中期财务报表时，填列上年度同期累计实际发生数；在编报年度财务报表时，填列上年全年累计实际发生数。如果上年度利润表与本年度利润表的项目名称和内容不一致，应对上年度利润表项目的名称和数字按本年度的规定进行调整，填入本表“上年数”栏。在编报中期和年度财务报表时，应将“本月数”栏改称“上年数”栏。

2. 表 8-5 中“本年累计数”栏反映各项目自本年年初起至报告期末止的累计实际发生数。各项目的具体内容及填列方法如下。

(1)“营业收入”项目反映企业经营业务所得的收入总额。本项目应根据“主营业务收入”和“其他业务收入”总账科目的发生额合计填列。

(2)“营业成本”项目反映企业经营业务发生的实际成本。本项目应根据“主营业务成本”和“其他业务成本”总账科目的发生额合计填列。

(3)“营业税金及附加”项目反映企业经营主要业务应负担的营业税、消费税、城市维护建设税、资源税、土地增值税和教育费附加等。本项目应根据“营业税金及附加”总账科目的发生额分析填列。

(4)“销售费用”项目反映企业在销售商品和购入商品过程中发生的费用开支。本项目应根据“营业费用”总账科目的发生额分析填列。

(5)“管理费用”项目反映企业发生的管理费用。本项目应根据“管理费用”总账科目的发生额分析填列。

(6)“财务费用”项目反映企业发生的财务费用。本项目应根据“财务费用”总账科目的发生额分析填列。

(7)“资产减值损失”项目反映企业各项资产发生的减值损失。本项目应根据“资产减值损失”总账科目的发生额分析填列。

(8)“公允价值变动净收益”项目反映企业按规定应当计入当期损益的资产或负债公允价值变动净收益。本项目应根据“公允价值变动损益”总账科目的发生额分析填列。如为净损失，以“-”号填列。

(9)“投资净收益”项目反映企业以各种方式对外投资所取得的净收益。本项目应根据“投资收益”总账科目的发生额分析填列。如为投资损失，以“-”号填列。

(10)“营业外收入”项目和“营业外支出”项目反映企业发生的与其生产经营活动无直接关系的各项收入和支出。这两个项目分别根据“营业外收入”和“营业外支出”总账科目的发生额分析填列。

(11)“利润总额”项目反映企业实现的利润总额。如为亏损总额，以“-”号分析填列。

(12)“所得税费用”项目反映企业按规定从本期利润总额中减去的所得税费用。本项目应根据“所得税费用”总账科目的发生额分析填列。

（13）“净利润”项目反映企业实现的净利润，如为净亏损，以“－”号填列。

（14）“其他综合收益的税后净额”项目反映企业根据企业会计准则规定未在损益中确认的各项利得和损失扣除所得税影响后的净额。本项目应根据“其他综合收益”科目及其所属明细科目的发生额分析填列。

（15）“综合收益总额”项目反映企业净利润与其他综合收益的合计金额。

例题 8－2：北京盛霖商业有限责任公司 2016 年度有关总账科目本年发生额资料如表 8－5 所示：

表 8－5　　北京盛霖商业有限责任公司总账科目本期发生额表

2016 年 12 月　　单位：元

项　　目	本年借方发生额	本年贷方发生额
主营业务收入		1 083 293 098
主营业务成本	755 510 936	
营业税金及附加	69 166 742	
其他业务收入		10 000 000
其他业务支出	20 412 411	
销售费用	64 663 637	
管理费用	68 878 631	
财务费用		71 211 358
公允价值变动损益		
投资收益		4 440 766
营业外收入		9 904 342
营业外支出	6 494 500	
所得税费用	28 966 109	
其他综合收益		303 355

根据表 8－5 中有关总账科目本年发生额数据资料，编制利润表如表 8－6 所示：

表 8－6　　利　润　表

会企 02 表

编制单位：北京盛霖商业有限责任公司　　2016 年 12 月　　单位：元

项　　目	上期金额	本期金额
一、营业收入	1 014 832 565	1 093 293 098
减：营业成本	663 828 927	775 923 347
营业税金及附加	119 211 793	69 166 742
销售费用	25 872 379	64 663 637
管理费用	33 800 006	68 878 631
财务费用（收益以“－”号填列）	－63 934 726	－71 211 358
资产减值损失		

续表

项　目	上期金额	本期金额
加：公允价值变动净收益（净损失以“－”号填列）		
投资收益（净损失以“－”号填列）	2 682 320	4 440 766
二、营业利润（亏损以“－”号填列）	238 736 506	190 312 865
加：营业外收入	27 304 489	9 904 342
减：营业外支出	4 313 634	6 494 500
三、利润总额（亏损总额以“－”号填列）	261 727 361	193 722 707
减：所得税费用	36 096 209	28 966 109
四、净利润（净亏损以“－”号填列）	225 631 152	164 756 598
五、其他综合收益的税后净额		
（一）以后不能重分类进损益的其他综合收益		
（二）以后将重分类进损益的其他综合收益		303 355
六、综合收益总额	225 631 152	165 059 953

第四节　现金流量表

一、现金流量表作用

现金流量表是反映企业在一定会计期间现金和现金等价物流入和流出的财务报表。现金流量表能够向报表使用者提供企业一定会计期间内现金和现金等价物流入和流出的信息，以便于报表使用者了解和评价企业获取现金和现金等价物的能力，据以预测企业未来的现金和现金等价物的流入和流出量。现金流量表的作用主要表现在以下几个方面。

1. 现金流量表可以提供企业的现金流量信息，从而有助于报表使用者对企业整体财务状况做出客观评价。企业要站稳脚跟，不但要想方设法把自己的商品推销出去，更重要的是要及时收回销货款，以便以后的经营活动能够顺利展开。除了经营活动以外，企业所从事的筹资和投资活动同样影响着现金流量，从而影响财务状况。特别是企业进行的投资没能取得相应的现金回报，就会对企业财产的流动性和偿债能力产生不良作用。

2. 现金流量表可以反映企业真实的偿债能力。由于营运资金是流动资产与流动负债的差额，流动资产中不但包括库存现金、银行存款等货币性流动资产，还包括存货、应收账款等非货币性流动资产。假定企业的现金大幅度减少，应收账款和存货大量增加，这时企业营运资金不一定会减少，反而可能增加，从而给人一种假象，似乎企业的财务状况不错。但如果应收账款和存货的质量有问题，就会误导会计信息使用者。而现金流量信息则可以避免这种缺陷，投资者和债权人通过现金流量表可以对企业的支付能力、偿债能力以及企业对外部资金的需求情况做出更加可靠的判断。

3. 现金流量表可以反映企业财务活动的合理性，预测企业未来发展趋势。企业各部分现金流量结构合理，现金流入、流出无重大异常波动，说明企业财务状况基本良好。一般说来，企业失败的原因及症状可在现金流量表中得到反映。比如，从投资活动流出的现金，筹资活动流入的现金和筹资活动流出的现金（主要是利息支出）中，可以分析企业是否过度扩大经营规模；通过比较当期净利润与当期现金流量，可以评价企业产生现金流量的能力是否偏低。

二、现金流量及其现金流量分类

（一）现金及现金等价物

现金流量表中的现金一般包括现金和现金等价物两个部分。其中，现金是指企业的库存现金以及可以随时支付的存款。主要包括库存现金、银行存款和其他货币资金。库存现金指企业持有的随时可以用于支付的现金，其内容及数额同“库存现金”科目的核算内容基本一致；银行存款指企业存入银行类金融机构，随时可以用于支付的存款，其内容与数额同“银行存款”科目的核算内容基本一致；其他货币资金是指企业的外埠存款、银行汇票存款、银行本票存款、信用卡存款和存出投资款等，其内容与数额同“其他货币资金”科目的核算内容基本一致。

现金等价物是指企业持有的期限短、流动性强、易于转换为已知金额现金、价值变动风险很小的投资。其中，期限较短一般是指从购买日起3个月内到期，例如可在证券市场上流通的3个月内到期的短期债券投资。现金等价物虽不是现金，但其支付能力与现金的差别不大，可视为现金。

（二）现金流量

现金流量是指某一时期内商品流通企业现金流入和流出的数量。如企业销售商品、提供劳务、出售固定资产、从银行借款取得现金，形成企业的现金流入量；购买商品、接受劳务、购建固定资产、对外投资、偿还债务等而支付的现金，形成企业的现金流出量。企业一定时期现金流入量和流出量的差额形成该期的现金净流量。

应该说明的是，与现金和现金等价物有关的会计事项并不一定都会引起现金净流量的变化。比如，企业从银行存款中提取现金，是现金存放形式的转换，并未导致现金流出企业，不影响现金净流量；再比如，企业用现金购买将于3个月内到期的国债，这种现金和现金等价物之间相对应的增减变动也不会影响企业现金净流量的变化。当然，那些非现金和非现金等价物项目之间的增减变动也不会影响现金的净流量，如企业用库存商品清偿债务、用固定资产对外投资等，这些会计事项本身就和现金无关，自然也不会对企业现金净流量产生影响。

（三）现金流量分类

《企业会计准则第31号——现金流量表》将现金流量分为以下三类：经营活动产生的现金流量、投资活动产生的现金流量和筹资活动产生的现金流量。

1. 经营活动产生的现金流量。经营活动是指企业投资活动和筹资活动以外的所有交易和事项。经营活动流入的现金主要包括：销售商品、提供劳务收到的现金；收到税费返还；

收到的其他与经营活动有关的现金。经营活动流出的现金主要包括：购买商品、接受劳务支付的现金；支付给职工以及为职工支付的现金；支付的各项税费；支付其他与经营活动有关的现金。

2. 投资活动产生的现金流量。投资活动是指企业长期资产的构建和不包括在现金等价物范围的投资及其处置活动。投资活动流入的现金主要包括：收回投资所收到的现金；取得投资收益收到的现金；处置固定资产、无形资产和其他长期资产收回的现金净额；收到的其他与投资活动有关的现金。投资活动流出的现金主要包括：购建固定资产、无形资产和其他长期资产所支付的现金；投资支付的现金；支付其他与投资活动有关的现金。

3. 筹资活动产生的现金流量。筹资活动是指导致企业资本及债务规模和构成发生变化的活动。筹资活动流入的现金主要包括：吸收投资收到的现金；取得借款收到的现金；收到其他与筹资活动有关的现金。筹资活动流出的现金主要包括：偿还债务支付的现金；分配股利、利润或偿付利息支付的现金；支付其他与筹资活动有关的现金。

三、现金流量表的格式

商品流通企业现金流量表的格式采用报告式。分类反映经营活动产生的现金流量、投资活动产生的现金流量和筹资活动产生的现金流量。最后汇总反映企业某一期间现金及现金等价物的净增加额。现金流量表的格式如表 8－7 所示。

四、现金流量表的编制

编制现金流量表时，商品流通企业应当采用直接法列示其经营活动产生的现金流量。直接法是按现金流入和现金流出的主要类别列示企业经营活动产生的现金流量。在直接法下，一般是以利润表中的营业收入为起算点，调整与经营活动有关的项目的增减变动，然后计算出经营活动产生的现金流量。采用直接法具体编制现金流量表时，可以采用工作底稿法或 T 型账户法。业务简单的，也可以根据有关科目的记录分析填列。现金流量表主要项目的填列方法如下：

1. 经营活动产生的现金流量。

（1）“销售商品、提供劳务收到的现金”项目。本项目可根据“主营业务收入”、“其他业务收入”、“应收账款”、“应收票据”、“预收账款”及“库存现金”、“银行存款”等账户分析填列。本项目的现金流入可用下述公式计算求得：销售商品、提供劳务收到的现金 = 本期营业收入净额 + 本期应收账款减少额（－应收账款增加额）+ 本期应收票据减少额（－应收票据增加额）+ 本期预收账款增加额（－预收账款减少额）。公式中，如果本期有实际核销的坏账损失，也应减去。（因核销坏账损失减少了应收账款，但没有收回现金）。如果有收回前期已核销的坏账金额，应加上。（因收回已核销的坏账，并没有增加或减少应收账款，但却收回了现金）。

（2）“收到的税费返还”项目。该项目反映企业收到返还的各种税费。本项目可以根据“库存现金”、“银行存款”、“应交税费”、“营业税金及附加”等账户的记录分析填列。

（3）“收到的其他与经营活动有关的现金”项目。本项目反映企业除了上述各项目以外收到的其他与经营活动有关的现金流入，如罚款收入、流动资产损失中由个人赔偿的现金收入等。本项目可根据“营业外收入”、“营业外支出”、“库存现金”、“银行存款”、“其他应收款”等账户的记录分析填列。

(4)“购买商品、接受劳务支付的现金”项目。本项目可根据“应付账款”、“应付票据”、“预付账款”、“库存现金”、“银行存款”、“主营业务成本”、“其他业务成本”、“存货”等账户的记录分析填列。本项目的现金流出可用以下公式计算求得：购买商品、接受劳务支付的现金 = 营业成本 + 本期存货增加额（ - 本期存货减少额） + 本期应付账款减少额（ - 本期应付账款增加额） + 本期应付票据减少额（ - 本期应付票据增加额） + 本期预付账款增加额（ - 本期预付账款减少额）。

(5)“支付给职工以及为职工支付的现金”项目。该项目反映企业实际支付给职工、以及为职工支付的工资、奖金、各种津贴和补贴等（含为职工支付的养老、失业等各种保险和其他福利费用）。但不含为离退休人员支付的各种费用和固定资产购建人员的工资。本项目可根据“库存现金”、“银行存款”、“应付职工薪酬”、“生产成本”等账户分析填列。

(6)“支付的各项税费”项目。本项目反映的是企业按规定支付的各项税费和有关费用。但不包括已计入固定资产原价而实际支付的耕地占用税和本期退回的所得税。本项目应根据“应交税费”、“库存现金”、“银行存款”等账户分析填列。

(7)“支付的其他与经营活动有关的现金”项目。本项目反映企业除上述各项目外，支付的其他与经营活动有关的现金，包括罚款支出、差旅费、业务招待费、保险费支出、支付的离退休人员的各项费用等。本项目应根据“管理费用”、“销售费用”、“营业外支出”等账户分析填列。

2. 投资活动产生的现金流量。

(1)“收回投资所收到的现金”项目。本项目反映企业出售、转让和到期收回的除现金等价物以外的交易性金融资产、长期股权投资而收到的现金以及收回持有至到期投资本金而收到的现金。不包括持有至到期投资收回的利息以及收回的非现金资产。本项目应根据“交易性金融资产”、“长期股权投资”、“库存现金”、“银行存款”等账户分析填列。

(2)“取得投资收益所收到的现金”项目。本项目反映企业因股权性投资而分得的现金股利和收回利润所收到的现金以及债权性投资取得的现金利息收入。本项目应根据“投资收益”、“库存现金”、“银行存款”等账户分析填列。

(3)“处置固定资产、无形资产和其他长期资产所收回的现金净额”项目。该项目反映处置上述各项长期资产所取得的现金，减去为处置这些资产所支付的有关费用后的净额。本项目可根据“固定资产清理”、“库存现金”、“银行存款”等账户的记录分析填列。如该项目所收回的现金净额为负数，应在“支付的其他与投资活动有关的现金”项目填列。

(4)“收到的其他与投资活动有关的现金”项目。本项目反映除上述各项目以外，收到的其他与投资活动有关的现金流入。应根据“库存现金”、“银行存款”和其他有关账户的记录分析填列。

(5)“购建固定资产、无形资产和其他长期资产所支付的现金”项目。本项目反映企业购买、建造固定资产，取得无形资产和其他长期资产所支付的现金。其中企业为购建固定资产支付的现金，包括购买固定资产支付的价款现金及增值税款、固定资产购建支付的现金。但不包括购建固定资产的借款利息支出和融资租入固定资产的租赁费。本项目应根据“固定资产"、"无形资产"、"在建工程"、"库存现金"、"银行存款"等账户的记录分析填列。

（6）"投资所支付的现金"项目。该项目反映企业在现金等价物以外进行交易性金融资产、长期股权投资、持有至到期投资所实际支付的现金，包括佣金手续费所支付的现金。但不包括企业购买股票和债券时，实际支付价款中包含的已宣告尚未领取的现金股利或已到付息期但尚未领取的债券利息。本项目应根据"交易性金融资产"、"长期股权投资"、"持有至到期投资"、"库存现金"、"银行存款"等账户记录分析填列。

（7）"支付的其他与投资活动有关的现金"项目。本项目反映企业除了上述各项以外，支付的与投资活动有关的现金流出。包括企业购买股票和债券时，实际支付价款中包含的已宣告尚未领取的现金股利或已到付息期但尚未领取的债券利息等。本项目应根据"库存现金"、"银行存款"、"应收股利"、"应收利息"等账户的记录分析填列。

3. 筹资活动产生的现金流量。

（1）"吸收投资所支付的现金"项目。本项目反映企业收到投资者投入的现金，包括以发行股票、债券等方式筹集资金实际收到的款项净额（即发行收入减去支付的佣金等发行费用后的净额）。本项目可根据"实收资本"、"应付债券"、"库存现金"、"银行存款"等账户的记录分析填列。

（2）"借款所得到的现金"项目。本项目反映企业举借各种短期借款、长期借款而收到的现金。本项目可根据"短期借款"、"长期借款"、"银行存款"等账户的记录分析填列。

（3）"收到的其他与筹资活动有关的现金"项目。该项目反映企业除上述各项以外，收到的其他与筹资活动有关的现金流入。本项目应根据"库存现金"、"银行存款"和其他有关账户的记录分析填列。

（4）"偿还债务所支付的现金"项目。本项目反映企业以现金偿还债务的本金，包括偿还金融机构的借款本金、偿还到期的债券本金等。本项目可根据"短期借款"、"长期借款"、"应付债券"、"库存现金"、"银行存款"等账户的记录分析填列。

（5）"分配股利、利润或偿还利息所支付的现金"项目。本项目反映企业实际支付的现金股利、支付给投资人的利润或用现金支付的借款利息、债券利息等。本项目可根据"应付股利"、"财务费用"、"长期借款"、"应付债券"、"库存现金"、"银行存款"等账户的记录分析填列。

（6）"支付的其他与筹资活动有关的现金"项目。本项目反映除了上述各项目以外，支付的与筹资活动有关的现金流出。例如发行股票债券所支付的审计、咨询等费用。该项目可根据"库存现金"、"银行存款"和其他有关账户的记录分析填列。

4. 汇率变动对现金的影响。本项目反映企业的外币现金流量发生日所采用的汇率与期末汇率的差额对现金的影响数额。

5. 现金及现金等价物的净增加额。本项目是将本表中"经营活动产生的现金流量净额"、"投资活动产生的现金流量净额"、"筹资活动产生的现金流量净额"和"汇率变动对现金的影响"四个项目相加得出的。

6. 期末现金及现金等价物余额的填列。本项目是将计算出来的现金及现金等价物净增加额加上期初现金及现金等价物金额求得。它应该与企业期末的全部货币资金与现金等价物的合计余额相等。

表 8-7 **现金流量表** 会企 03 表

编制单位：郑州新源贸易有限责任公司 2016 年 单位：元

项　目	金　额
一、经营活动产生的现金流量：	
销售商品、提供劳务收到的现金	3 942 523 988.25
收到的税费返还	
收到的其他与经营活动有关的现金	1 138 901.51
现金流入小计	3 943 662 889.76
购买商品、接受劳务支付的现金	4 100 968 905.33
支付给职工以及为职工支付的现金	22 882 857.30
支付的各项税费	13 594 383.84
支付的其他与经营活动有关的现金	105 866 080.47
现金流出小计	4 243 312 226.94
经营活动产生的现金流量净额	-299 649 337.18
二、投资活动产生的现金流量：	
收回投资所收到的现金	379 800.00
取得投资收益所收到的现金	3 692.38
处置固定资产、无形资产和其他长期资产所收回的现金净额	
处置子公司及其他营业单位收到的现金净额	
收到的其他与投资活动有关的现金	
现金流入小计	383 492.38
购建固定资产、无形资产和其他长期资产所支付的现金	62 990 465.93
投资所支付的现金	18 000 000.00
取得子公司及其他营业单位支付的现金净额	
支付的其他与投资活动有关的现金	272 409 573.57
现金流出小计	353 400 039.50
投资活动产生的现金流量净额	-353 016 547.12
三、筹资活动产生的现金流量：	
吸收投资所收到的现金	139 575 435.36
借款所收到的现金	101 500 000.00
收到的其他与筹资活动有关的现金	
现金流入小计	241 075 435.36
偿还债务所支付的现金	100 000 000.00
分配股利、利润或偿付利息所支付的现金	97 338 028.24
支付的其他与筹资活动有关的现金	
现金流出小计	197 338 028.24
筹资活动产生的现金流量净额	43 737 407.12
四、汇率变动对现金的影响额	
五、现金及现金等价物净增加额	-608 928 477.18
期初现金及现金等价物余额	909 247 903.67
期末现金及现金等价物余额	300 319 426.49

续表

补充资料	金　额
1. 将净利润调节为经营活动现金流量：	
净利润	-502 415 150.70
加：资产减值准备	-71 129.42
固定资产折旧	5 340 426.84
无形资产摊销	343 070.95
长期待摊费用摊销	
待摊费用减少（增加以“-”号填列）	-10 096 829.25
预提费用增加（增加以“-”号填列）	407 750.84
处置固定资产、无形资产和其他长期资产的损失（收益以“-”号填列）	
固定资产报废损失（收益以“-”号填列）	
公允价值变动损失（收益以“-”号填列）	
财务费用（收益以“-”号填列）	
投资损失（收益以“-”号填列）	-1 233 341.67
递延所得税资产减少（增加以“-”号填列）	
递延所得税负债增加（减少以“-”号填列）	
存货的减少（增加以“-”号填列）	943 147 499.12
经营性应收项目的减少（增加以“-”号填列）	-44 950 078.93
经营性应付项目的增加（减少以“-”号填列）	-689 816 395.70
其他	-305 159.26
经营活动产生的现金流量净额	-299 649 337.18
2. 不涉及现金收支的投资与筹资活动：	
债务转为资本	
一年内到期的可转换公司债券	
融资租入固定资产	
3. 现金和现金等价物的净增加情况：	
现金的期末余额	300 319 426.49
减：现金的期初余额	909 247 903.67
加：现金等价物的期末余额	
减：现金等价物的期初余额	
现金及现金等价物净增加额	-608 928 477.18

第五节　所有者权益变动表

一、所有者权益变动表作用

所有者权益变动表是反映企业所有者权益的各个组成部分在某一会计期间增减变动及其结果的财务报表。所有者权益变动表能够提供企业实收资本、资本公积、盈余公积及未分配利润的具体形成来源和分配去向，为投资者和相关利益人判断企业资本是否保值增值，资本形成是否合理提供了重要依据。

二、所有者权益变动表格式

商品流通企业所有者权益变动表的格式采用矩阵式。一方面，列示导致所有者权益变动的交易或事项，即所有者权益变动的来源，对一定时期所有者权益变动情况进行全面反映；另一方面，按照所有者权益各个组成部分（实收资本、资本公积、其他综合收益、盈余公积和未分配利润）列示交易或者事项对所有者权益各部分的影响。所有者权益变动表的格式如表 8－8 所示。

三、所有者权益变动表编制方法

所有者权益变动表的编制方法如下。

1. 表 8－8 中“上年金额”栏数字应根据上年年末所有者权益变动表“本年金额”栏内所列数字填列。上年度所有者权益变动表规定的各个项目名称和内容同本年度不一致的，应对上年度所有者权益变动表各项目的名称和数字按照本年度的规定进行调整，填入所有者权益变动表的“上年金额”栏内。

2. 表 8－8 中“本年金额”栏各项目的具体数字一般应根据“实收资本”、“资本公积”、“盈余公积”、“利润分配”、“以前年度损益调整”科目的发生额分析填列。其具体的填列方法如下。

（1）“实收资本”项目中的上年年末余额、本年年初余额、本年增减变动金额及本年年末余额项目，应根据“实收资本”总账科目的期初、期末余额及本期发生额分析填列。其中，本年增减变动金额项目中的“所有者投入资本（所有者本期投入资本、股份支付计入所有者权益的金额）”、“所有者权益内部结转（资本公积转增资本、盈余公积转增资本）”项目，应根据有关明细科目分析填列。

（2）“资本公积”项目中的上年年末余额、本年年初余额、本年增减变动金额及本年年末余额项目，应根据“资本公积”总账科目的期初、期末余额及本期发生额分析填列。其中，本年增减变动金额项目中的“直接计入所有者权益的利得和损失”、“所有者权益内部结转（资本公积转增资本）”项目，应根据有关明细科目分析填列。

（3）“其他综合收益”项目中的上年年末余额、本年年初余额、本年增减变动金额及本年年末余额项目，应根据“其他综合收益”总账科目的期初、期末余额及本期发生额分析填列。

（4）“盈余公积”项目中的上年年末余额、本年年初余额、本年增减变动金额及本年年末余额项目，应根据“盈余公积”总账科目的期初、期末余额及本期发生额合计填列。其中，本年增减变动金额项目中的“所有者投入资本（股份支付计入所有者权益的金额）”、“本年利润分配（提取盈余公积）”、“所有者权益内部结转（盈余公积转增资本、盈余公积弥补亏损）”项目，应根据“法定盈余公积”和“任意盈余公积”明细科目分析填列。

（5）“未分配利润”项目中的上年年末余额、本年年初余额、本年增减变动金额及本年年末余额项目，应根据“利润分配”总账科目的期初、期末余额及本期发生额分析填列。其中，本年增减变动金额项目中的“本年净利润”、“本年利润分配（对所有者的分配、提取盈余公积)”项目，应根据“利润分配”总账科目所属“未分配利润”明细科目的期初、期末余额及本期发生额分析填列。

(6)“会计政策变更”及“前期差错更正”项目分别反映企业采用追述调整法处理的会计政策变更的累计影响金额和采用追述调整法处理的会计差错更正的累计影响金额。如本年存在会计政策变更及前期差错更正，应相应调整本年年初余额，并将其数字填入“会计政策变更”及“前期差错更正”项目。

3. 表 8－8 中“本年增减变动额”项目应分别反映如下内容并按照以下所有者权益科目本期发生额进行分析填列。

(1)“综合收益总额”项目，反映企业当年的综合收益总额，应根据当年利润表中“其他综合收益的税后净额”和“净利润”项目填列，并对应在“其他综合收益”和“未分配利润”栏。

(2)“所有者投入和减少资本”项目，反映企业当年所有者投入的资本和减少的资本。其中“所有者投入资本”项目，反映企业接收投资者投入形成的实收资本和资本公积。应根据“实收资本”、“资本公积”科目的发生额分析填列，并对应列在“实收资本”和“资本公积”栏。

(3)“股份支付计入所有者权益的金额”项目，反映企业处于等待期中的权益结算的股份支付当年计入资本公积的金额，应根据“资本公积”科目所属“其他资本公积”明细科目的发生额分析填列，并对应在“资本公积”栏。

(4)“利润分配”下各项目，反映当年对所有者分配的利润金额和按照规定提取的盈余公积金额，并对应列在“未分配利润”和“盈余公积”栏。

(5)“所有者权益内部结转”下各项目，反映不影响当年所有者权益总额的所有者权益各组成部分之间当年的增减变动，包括资本公积转增资本、盈余公积转增资本、盈余公积弥补亏损。应根据“实收资本”、“资本公积”、“盈余公积”、“利润分配”科目的本期发生额分析填列。

例题 8－3：北京森茂商业集团有限责任公司 2016 年度有关总账科目和明细科目本年发生额及余额资料如表 8－8 所示。

表 8－8　　2016 年北京森茂商业集团有限责任公司总账科目、明细科目本期发生额及余额表

单位：元

总账科目	明细科目	年初余额	本年贷方发生额	性　质	本年借方发生额	性　质	年末余额
实收资本		300 000 000	10 000 000				310 000 000
其他综合收益		10 000 000	1 400 000	转入			11 400 000
资本公积		400 000 000			10 000 000	增资	390 000 000
	资本溢价	400 000 000			10 000 000	增资	390 000 000
盈余公积		330 000 000	30 000 000				360 000 000
	法定盈余公积	220 000 000	20 000 000	提取			240 000 000
	任意盈余公积	110 000 000	10 000 000	提取			120 000 000
利润分配		129 100 000	200 000 000		73 500 000		255 600 000
	未分配利润	129 100 000	200 000 000		73 500 000		255 600 000

根据表8－8中有关总账科目和明细科目本年发生额及余额资料的分析，编制所有者权益变动表如表8－9所示。

表8－9　　所有者权益变动表　　会企04表

编制单位：北京森茂商业集团有限责任公司　　2016年　　单位：元

项　目	本年金额					
	实收资本	资本公积	其他综合收益	盈余公积	未分配利润	所有者权益合计
一、上年年末余额	300 000 000	400 000 000	10 000 000	330 000 000	129 100 000	1 169 100 000
加：会计政策变更						
前期差错更正						
二、本年年初余额	300 000 000	400 000 000	10 000 000	330 000 000	129 100 000	1 169 100 000
三、本年增减变动金额（减少以"－"号填列）	10 000 000	－10 000 000	1 400 000	30 000 000	126 500 000	157 900 000
（一）综合收益总额			1 400 000		200 000 000	201 400 000
（二）所有者投入和减少资本						
1. 所有者投入资本						
2. 股份支付计入所有者权益的金额						
3. 其他						
（四）利润分配				30 000 000	－73 500 000	－43 500 000
1. 提取盈余公积				30 000 000	－30 000 000	
2. 对所有者（或股东）的分配					－43 500 000	－43 500 000
3. 其他						
（五）所有者权益内部结转	10 000 000	－10 000 000				
1. 资本公积转增资本（或股本）	10 000 000	－10 000 000				
2. 盈余公积转增资本（或股本）						
3. 盈余公积弥补亏损						
4. 其他						
四、本年年末余额	310 000 000	390 000 000	11 400 000	360 000 000	255 600 000	1 327 000 000
项　目	上年金额					
	实收资本	资本公积	其他综合收益	盈余公积	未分配利润	所有者权益合计
一、上年年末余额	（略）	（略）	（略）	（略）	（略）	（略）
加：会计政策变更						
前期差错更正						
二、本年年初余额						
三、本年增减变动金额（减少以"－"号填列）						
（一）综合收益总额						

续表

项　目	上年金额					
	实收资本	资本公积	其他综合收益	盈余公积	未分配利润	所有者权益合计
（二）所有者投入和减少资本						
1. 所有者投入资本						
2. 股份支付计入所有者权益的金额						
3. 其他						
（四）利润分配						
1. 提取盈余公积						
2. 对所有者（或股东）的分配						
3. 其他						
（五）所有者权益内部结转						
1. 资本公积转增资本（或股本）						
2. 盈余公积转增资本（或股本）						
3. 盈余公积弥补亏损						
4. 其他						
四、本年年末余额						

第六节　财务报表附注

一、财务报表附注作用

财务报表附注是对在资产负债表、利润表、现金流量表和所有者权益变动表等报表中列示项目的文字描述或明细资料以及对未能在这些报表中列示项目的说明。由于资产负债表、利润表、现金流量表、所有者权益（或股东权益）变动表所能提供的经济信息均为定量的、具有固定格式的信息，因而在反映企业财务状况、经营成果和现金流量方面有着较大的局限性。为了弥补其局限性，财务报表附注作为会计信息的披露方式应运而生。附注的作用主要体现在两个方面：第一，附注的披露，是对资产负债表、利润表、现金流量表和所有者权益变动表列示项目含义的补充说明，帮助使用者更准确地把握其含义；第二，附注提供了对资产负债表、利润表、现金流量表和所有者权益变动表中未列示项目的详细或明细说明。

二、财务报表附注主要内容

附注是财务报表的重要组成部分。企业的财务报表附注一般应按下列顺序披露。

（一）企业的基本情况

企业的基本情况包括：企业的注册地、组织形式和总部地址；企业的业务性质和主要经营活动；母公司以及集团最终母公司的名称；财务报告的批准报出者和财务报告批准报出日；营业期限有限的企业，还应当披露有关其营业期限的信息。

（二）财务报表的编制基础

财务报表编制基础包括：会计年度，记账本位币，会计计量所运用的计量基础，现金和现金等价物的构成。

（三）遵循企业会计准则的声明

企业应当明确说明编制的财务报表符合企业会计准则体系的要求，真实、公允地反映了企业的财务状况、经营成果和现金流量。

（四）重要会计政策和会计估计

会计政策是指企业在会计确认、计量和报告中所采取的原则、基础和会计处理方法。财务报表附注中需要披露的重要会计政策有：坏账准备的计提方法、存货的期末计价、投资的期末计价、固定资产的期末计价、无形资产的期末计价、长期股权投资的核算方法、折旧的计提方法、所得税的核算方法、借款费用的处理方法等。

会计估计是指企业对其结果不确定的交易或事项以最近可利用的信息为基础所做出的判断。财务报表附注中所要披露的重要会计估计有：坏账准备的计提比例、固定资产的预计使用年限、无形资产的摊销年限等。

（五）会计政策和会计估计变更以及差错更正的说明

为了保证会计信息的可比性和一致性，企业会计核算中所选择的会计政策和会计估计一般不得随意变更。但是，满足下列条件之一的，可以变更会计政策：法律、行政法规或者国家统一的会计制度等要求变更；会计政策变更能够提供更可靠、更相关的会计信息。同样道理，若企业据以进行会计估计的基础发生了变化，或者由于取得新信息、积累更多经验以及后来的发展变化，同样需要对会计估计进行变更。

企业应当在财务报表附注中披露与会计政策变更有关的下列信息：会计政策变更的性质、内容和原因；当期和各个列报前期财务报表中受影响的项目名称和调整金额以及无法进行调整的事实和原因。会计估计应当在财务报表附注中披露与会计估计有关的下列信息：会计估计变更的内容和原因；会计估计变更对当期和未来期间的影响数以及影响数不能披露的事实和原因。

差错更正是指前期差错更正，前期差错是指对前期财务报表造成省略或错报，包括计算错误、应用会计政策错误、疏忽或曲解事实以及舞弊产生的影响、存货和固定资产盘盈。企业在附注中应披露与前期差错更正的下列信息：前期差错的性质；各个列报前期财务报表中受影响的项目名称和更正金额。

（六）报表重要项目的说明

需进一步说明的资产负债表、利润表、现金流量表和所有者权益变动表中的重要项目包括：应收款项及计提坏账准备的方法，存货，投资，固定资产和无形资产，长期待摊费用，收入等。

（七）或有和承诺事项、资产负债表日后非调整事项、关联方关系及其交易等需要说明的事项

或有事项是指过去的交易或事项形成的，其结果须由某些未来事项的发生或不发生才能决定的不确定事项。或有事项包括或有负债和或有资产。企业应当在附注中披露或有负债的种类及其形成原因，包括已贴现商业承兑汇票、未决诉讼、未决仲裁、对外提供担保等形成的或有负债；经济利益流出不确定性的说明；或有负债预计产生的财务影响以及获得补偿的可能性；无法预计的，应当说明原因。

资产负债表日后非调整事项是指表明资产负债表日后发生的情况的事项，主要包括：资产负债表日后发生的重大诉讼、仲裁、承诺；资产价格、税收政策、外汇汇率发生重大变化；因自然灾害导致资产发生的重大损失；发行股票和债券以及巨额举债；用资本公积转增资本；发生巨额亏损等。企业应当在财务报表附注中披露资产负债表日后非调整事项的性质、内容及其对财务状况和经营成果的影响。无法做出估计的，应说明原因。

关联方交易是指关联方之间转移资源、劳务或义务的行为，而不论是否收取价款。企业应在财务报表附注中披露关联方关系的性质、交易类型及交易要素（交易的金额，未结算项目的金额、条款和条件，未结算应收项目的坏账准备金额，定价政策）。

（八）有助于财务报表使用者评价企业管理资本的目标、政策及程序的信息

企业应基于可获得的信息充分披露如下内容：企业资本管理的目标、政策及程序的定性信息；资本结构的定量数据摘要，包括资本与所有者权益之间的调节关系；自前一个会计期间开始企业资本管理的目标、政策、程序以及资本结构的定量数据摘要的所有变动；企业当期是否遵循了其受制的外部强制性资本要求以及当企业未遵循外部强制性资本要求时其未遵循的后果。